Schriften zur pränatalen und perinatalen Psychologie und Medizin

herausgegeben von
Dr. Ludwig Janus

Band 1

Was verborgen ist im Menschen

Vorträge und Aufsätze zur ganzheits-medizinisch orientierten psychoanalytisch-psychosomatischen Therapie

Wolfgang Hans Hollweg

Centaurus-Verlagsgesellschaft
Pfaffenweiler 1991

Gedruckt auf alterungsbeständigem Papier

Die Deutsche Bibliothek – CIP-Einheitsaufnahme

Hollweg, Wolfgang H.:
Was verborgen ist im Menschen : Vorträge und Aufsätze zur
ganzheits-medizinisch orientierten psychoanalytisch-
psychosomatischen Therapie / Wolfgang H. Hollweg. –
Pfaffenweiler : Centaurus-Verl.-Ges., 1991
    (Schriften zur pränatalen und perinatalen Psychologie
    und Medizin ; Bd. 1)
    ISBN 3-89085-609-8
NE: GT

ISSN 0940-5135

Umschlaggestaltung: Hartmut Wolf, Marketing, 8031 Seefeld
Satz: Centaurus-Satz
Druck: Difo-Druck GmbH, Bamberg

Geleitwort

In den letzten Jahren hat sich die pränatale Psychologie als Wissenschaft eines neuen integrativen Typs entwickelt. Es hat sich gezeigt, daß das Wirklichkeitsfeld der Erlebnis- und Verhaltensvorgänge an unserem Lebensanfang nur in einem methodischen Zusammenwirken von objektivierender Beobachtung und Selbsterfahrung zu erschließen ist. Damit wird die übliche Trennung zwischen erlebnisbezogenen Geisteswissenschaften und objektivierenden Naturwissenschaften aufgehoben und ein neues integratives Niveau wissenschaftlicher Wirklichkeitserschließung gewonnen. Dies kann nur in der Überwindung eigener Ängste und Widerstände gelingen. Die Gefahren liegen in einer erfahrungsfernen Empirie und dem Abgleiten in eine esoterische Mystifikation.

Für den geschilderten neuen Wissenschaftsansatz will die mit dem Buch von Wolfgang H. Hollweg beginnende Schriftenreihe zur pränatalen und perinatalen Psychologie und Medizin ein Forum in einem interdisziplinären Feld sein. Daß diese Schriftenreihe heute möglich ist, ist das Ergebnis der Forschungsarbeit in der interdisziplinär organisierten Internationalen Studiengemeinshaft für pränatale und perinatale Psychologie und Medizin, die 1971 von den Psychoanalytikern Igor Caruso, Gustav Hans Graber und Arnaldo Rascovsky gegründet wurde und regelmäßig Fachkongresse veranstaltet.

Trotz dieses wissenschaftlichen Austauschs ist die pränatale Psychologie in ihrem gegenwärtigen Stand wesentlich durch die Leistung von einzelnen Pionieren gekennzeichnet, wofür das Buch von Wolfgang H. Hollweg ein Beispiel ist. Auf einem psychoanalytischen und primärtherapeutischen Hinergrund hat sich seine praktisch-therapeutische Arbeit mit der pränatalen und perinatalen Erfahrung und ihrer Folgewirkung in neurotischen und psychosomatischen Symptomen entwikkelt. Er schöpft in seinen plastischen Beispielen regressionstherapeutischer Wiederbelebung von primären Konfliktsituationen aus einem ungemein reichen Erfahrungsschatz. Klärend ist seine Unterscheidung zwischen Ausdrucks- und Erinnerungssymptomen, wie auch seine Beachtung der biologischen Programme zwischen Mutter und Kind. Völliges Neuland betritt er im letzten Kapitel mit seinen Befunden zur endogenen Wahrnehmung, wozu er erste Beobachtungen mitteilt. Hier mag vieles phantastisch klingen, doch Teilnehmer an klinisch-praktischen Demonstrationen zur endogenen Wahrnehmung waren zumindest alle sehr nachdenklich. Hier wird die weitere Diskussion abzuwarten sein.

Ludwig Janus   Heidelberg
                                                                        September 1991

Inhalt

Vorwort

Vorträge und Aufsätze in einem Sammelband einem größeren Leserkreis zugänglich zu machen, erfordert vom Autor ein hohes Maß an Kompromißbereitschaft (und -fähigkeit). Müssen hier doch unterschiedliche Zielsetzungen auf einen gemeinsamen Nenner gebracht werden:

Vorträge »leben« von der Unmittelbarkeit des Ausdrucks und von der Lebendigkeit des Dialogs mit dem Hörer. Was sie durch die nachträgliche schriftliche Fixierung an Präzision gewinnen, verlieren sie an Brillanz und Überzeugungskraft. Aber auch der von vornherein schriftlich fixierte und dann vorgelesene Vortrag richtet sich an *hörende* Menschen, die nicht die Möglichkeit haben, zurückzublättern und sich mit den Augen noch einmal des Zusammenhangs zu vergewissern. Deshalb kann ein Vortrag nicht auf das stilistische Mittel verzichten, durch wiederholte Rückgriffe auf bereits Gesagtes die Logik des Gedankenflusses zu verdeutlichen. Dem späteren Leser muß das natürlich als überflüssige Wiederholung erscheinen, besonders demjenigen, der viel zu lesen gewöhnt ist.

Doch unser Kommunikationsstil wandelt sich gegenwärtig sowieso. Vor allem jüngeren Menschen fällt das Lesen von konzentriert abgefaßten Texten immer schwerer, weil ihre Informations-Aufnahme und -Verarbeitung sehr viel mehr von Rundfunk und Fernsehen geprägt ist als von der Auseinandersetzung mit der Literatur.

Einige der hier abgedruckten Arbeiten waren mit Video-Dokumentationen verbunden. Daß sie im vorliegenden Abdruck zwangsläufig fehlen, macht mir das Unbefriedigende des eingegangenen Kompromisses besonders deutlich. Ich kann nur darauf hoffen, daß sich der Leser durch die Lücken nicht verärgern, sondern sich vielmehr zur Neugierde anreizen läßt, sich umso umfassender und intensiver mit der dargebotenen Thematik zu befassen.

Zu Anliegen, Inhalt und Redaktion der aufgenommenen Vorträge und Aufsätze soll noch folgendes angemerkt werden:

1. Mit Ausnahme der Arbeit über Angsttheorie und Angstneurosen, die bereits 1972 entstanden ist, stammen die Vorträge und Aufsätze aus neuester Zeit (1988-1991). Ihnen allen liegen das Konzept von der »Einheit und Ganzheit« der Person und der darauf bezogene ganzheitsmedizinische Ansatz der Psychosomatik zugrunde. Im Vortrag »Human-Biologische Ganzheits-Medizin, Herausforderung und Perspektiven« wurde er grundlegend und konsequent entfaltet, weshalb er an den Anfang dieser Sammlung gestellt wurde. Da es sich bei dieser Thematik um die Grundlage meiner psychotherapeutisch-psychosomatischen Arbeit handelt, ist sie natürlich in jedem der Vorträge wiederzufinden. Dabei wurden gelegentlich ganze Passagen wortwörtlich wiederholt. Um dem Leser diese Wiederholungen nicht in voller Länge zuzumuten, habe ich die nachfolgenden Aufsätze an entsprechender Stelle gekürzt und auf den grundlegenden ersten Aufsatz verwiesen. Gelegentlich ließ sich allerdings die Wiederholung ganzer Absätze nicht vermeiden, sonst wäre der gedankliche Zusammenhang verloren gegangen.

2. Die in den Vorträgen und Aufsätzen als Variante der klassischen Psychoanalyse vorgestellte »Tiefenpsychologische Basis-Therapie« wurde u.a. in Auseinandersetzung mit der Etologie entwickelt. Ihren ersten schriftlichen Niederschlag fand diese von mir als besonders fruchtbar empfundene Begegnung in dem 1972 verfaßten und erst mehr als 10 Jahre später in Überarbeitung veröffentlichten Vortrag über Angsttheorie und Angstneurosen. Er wurde bewußt an die zweite Stelle der Sammlung gerückt.

Meiner intensiven Beschäftigung mit der Etologie verdanke ich u.a. wesentliche Einsichten in jenes Phänomen, das ich mit dem Begriff »Biologische Programme« bezeichne. Zusammen mit der durch Igor Caruso (†) angeregten und vermittelten Begegnung mit der »Internationalen Studiengemeinschaft für pränatale und perinatale Psychologie und Medizin (ISPPM)« wurde es mir möglich, zwischen »Erinnerungs-Symptomen« und »Ausdrucks-Symptomen« ihrer Ätiologie und ihrer Bedeutung nach zu unterscheiden und therapeutisch differenziert darauf zu antworten.

Mit einem Beispiel aus dem Gebiet der Ausdrucks-Symptomatik beschäftigt sich der Vortrag über Dermatosen, während der Aufsatz über die Trias der Innenohrerkrankungen in den Bereich der Erinnerungs-Symptomatik gehört. Der besonders für die Behandlung der mit Erinnerungs-Symptomen verbundenen Erkrankungen entwickelten Technik der therapeutischen Regression wurde ein eigener Aufsatz gewidmet.

3. Die klare Unterscheidung zwischen Erinnerungs- und Ausdrucks-Symptomen, die sich laufend vertiefende Einsicht in die Bedeutung der Erinnerungs-Symptome und die Entwicklung der auf sie bezogenen therapeutischen Technik machten die Entdeckung der Ätiologie der Innenohrerkrankungen »Idiopathischer« Hörsturz, Tinnitus und Morbus Menière möglich und erlauben erstmals eine auf ihre Ätiologie bezogene kausale Therapie. Die Bedeutung dieser Entdeckung und des zur psychosomatischen Behandlung dieser Krankheits-Trias entwickelten Therapie-Konzepts werden einem bewußt, wenn man bedenkt, daß in der Bundesrepublik schätzungsweise 6 Millionen Menschen in mehr oder minder starkem Ausmaß an

einer dieser Erkrankungsformen leiden. Durch diese erdrückenden Zahlen und die Tatsache, daß diese Erkrankungen bislang ihrer Ätiologie nach als »ungeklärt« und dementsprechend als nicht kausal behandelbar gelten, betrachtet sich der Autor hinsichtlich seiner obigen »unbescheidenen« Äußerung als voll gerechtfertigt.

4. Von den mehr »somatisch« ansetzenden Therapiemethoden, die in das psychosomatische Gesamtkonzept integrierbar sind, wird nur das System der ZILGREI-Selbstbehandlungen ausführlich dargestellt.

Wolfgang H. Hollweg   Aschau im Chiemgau
                                         im Juni 1991

Human-Biologische Ganzheits-Medizin - Herausforderung und Perspektiven*

1. Die Herausforderung - Psychosomatische Medizin heute

Das Thema dieses Symposiums, »Psyche und Soma«, spricht den unseligen Dualismus an, der unsere Medizin zu unser aller Schaden beherrscht. Die Aufgabe, ihn mit ganzheitsmedizinischen Theorien und Therapien zu überwinden, kann dem Theoretiker und dem geplagten Praktiker in gleicher Weise wie die vergeblichen Versuche des Sisyphus vorkommen, einen riesigen Felsbrocken bergauf zu rollen. *»Die zentrale Bedeutung einer Auseinandersetzung mit dem Dualismusproblem im Rahmen einer übergreifenden Theorie zeigt sich konkret in den Gefahren, welche der Heilkunde drohen, die im Begriff ist, sich in eine somatische und in eine psychologische Medizin zu spalten. Wenn dieser sich immer deutlicher abzeichnende Trend erst endgültig geworden ist, werden wir ein Gesundheitssystem haben, in dem es eine Medizin für Körper ohne Seelen mit hochspezialisierten Organkliniken und eine Medizin für Seelen ohne Körper mit Neurosekrankenhäusern und psychiatrischen Anstalten gibt.«* Diese bedenkenswerten Sätze finden sich in dem 1988 erschienenen Buch »Theorie der Humanmedizin« von THURE VON UEXKÜLL und WOLFGANG WESIACK.

Psyche und Soma als Einheit? Das gibt es weder in der Schulmedizin noch in der Naturheilkunde, weder bei Ärzten noch bei Heilpraktikern, weder bei Psychoanalytikern noch bei Psychotherapeuten anderer Schulen - zumindest nicht in nachschlagbaren Ziffern zur Honorarabrechnung von Leistungen auf dem Gebiet der Psychosomatik. Aus den Ziffern der GOÄ und der GebüH kann man nur medizinisch-physiologische Leistungen ablesen, die sich - vielleicht! - auch auf die Psyche des Patienten auswirken. Vorgesehen ist das eigentlich nicht. Denn dafür gibt es Ziffern, die sich auf die Psychotherapie beziehen. Und wenn dabei der Körper positiv mitreagiert: wie schön! - Hier ist also der unselige Dualismus wirtschaftsrechtlich fixiert.

Wer heute von »Psyche und Soma« spricht, von »Psychosomatik«, wie die Psychotherapeuten meist sagen, oder von »Psychosomatischer Medizin,« wie die Mediziner zu reden sich angewöhnt haben, der muß sich von vornherein darüber

* Vortrag, gehalten am 26. Juli 1988 auf dem Münchner Zentral-Symposium »Psyche und Soma«.

im klaren sein, daß das auf der alten klassischen Psychoanalyse aufruhende Denkmodell, das von einer »seelischen Verursachung körperlicher Erkrankungen« ausging, inzwischen weitgehend überwunden ist. Wer im Bereich der Psychosomatischen Medizin heute Wert darauf legt, ernstgenommen zu werden, bemüht sich um eine ganzheitsmedizinische Sicht.

Das zitierte Buch von VON UEXKÜLL und WESIACK stellt in der Reihe neuerer Versuche, den Dualismus zu überwinden, insofern eine gewaltige Herausforderung dar, als es auf der ganzen Breite abendländischen Forschens, Wissens, Könnens und Denkens die Wurzeln, die Geschichte und die Konsequenzen des Dualismus aufdeckt und analysiert und überzeugende Ansätze für eine »umfassende Theorie der Heilkunde« aufweist, in der »*jeder Versuch, zwischen somatischen und psychosomatischen Krankheiten zu unterscheiden, ein Akt der Willkür ist.*«

Das Buch, das sich möglicherweise einmal als eines der wichtigsten unseres Jahrhunderts erweisen könnte, beschreibt den Aufbruch zu einer Medizin, die sich bewußt wird, daß Krankheit und Heilung als Lebensprozesse ein »*multifaktorielles bio-psycho-soziales Gesamtgeschehen*« bedeuten, für das es eine alle Aspekte umfassende gemeinsame Sprache erst noch zu entwickeln gilt.

VON UEXKÜLL und WESIACK bezeichnen die von ihnen grundgelegte Medizin der Zukunft, die alle Aspekte biologischer, psychischer und sozialer Heiltätigkeit integrieren soll, schlicht als »Humanmedizin«. Wenn ich selber von der uns heute möglichen integrativen Heilkunde spreche, bevorzuge ich den Begriff »Human-Biologische Ganzheits-Medizin«. Die verschiedenen Aspekte, die damit betont angesprochen sind, sollen in diesem Vortrag ein Stück weit entfaltet werden.

Übrigens schlagen die beiden Autoren vor - und damit kehren wir zum Ausgangspunkt, zum Thema des Symposiums zurück -, einstweilen nicht auf die bisher übliche Sprachregelung »psychosomatisch« zu verzichten, da Versuche, die Einheit von Psyche und Soma sprachlich zu fixieren, das Problem des Dualismus nur zudecke, es aber nicht löse.

2. »Ganzheits«-Medizin

In der Tat: Unsere Sprache verrät uns! Unser Dialekt verrät, woher wir stammen, zumindest, wo wir die meiste Zeit unseres Lebens verbracht haben. Und unsere Ausdrucksweise verrät unser Denken. Das gilt auch für die medizinische und die psychologische Fachsprache. Sie ist von der abendländischen Geistesgeschichte, von der Geschichte unseres Denkens geprägt. Und umgekehrt: die Möglichkeiten und die Grenzen unserer Sprache prägen durch Bilder und Begriffe unser gegenwärtiges Denken - auch auf dem Gebiet der Wissenschaften.

Unsere Sprache ist, der abendländischen Tradition entsprechend, stark vom Gegensatzdenken geprägt. Und das lernen wir bereits in der Schule: ein ordentlicher deutscher Satz hat einen Satzgegenstand, ein Subjekt, und er macht eine Aussage, die auf ein Objekt hinzielt. Es ist eine ganz eindeutige Bewegung: vom Subjekt hin zum Objekt.

Wenn wir das auf den Gegenstand unserer Überlegungen beziehen, so müssen wir mit großem Bedauern feststellen, daß das in unserer Kulturtradition überlieferte Gegensatzdenken von Subjekt und Objekt sich im Dualismus von Geist und Leib, von Körper und Seele, von Soma und Psyche widerspiegelt. Das macht es uns ungemein schwer, sowohl Erkrankungs- als auch Heilungsprozesse als einheitliches, als *ganzheitliches* Geschehen zu begreifen und darzustellen.

Die Anzahl der Erkrankungen, bei deren Entstehen und deren weiterer Entwicklung selbst die orthodoxe Schulmedizin die Beteiligung seelischer Faktoren nicht mehr ausschließen kann, hat in den letzten Jahren erheblich zugenommen. Und bei immer mehr Krankheitsbildern zeigt sich, daß der Psyche dabei sehr viel mehr an Gewicht zugemessen werden muß, als man bisher wußte und wohl auch wissen *wollte*. Die Medizin bezeichnet solche »Krankheiten« gewöhnlich als »psychosomatisch«.

Wenn eine solche Diagnose gestellt wird, verführt uns unser dualistisches, sich vom Subjekt zum Objekt hin bewegendes Kausaldenken, nach der *seelischen Verursachung* einer solchen Erkrankung zu suchen. Damit aber wird uns unsere abendländische Denk- und Sprachtradition zum Fallstrick!

Man kann es wohl als das Grundanliegen der gegenwärtigen Psychosomatischen Medizin, soweit sie sich als (Human-Biologische) »Ganzheits-Medizin« versteht, bezeichnen, von diesem eingleisigen Kausaldenken wegzukommen und sowohl den gesunden wie den kranken Menschen als *Einheit und Ganzheit von Leib, Seele und Geist zu begreifen und zu behandeln.*

Sie beruft sich dabei gern auf VIKTOR VON WEIZSÄCKER, dessen hundertsten Geburtstags wir 1986 gedacht haben. Es war ihm nämlich ein wichtiges Anliegen festzustellen, daß es sich in der Psychosomatischen Medizin nicht um eine fest umrissene Gruppe von körperlichen Erkrankungen handelt, die nachweislich »seelische Ursachen« hätten, sondern daß es sich vielmehr um einen *grundsätzlichen Aspekt im Menschsein überhaupt*, und damit auch in der Medizin, handelt. VON WEIZSÄCKER hat das so ausgedrückt: »Nichts Seelisches hat keinen Leib - nichts Leibliches hat keinen Sinn.« Damit will er sagen: es gibt überhaupt kein seelisches Geschehen, das unabhängig von körperlichen Prozessen existiert und abläuft, und es gibt keine körperlichen Prozesse, bei denen nicht gleichzeitig psychische Reaktionen ablaufen. Leib und Seele, Soma und Psyche, sind in keinem Augenblick der menschlichen Existenz voneinander unabhängig. Natürlich stellen sie zwei verschiedene Aspekte des menschlichen Lebens dar, die man unter bestimmten Gesichtspunkten auch einmal getrennt voneinander ins Auge fassen darf, so wie man z.b. auch bei der Untersuchung bestimmter immunologischer Phänomene vorübergehend auf die Einbeziehung der Herztätigkeit verzichten kann. Wenn es aber um Lebensprozesse wie einen Krankheits- oder Heilungsverlauf geht, muß man stets den *ganzen und einheitlichen Menschen* im Blick haben, um ihm gerecht werden zu können.

Die Vorstellung von der Psyche als »Subjekt«, das in positiver oder negativer Weise auf den Körper als sein »Objekt« einwirkt (und umgekehrt), muß im Sinne der Human-Biologischen Ganzheits-Medizin als *absurd* bezeichnet werden. Es gibt nicht eine einzige Erkrankung, die als ein ausschließlich körperliches Geschehen oder aber als ein zwar seelisch verursachter, aber körperlich ablaufender Prozeß erfaßt und richtig beschrieben werden könnte.

Das gilt sogar für einen »simplen« Knochenbruch! Stellen Sie sich bitte einmal vor, daß sich ein Skifahrer bei einem Sturz eine Unterarmfraktur zugezogen hat. Er erlebt diesen Vorgang, ob ihm das nun bewußt wird oder nicht, als ganzer und einheitlicher Mensch. Das geht schon mit der Beurteilung des Mißgeschicks selber an: er wertet es vielleicht unter dem Gesichtspunkt seines auf Leistung bezogenen Selbstbewußtseins und wirft sich Versagen vor. Er kann aber auch nicht von der erwarteten möglichen Reaktion der Mitmenschen absehen, was die wohl über sein Mißgeschick denken und wie sie es beurteilen. Und wie er selbst es bewertet, zeigt sich in seinem Verhalten Dritten gegenüber: vielleicht spielt er die tatsächlich vorhandenen Schmerzen herunter, weil er es sich nicht leisten zu können glaubt zu jammern. Vielleicht aber präsentiert er seinen Mitmenschen gern die gegenwärtige Behinderung und genießt den Zwangsurlaub. Oder er macht sich über Zeit- und Verdienstausfall Sorgen, wenn er etwa selbständig ist.

Kurz: Es gibt nicht einen einzigen »körperlichen« Krankheitsprozeß, der nicht von entsprechenden »seelischen« Vorgängen begleitet und gewertet wird; und es gibt nicht einen einzigen »psychischen« Vorgang, der sich nicht gleichzeitig in irgend einer Weise auch körperlich manifestiert.

Das untrennbare Miteinander, ja Ineinander von Geistig-Seelischem und Körperlichem bestimmt den Menschen von der Zeugung an bis zu seinem Tod. Jedem von uns ist bekannt, daß die wertende Einstellung des Patienten zu seinem Krankheitsgeschehen einen ganz wesentlichen Einfluß auf den Heilungsverlauf hat. Deshalb *darf* der Therapeut im Krankheitsverlauf und im Heilungsprozeß die somatischen und die psychischen Aspekte *nicht voneinander zu trennen versuchen*, weil er sonst seinem Patienten niemals gerecht wird.

Die Human-Biologische Ganzheits-Medizin, die sich ernsthaft darum bemüht, den Menschen als Einheit und Ganzheit wahrzunehmen und im Krankheitsfall zu behandeln, wird bei einem nur körperlich in Erscheinung tretenden Krankheitsprozeß sehr sorgfältig nach der psychischen Mitreaktion suchen müssen und im Fall einer (angeblich) ohne körperliche Symptome einhergehenden »Verhaltensstörung«, einer Neurose oder Psychose nach den zugehörigen Körperreaktionen fahnden.

Das ist ganz besonders wichtig. Denn wenn man, wie wir das tun, konsequent von der Einheit und Ganzheit des Menschen ausgeht, muß man logischerweise die Krankheitssymptome auf der körperlichen und der psychischen Ebene gleichzeitig erwarten, und zwar *in einem ziemlich ausgewogenen Verhältnis zueinander.* Die *Unausgewogenheit* zwischen körperlichen und seelischen Reaktionen (vorausgesetzt natürlich, daß der Behandler diese überhaupt wahrzunehmen in der Lage, sie zur Kenntnis zu nehmen willens und den Patienten danach zu fragen bereit ist) bedeutet nämlich immer *ein ernst zu nehmendes Alarmsignal,* das auf eine krankhafte *Spaltung* zwischen Soma und Psyche hinweist.

Dazu teile ich Ihnen die folgende interessante und wichtige Beobachtung mit:

Patienten, die sich wegen auffälliger psychischer Reaktionen zu einer ganzheitsmedizinisch orientierten aufdeckenden Psychotherapie entschließen, die bei Therapiebeginn nur von psychischen Problemen berichten und keine nennenswerten körperlichen Symptome benennen können, reagieren gewöhnlich nach kurzer Therapiezeit zunehmend auch somatisch. Im Sinne der Human-Biologischen Ganzheits-Medizin signalisiert das keineswegs eine Verschlimmerung des Leidens. Es ist im Gegenteil ein Zeichen dafür, daß der abgespaltene und durch jahrelangen *Wahrnehmungsverlust* quasi immunisierte Leib wieder wahrzunehmen und lebendig zu reagieren beginnt.

Bei den scheinbar ausschließlich körperlich reagierenden Patienten stellt sich rasch der umgekehrte Effekt ein. Bei ihnen zeigt sich ein erster therapeutischer Erfolg weniger in einer Reduzierung der Körpersymptome, als vielmehr darin, daß sie beginnen, in dem Maße auch seelisch zu leiden, wie ihre Psyche wieder lebendig wird. Diese Patienten sind, weil sie kaum psychische Reaktionen zeigen, ja nicht etwa seelisch besonders stabil, sondern aufgrund der *Abspaltung* des psychischen Bereichs *seelisch verarmt.*

Die Tatsache, daß der eine Patient vor Beginn seiner Therapie mehr körperliche, der andere mehr psychische Symptome aufweist, darf also den Behandler nicht dazu verleiten, die schädigenden Ursachen auf dem einen oder dem anderen Gebiet zu suchen. Schon bei Anamnese und Diagnose muß er die Einheit und Ganzheit des Patienten im Auge haben.

Gesundsein im Sinne der Human-Biologischen Ganzheits-Medizin bedeutet *Einheit und Ganzheit von Leib, Seele und Geist.* Dazu gehört das *Einssein mit mir selbst, das Einssein mit der Natur in mir und außer mir und die Fähigkeit zum liebenden Umgang mit dem Du.* Kranksein bedeutet *Zerfall von Einheit und Ganzheit* auf zumindest einer dieser Ebenen. Deshalb sind die geschilderten Anfangs-Reaktionen der notwendige Beginn eines Heilungsprozesses, der den ganzen Menschen umfaßt.

Die häufig zu beobachtende Tatsache, daß die somatischen und die psychischen Reaktionen bei vielen Menschen nicht gleichgewichtig und harmonisch ausfallen, signalisiert also eine pathologische Qualität, ein ernstzunehmendes Krankheitssymptom. Eine Konsequenz, die wir daraus ziehen müssen, besteht in der Einsicht, daß »psychosomatische« Erkrankungen im Sinne der Human-Biologischen Ganzheits-Medizin nicht als psychologisch-medizinische Grenzfälle zu betrachten sind, die der Mediziner mit dem psychologisch geschulten Fachmann, die der Psychotherapeut mit dem Arzt zu verhandeln hätte. Unter ganzheitsmedizinischen Gesichtspunkten stellt sich die psychosomatische Betrachtungsweise vielmehr als die eine und unbestreitbare Grundlage *jeder* Humanmedizin dar.

Das schließt selbstverständlich nicht Spezialisierungen in verschiedene medizinische Disziplinen aus. Die Human-Biologische Ganzheits-Medizin ordnet jedoch diese Teilfächer der medizinischen Gesamtschau des Menschen ein und ordnet ihre therapeutischen Aktivitäten einer notwendigen psychophysischen Gesamttherapie unter.

3. Schwerpunkt »Biologisch-...«

Mit »Psyche« und »Soma«, und mit »Ganzheit« als deren Integration, ist der Mensch nach heutigem Verständnis im Hinblick auf eine alle Aspekte menschlichen Krankseins umfassendes integratives therapeutisches Handeln nur ganz unzureichend beschrieben. Wir fügen hier deshalb diejenigen Gesichtspunkte hinzu, die mit dem Adjektiv »biologisch« angesprochen sind.

Es ist kein Zufall, daß wir uns mit dem Begriff »Soma«, Leib, allein nicht zufrieden geben wollen. Im allgemeinen Sprachgebrauch bezeichnet der nämlich ausschließlich unsere Leiblichkeit, die vorfindliche Körperlichkeit, ohne jeden weiteren Bezug. Der Begriff »Bios« hingegen setzt uns in einen direkten Zusammenhang mit der Natur, von der wir ja ein Teil sind, mit dem Schöpfungsganzen. Er macht uns das Eingebettetsein in den Gesamtstrom des Lebens deutlich, der von der Urzelle über Pflanzen- und Tierwelt hinaus bis zum hochkomplizierten und differenzierten Menschen reicht. Im Hinblick auf unsere zahlreichen Sünden an den in denselben Lebensstrom eingebetteten Mitgeschöpfen erscheint mir eine solche Betrachtungsweise ganz dringend geboten.

Die zunehmende Zerstörung unserer Umwelt und das Wissen um die kosmische Dimension des Zerstörungspotentials, das in unserer Hand liegt, haben zu recht skurrilen und zugleich aufschlußreichen Spekulationen geführt. So haben z.B. einige Forscher die Meinung vertreten, die Natur könne sich wahrscheinlich im

Verlauf von Jahrmillionen wieder regenerieren, wenn die Menschheit sich erst einmal selbst vernichtet habe.

Was uns an diesen Spekulationen interessiert, ist die Tatsache, daß offensichtlich allem Lebendigen das Prinzip des Überlebens durch Regeneration innewohnt. Wir wissen - und nicht zuletzt darauf beruht ein beträchtlicher Teil der Naturmedizin -, daß das in gewissen Grenzen auch für den menschlichen Organismus gilt. Ich meine darüber hinaus, daß wir den menschlichen Überlebenskräften auch dahingehend vertrauen dürfen, daß sie einen regenerativen Prozeß an Leib, Seele und Geist ermöglichen, der es erst gar nicht zu solch katastrophalen Entwicklungen kommen läßt.

Voraussetzung dazu ist natürlich, daß wir von den regenerativen Kräften, von den Möglichkeiten der Selbstheilung, noch früh genug Gebrauch zu machen verstehen. Ist es noch früh genug?

Ein »biologisch« denkender und handelnder Therapeut bezieht die Hoffnung, seinen Patienten helfen zu können, aus der Einsicht, daß nicht er der »Heiler« ist, sondern der kranke Mensch selbst. Der Therapeut ist Helfer, Beistand, Mittler. Ich habe einmal versucht, den Mittlerdienst des Therapeuten im Sinne der beschriebenen »biologischen« Dimension in drei kurzen Sätzen zusammenzufassen. Sie stehen seit vielen Jahren auf meiner Visitenkarte:

Gesund sein heißt, mit der Natur in mir und außer mir
in Einklang zu leben.
Heilen bedeutet, dem Menschen als Helfer zur Seite
und als Orientierung gegenüberzustehen,
bis er die Natur in sich und sich selbst in der Natur
wiedergefunden hat.

Wenn wir versuchen, kurz zu skizzieren, welche Konsequenzen sich aus einem solchen biologischen Ansatz ganzheitsorientierter Medizin ergeben, so möchte ich davon drei nennen, die mir als ganz besonders wichtig erscheinen:

1. Als Therapeut biologisch zu denken und zu handeln, darf sich nicht darin erschöpfen, einiges über biologische Funktionen und Rhythmen des menschlichen Organismus zu wissen und sogenannte biologische Präparate aus Pflanzen- und Tierwelt zu verschreiben. Wer sich einmal ebenso intensiv wie konsequent mit der vergleichenden Verhaltensforschung, der Etologie, befaßt, der wird die überraschende Entdeckung machen, daß es hinsichtlich der *biologischen* und der *psychischen Abläufe* bei Menschen und Tieren viele unübersehbare Ähnlichkeiten und Zusammenhänge gibt, die therapeutische Konsequenzen geradezu herausfordern.

So ist es z.B. eine nicht mehr zu leugnende Tatsache, daß unser Leben, ganz besonders in der frühen Zeit unseres individuellen Daseins, nämlich vor, während und kurz nach der Geburt, von »Biologischen Programmen« gesteuert wird, die eng verwandt sind mit dem, was die Etologen »Prägung« nennen. Für den mit dieser Thematik vertrauten Therapeuten ist es ein offenes Geheimnis, daß sehr viel mehr Erkrankungen des Erwachsenen auf schwerwiegende Störungen dieser frühen Biologischen Programme durch medizinisch-technische Eingriffe, durch unphysiologische Geburtsabläufe, durch Fehlverhalten der Umwelt u.a.m. zurückzuführen sind, als den meisten Beteiligten bekannt ist und lieb sein kann.

2. Es gibt eine ganze Reihe von Erkrankungen, deren Symptome eine direkte Körpererinnerung an solche massiven Störungen Biologischer Programme darstellen. Dazu gehören neben Psychosen, Angst- und Zwangsneurosen z.B. solche Erkrankungen wie Skoliosen, bestimmte Formen von Rheuma, generalisierte Muskelverspannungen, Morbus Scheuermann, bestimmte Formen von Migräne, bestimmte Formen der Epilepsie, »idiopathischer« Hörsturz, Tinnitus, Morbus Menière und viele andere mehr. Sie gehen in den meisten Fällen - abgesehen natürlich von Unfällen und Tumoren - auf pänatale und perinatale Schädigungen zurück. Aufgrund der dem Menschen innewohnenden Verdrängungsmechanismen bleiben die davon Betroffenen über Jahre oder gar Jahrzehnte (scheinbar!) symptomfrei, bis schließlich bestimmte Schwellensituationen und Lebenskrisen zu charakteristischen Auslösern der manifesten Erkrankung werden.

In der Zeit zwischen primärer Schädigung und Krankheitsausbruch sprechen allerdings die Träume dieser Menschen eine deutliche Sprache. Wer sie lesen kann, kann aus ihnen die primären Traumata ziemlich klar erkennen, besonders wenn es sich um Alpträume handelt, in denen die verdrängten Traumata, durch die Symbolsprache kaum noch verhüllt, massiv ans Licht drängen.

Als »Mediator«, als »Vermittler« zwischen der primären Schädigung und der gegenwärtigen Krise, die wir »Krankheit« zu nennen gewöhnt sind, und den jedem Menschen innewohnenden Selbstheilungskräften kann in diesen Fällen natürlich nur ein Therapeut erfolgreich sein, der um diese *biologischen* Zusammenhänge überhaupt *weiß*. Ist es da ein Wunder, daß unsere konservative Schulmedizin behauptet, die genannten Erkrankungen seien *ätiologisch noch nicht geklärt und deshalb nicht wirklich heilbar*?!

3. Aus dem bisher Gesagten ergibt sich als weitere Konsequenz, daß wir unsere ganzheitstherapeutischen Maßnahmen sehr genau unter die kritische Lupe nehmen müssen. Ein Heilmittel, das als »biologisch« bezeichnet wird, weil es aus organischen Stoffen gewonnen wurde, die dem menschlichen Organismus verwandt sind, und ein biophysikalisches Therapieverfahren, das bestimmte biologische Abläufe im menschlichen Organismus stimuliert, kann durchaus nutzlos, ja sogar schädlich sein. Das ist vor allem dann der Fall, wenn die lebensgeschichtliche Problematik des Patienten nicht aufgegriffen und sein soziales Umfeld, z.B. seine Familien- und

Arbeitssituation, außer acht gelassen werden. Die in ihm verborgenen Kräfte der Selbstheilung können dann nur ungenügend oder gar nicht entbunden und entfaltet werden, ja u.U. werden sie sogar empfindlich gestört. Kurz gesagt: eine Ganzheits-Medizin, die den Anspruch erhebt, *biologisch* zu sein, muß sich sehr intensiv mit möglichst allen Aspekten der Mikro-, Pflanzen-, Tier- und Human-Biologie befassen, um ihren Dienst wirklich menschengerecht und heilsam verrichten zu können.

4. Schwerpunkt »Human-...«

Die Human-Biologische Ganzheits-Medizin kommt auch nicht ohne intensive Begegnung und Auseinandersetzung mit den *humanen Wissenschaften* aus. Besondere Berücksichtigung finden müssen die biologische und die philosophische Anthropologie, die pränatale, perinatale und postnatale Psychologie, die allgemeine Psychologie, die Tiefenpsychologie, die Soziologie, die Sozialpsychologie, die Theologie, die Kulturgeschichte und die Politik.

Auf allen Ebenen, die durch diese Fachbereiche charakterisiert sind, spielt sich menschliches Leben, spielen sich Gesundsein und Kranksein ab. Und jeder dieser Aspekte kann in einem Krankheitsprozeß, offen oder versteckt, eine so wichtige Rolle spielen, daß ohne seine angemessene Berücksichtigung jeder Therapieversuch scheitern muß.

Wir wollen uns heute und hier, schon allein aus Zeitgründen, auf nur wenige Gesichtspunkte beschränken und wenden uns zunächst der *geschichtlichen* Ebene der individuellen menschlichen Existenz zu.

Der gesunde Mensch ist immer ein ganzer, auch hinsichtlich seiner Lebensgeschichte. Er reagiert auf einen gegenwärtigen Reiz hin, z.B. auf eine körperliche und seelische Verletzung, niemals als ein nur Gegenwärtiger, sondern gleichzeitig als ein Gewordener, ein Gewachsener, als ein Wesen, das durch seine Lebensgeschichte in seinem gegenwärtigen Wahrnehmen, Fühlen, Denken und Handeln mit bedingt ist. Was der Mensch einmal erlebt hat, was er erlitten hat, wie er in der Vergangenheit auf das Erlebte reagiert hat, welche Konsequenzen er aus dem Geschehen, das ihn betroffen hat, gezogen hat: all das wirkt bei der Bewältigung eines gegenwärtigen Lebensprozesses, z.B. bei einer Erkrankung, mit. Wenn wir bei einem Menschen die Einheit der lebensgeschichtlichen Ebene besonders deutlich wahrnehmen, dann empfinden wir das als seine *persönliche menschliche Reife*.

Aber ebenso wie die Einheit von Soma und Psyche zerbrechen kann und dadurch pathologische Spaltungsvorgänge hervorgerufen werden, so kann auch die Einheit und Ganzheit der Person auf ihrer *geschichtlichen* Ebene zerbrechen. Die Möglichkeiten dazu sind ebenso vielfältig wie die betroffenen Menschen selbst und ihre Lebensgeschichte.

In diesen Erfahrungsbereich gehören u.a. die vielfältigen Hemmungen und Rückstände in der Entwicklung zur reifen erwachsenen Persönlichkeit. Ein Mensch, der die lebensgeschichtliche Einheit seiner Person nicht stabil aufrecht erhalten kann, reagiert in spezifischen Belastungssituationen, z.b. im Verlauf von Krankheitsprozessen, weder situations- noch altersadäquat. Er *regrediert*, er verhält sich etwa so, als sei er ein verletztes, zu Tode erschrockenes Baby. Er verhält sich so und nicht wie ein Erwachsener, weil er in seiner frühen Lebensgeschichte tatsächlich ein verletztes und zu Tode erschrockenes Baby gewesen ist, das aber damals nicht fähig war, die frühe Verletzung zu verarbeiten. Deshalb mußte sie *verdrängt* werden und konnte in die spätere Entwicklung nicht integriert werden. So steht also der Betroffene seinem gegenwärtigen Krankheitsgeschehen nicht als Erwachsener mit der angesammelten Erfahrung und mit den Verarbeitungsmöglichkeiten eines gereiften Lebens gegenüber, sondern als verletztes, hilfloses Baby. Das ist der Grund, warum die lebensgeschichtliche Dimension im Zusammenhang mit einer Kranheitsentwicklung immer mit bedacht und im konkreten Behandlungsfall unbedingt in den therapeutischen Prozeß mit einbezogen werden muß.

Jedem Mediziner, jedem Therapeuten, der seine Patienten im Erkrankungsprozeß aufmerksam begleitet, sind die geschilderten Regressionen bekannt. Da sie ihrer Herkunft nach und in ihrer Bedeutung jedoch meist nicht erkannt werden, lösen sie keine sachgemäße Hilfe, sondern Unmut, ja Ärger aus. *Das sind die unvermeidlichen Folgen einer Medizin, die die lebensgeschichtliche Dimension von Erkrankung und Heilung verloren hat.*

Kranksein ist kein *privates Schicksal*, das der Kranke nur mit sich selbst und mit seinem Therapeuten auszumachen hat. Vielmehr ist sie Ausdruck eines konkreten menschlichen Lebens in einer konkreten mitmenschlichen Situation. Der Kranke ist nicht nur an sich selber und für sich selber krank, sondern ebenso *am Du, mit dem Du, gegen das Du, durch das Du und für das Du.* Mit einer Erkankung kann ich mich zeichenhaft ausdrücken: mich mit ihr bemerkbar machen, mit ihr protestieren, das Du zur Reaktion herausfordern, mich vom Du distanzieren, mich gekränkt und beleidigt von der Mitwelt zurückziehen. *Kranksein hat immer auch kommunikativen Charakter.*

Den kommunikativen Charakter eines Krankheitsgeschehens möchte ich an einer besonders gut faßbaren »psychosomatischen« Erkrankung mit Ausdrucks-Symptomatik kurz verdeutlichen, an der *Neurodermitis.* Aus »somatischer« Sicht stellt sie eine Immunerkrankung dar. Aus »psychologischer« Sicht drückt sie einen schweren, für den Patienten nicht lösbaren Konflikt auf der kommunikativen Ebene aus, der völlig unbewußt verläuft. Das hängt mit der *Doppelfunktion der Haut als sozialem Kontaktorgan* und gleichzeitiger *Abgrenzung zum Du* hin zusammen. Diese Doppelfunktion, die im genetischen Code programmiert ist - deshalb sprechen wir in der TBT von »Biologischen Programmen« - kann bereits vorgeburtlich irritiert und geschädigt sein. Hauptsächlich treten diese Schädigungen jedoch erst in den ersten Lebenstagen, -wochen und -monaten ein.

Unter etologischen und humanbiologischen Gesichtspunkten müssen wir uns daran erinnern, daß der Mensch mit seiner nackten Haut eine unvergleichlich größere und sensiblere Austauschfläche besitzt als jedes andere ihm nahe verwandte Lebewesen. Über dieses Organ empfängt er bereits im Mutterleib, ganz besonders intensiv im Geburtsvorgang und in der ersten Zeit nach der Geburt, im taktilen Austausch mit der Mutter Stimulationen, die bis in seine inneren Organe hineinreichen. Sie vermitteln ihm gleichzeitig das lebensnotwendige Gefühl von sozialer Sicherheit und Geborgenheit, dessen er im »extrauterinen Frühjahr« (PORTMANN) bei seiner Entwicklung zu einem sich seiner selbst sicheren und bewußten Individuum dringend bedarf.

Bleibt die vom Kind erwartete Berührung aber ganz oder teilweise aus oder geschieht sie zu mechanisch, oberflächlich und dürftig, so gerät das Kind zunehmend in einen kaum lösbaren Konflikt: Die Spannung zwischen den Biologischen Programmen - den genetisch bedingten Erwartungen des Kindes - einerseits und der mangelhaften Erfüllung andererseits wird unerträglich und schmerzhaft. Je mehr das Bedürfnis zunimmt, als umso gefährlicher wird es empfunden, bis es schließlich *verdrängt* wird.

Die noch am wenigsten dramatische Folge davon zeigt sich beim späteren Erwachsenen etwa darin, daß er, wenn er Berührungsbedürfnisse hat, plötzlich eine kalte, undurchblutete Haut bekommt, eine Haut also, die wie erstorben erscheint. Damit wehrt sich das Unbewußte gegen ein Wiederaufleben des alten, infolge der nach wie vor wirksamen Verdrängung immer noch ungelösten Konflikts.

Demgegenüber stellt die Neurodermitis eine wesentlich dramatischere Form dar: die Ambivalenz von Berührungsbedürfnis und Angst vor der Berührung wird unmittelbar an dem dafür zuständigen Organ empfunden und ausgedrückt. Dabei ist die quälende Symptomatik in mehrerlei Hinsicht nicht stabil. Die Neurodermitis kann nämlich vielerlei Gesichter haben und sich an den verschiedensten Hautpartien manifestieren - und sie kann Erscheinungsbild und Ort jederzeit wechseln. Sie ist »der Affe unter den Hautkrankheiten« und wird deshalb sehr oft falsch diagnostiziert - auch von Dermatologen! Zudem stellt sie ein psychosomatisches Equivalent zu einer schweren Neurose oder Psychose dar. Gar nicht so selten kommt es unter einer dermatologischen Behandlung zum Verschwinden der Effloreszenzen, dafür aber zum Ausbruch einer Neurose oder Psychose, wie es umgekehrt bei der Behandlung einer Neurose oder Psychose im Verlauf der symptomatischen Besserung zum Ausbruch einer Neurodermitis kommen kann.

5. Perspektiven und praktische Konsequenzen

Mitte März 1988 fand in Innsbruck die »Internationale Arbeitstagung des Deutschen Kollegiums für Psychosomatische Medizin und der Österreichischen Gesellschaft für klinische Psychosomatik« statt. Auf diesem mehrtägigen psychosomatischen Fachkongreß wurde THURE VON UEXKÜLL aus Anlaß seines achtzigsten Geburtstags hoch geehrt. Ausgerichtet wurde die ganze Veranstaltung von der dortigen Universität, vor allem von Prof. WOLFGANG WESIACK, einem Uexküll-Schüler. Schriftlich angemeldet waren ca. 650 Teilnehmer, tatsächlich anwesend waren etwa 1.000 - eine imponierende Zahl! Ich hatte die Ehre, auf diesem Kongreß einen Vortrag zu halten.

Allerdings habe ich mich darauf nicht beschränkt, sondern mich zwischen den Vorträgen im Plenum und den Vorträgen und Diskussionen in den 17 verschiedenen Symposien hörend und sehend durch die Menschenmenge bewegt. Der Eindruck, den ich dabei gewonnen habe, war recht zwiespältig.

Einerseits empfand ich die unerwartet große Teilnehmerzahl, fast ausschließlich Ärzte, als Signal eines erfreulichen Aufbruchs innerhalb der Medizin. Und ich fand das bestätigt durch das lebendige Interesse und den deutlich spürbaren Lerneifer gerade vieler junger Mediziner. Andererseits jedoch klang aus Referaten und privaten Äußerungen die große Sorge heraus, daß sich die Spannungen zwischen der technisierten Medizin und der Psychosomatischen Medizin eher noch verschärfen könnten.

Besonders beklagt wurde auf breiter Ebene, daß in der theoretischen und der praktischen Ausbildung auf dem Gebiet der Psychosomatik ein unausgefülltes Loch gähnt. Der Lehrstuhl für Psychosomatik an der Universität in Innsbruck, den WOLFGANG WESIACK inne hat, dürfte einer der ganz wenigen in Europa überhaupt sein.

Ganz besonders aufgefallen ist mir, daß kaum Ärzte für Naturheilverfahren auszumachen waren. Bei verschiedenen persönlichen Begegnungen mit solchen Ärzten habe ich allerdings schon vorher die Feststellung machen müssen, daß sie, soweit sie sich überhaupt mit psychosomatischen Fragestellungen detailliert beschäftigen, von neueren Entwicklungen kaum Kenntnis haben.

Blicken wir auf den Berufsstand der Heilpraktiker, so gibt es auch da kaum Anlaß zum Jubeln. Jeder Heilpraktiker erhebt zwar wie ganz selbstverständlich den Anspruch, Ganzheits-Medizin zu betreiben, doch muß bezweifelt werden, ob bzw. wie weit dieser Anspruch überhaupt gerechtfertigt ist. Der gute Wille soll hier nicht bestritten werden. Doch der kann keine fundierten psychologischen und psychosomatischen Kenntnisse ersetzen, ohne die es nun einmal eine kompetente Ganzheits-Medizin nicht geben kann. Ich werde den Verdacht nicht los, daß Naturheilärzte und Heilpraktiker von der dualistischen und nach meinem Empfinden zugleich magischen Vorstellung nicht loskommen, daß ihre komplexen, sich zugegebenermaßen auf den Gesamtorganismus auswirkenden Naturheilmittel, irgendwie auch auf die Psyche auswirken - wobei die Psyche in diesem Zusammenhang durchaus als Objekt des Körpers gesehen wird.

In praktisch allen mir bekannten Ausbildungsinstituten für Heilpraktiker wird, außer der »kleinen Psychotherapie«, die vom Autogenen Training bis zur suggestiv eingesetzten Hypnose reicht, kaum etwas Grundlegendes an Psychotherapie und Psychosomatik angeboten. Und wer macht von den Angeboten überhaupt Gebrauch? Es geht in unserer Fragestellung nach der Ganzheits-Medizin nicht um ein Spezialwissen für solche, die sich gern als »Psychotherapeut« bezeichnen möchten, sondern vielmehr um *Grundfragen und Grundlagen der Ganzheits-Medizin!*

Es kann auch in nächster Zukunft nicht darum gehen, aus jedem Therapeuten, der sich der Ganzheits-Medizin verpflichtet weiß, einen voll ausgebildeten Psychosomatiker zu machen. Jeder Praktiker aber sollte unbedingt so viel Grundkenntnisse auf dem Gebiet der Psychosomatischen Medizin besitzen und entsprechende anamnestische Techniken beherrschen, daß der Begriff »Ganzheits-Medizin« gerechtfertigt und nicht nur ein werbewirksames Modewort ist. Und er sollte aufgrund dieser seiner Kenntnisse auch früh genug abschätzen können, wann er einen speziell psychosomatisch ausgebildeten Kollegen zur Konsultation heranziehen oder den Patienten sogar an diesen abgeben muß.

Woran es bei Ärzten und Heilpraktikern gleichermaßen in erster Linie fehlt, sind Kurse, die in die Grundlagen der Psychosomatik kompetent einführen und eine solide Basis legen. Es bedarf hier nicht nur des Aufwachens, sondern auch konkreter Überlegungen und praktischer Schritte.

Viele Mediziner schauen über die Grenzen ihres Fachbereichs nur sehr ungern hinaus und überlassen »die Psyche« ihrer Patienten willig den *Psychiatern* oder den *Psycho*therapeuten. Ganzheits-Medizin ist auf diese Weise unmöglich zu betreiben!

Bei den Heilpraktikern sind die Grenzen der fachlichen Kompetenz meist dadurch gekennzeichnet, daß sie bestimmte Heilverfahren erlernt haben, anwenden und bevorzugen, andere nicht kennen, nicht beherrschen oder auch ablehnen. *Aber bedenken Sie bitte: Human-Biologische Ganzheits-Medizin ist kein neues Heilverfahren, das man zu den bereits geläufigen hinzunehmen könnte. Sie ist vielmehr die grundlegende Art und Weise, in der jedes Heilverfahren angewandt werden muß! Sie ist der Kompaß für jede Art therapeutischen Handelns, das sich dem ganzen Menschen verpflichtet weiß.*

Wenn die Grundhaltung, so wie hier beschrieben, stimmt, wird sich das in dem Augenblick für Sie bestätigen, wenn Ihnen z.B. ein Patient mit Asthma Bronchiale gegenüber steht und Sie nach einem längeren Gespräch mit ihm die Vorstellung haben, daß Sie jetzt so ziemlich genau wissen, *warum* dieser Mensch gerade *diese* Erkrankung entwickelt hat und wo und wie diese in seinem Leben ihren unverwechselbaren »Sitz« hat.

Ob es einem Behandler überhaupt gelingt, den bei psychosomatisch Kranken aufgrund der besonders tiefen Verdrängung sorgfältig versteckten psychischen Anteil des Schadens zu Gesicht zu bekommen, entscheidet sich oft schon in den ersten Minuten der Begegnung zwischen Therapeut und Patient. Ich will versuchen, Ihnen das anhand einiger wichtiger Gesichtspunkte jenes Kommunikationsvorgangs darzustellen, der grundsätzlich am Anfang jeder psychosomatischen Behandlung zu stehen hat: ich meine das *Erstinterview.*

Bitte beachten Sie, daß das Erstinterview, zu dem Sie mindestens eine volle Stunde benötigen, weder mit der medizinischen Anamnese des somatisch arbeitenden Praktikers, noch mit der biographischen Anamnese des Psychologen identisch ist! Das Erstinterview des Psychosomatikers ist eine *personale Begegnung* zwischen dem Therapeuten und dem Patienten, und was Sie in Erfahrung bringen wollen, erfahren Sie in dieser Begegnung verbal, aber noch viel mehr im lebendigen Körperausdruck des Patienten und in seiner Art und Weise, wie er etwas *darstellt* - oder auch *übergeht.*

Nicht nur die Vertreter der konservativen Medizin, sondern auch der ganzheitstherapeutisch orientierte Arzt für Naturheilverfahren, und der Heilpraktiker nicht minder, ist im Blick auf seinen Patienten an Symptomen orientiert und vom kausalen Denken unserer abendländischen Kultur geprägt. Deshalb bedarf es, besonders am Anfang, einer bewußten Anstrengung, die Fragen nach der Person des Kranken, nach seiner Lebensgeschichte, nach seinem sozialen Umfeld, nach seinem Umgang mit sich selbst und mit den Mitmenschen, mit der nötigen Aufmerksamkeit im Blick zu behalten.

Ich formuliere hier kurz einige Fragen, die Sie so zwar nicht im Erstinterview dem Patienten stellen sollen, die Sie jedoch für sich selbst ständig »im Hinterkopf« haben sollten und sich aus Ihren Beobachtungen heraus selbst beantworten müssen. Die folgende Liste ist natürlich nicht vollständig. Sie soll Sie nur anregen.

- *Was drückt der Patient mit seiner Organwahl aus?*
- *Wie wirken seine Symptome auf die Umwelt, wie auf Sie als Therapeuten?*
- *Wie appelliert er an Sie? An seine Umwelt?*
- *Welche Kämpfe ficht er, offen oder auch versteckt, gegen sein soziales Umfeld aus?*
- *Wozu setzt er seine Krankheit ein?*
- *Zeigt er Schuldgefühle?*
- *Macht er andere für sein Schicksal verantwortlich?*
- *Sind selbstzerstörerische Impulse spürbar?*
- *Wie steht es mit seinem Verantwortungsgefühl für sich selbst und für andere?*

- *Wie ist er bisher mit Gesundheitskrisen umgegangen?*
- *Wie mit Lebenskrisen?*
- *Erkennt er einen Zusammenhang zwischen Erkrankung und Lebenskrise, oder hält er etwa die Lebenskrise für eine Folge seiner Erkrankung?*
- *Wie ist es überhaupt mit seiner Aktivität bestellt?*
- *Welche Selbstheilungskräfte könnte und müßte er mobilisieren?*
- *Welche mobilisiert er tatsächlich?*
- *An welcher Stelle und mit welchen Maßnahmen können und müssen Sie zuerst ansetzen, um seine Selbstheilungskräfte zu aktivieren?*

Erst die Abklärung dieser und ähnlicher Fragen kann einen deutlichen Fingerzeig geben, auf welche Weise dem Kranken geholfen werden kann, mit welcher Zielrichtung die Hilfe angesetzt und vermittelt werden muß und welche Aktivitäten in ihm angesprochen und mobilisiert werden müssen, um den Selbstheilungsprozeß in Gang zu setzen und erfolgreich zu Ende bringen zu können.

Eine der ersten Möglichkeiten, die Kommunikationsebene zwischen Ihnen und dem Patienten zu verfehlen, kann allein schon darin liegen, daß Sie zu wissen glauben, warum der Patient zu Ihnen gekommen ist, was genau er von Ihnen will. Für Therapeuten, die die lebensgeschichtlichen, psychischen und sozialen Belange nicht in ihre Überlegungen einzubeziehen gewohnt sind, ist das wohl auch kein Problem: daß er Heilung von seinem Leiden sucht, wird von ihnen oft als selbstverständlich unterstellt und vom Patienten auch erwartungsgemäß bestätigt. *Mit dieser Unterstellung aber kann der Behandler völlig daneben liegen, und die Therapie kann daran scheitern, bevor sie überhaupt begonnen hat.*

Um den gar nicht so seltenen Extremfall vorwegzunehmen: Sind Sie sich wirklich sicher, daß der Patient, ganz entgegen Ihrer Annahme, Sie nicht gerade dazu benutzen möchte, daß Sie ihm seine *Unheilbarkeit bestätigen?* Nehmen Sie in einem solchen Fall die Enttäuschung auf seinem Gesicht überhaupt wahr, wenn Sie ihm (berechtigte) Hoffnungen machen?

Während meiner Ausbildungszeit zum Psychoanalytiker wurde ich mit einer anderen, sehr häufig zu beobachtenden Möglichkeit konfrontiert: *Eine alleinstehende ältere Dame:* Nach der Begrüßung durch den Arzt packt die Patientin an die zwanzig oder mehr Medikamente aus und baut sie vor ihm auf dem Schreibtisch auf. Sie sind ihr alle in den letzten Jahren von verschiedenen Ärzten verordnet worden. Hätte der Therapeut darauf, wie ich das so oft beobachtet habe, mit (vielleicht sehr berechtigter) Kritik reagiert und seinerseits ein vielleicht viel besseres oder weniger nebenwirkungsreiches Präparat verschrieben, so wäre sie wohl enttäuscht davongegangen und hätte in Zukunft vermutlich das neu verschriebene Medikament zusätzlich zu den alten eingenommen. Er aber fragte: »Und die brauchen Sie ...?« Er zögerte bewußt. Sie aber breitete mit einer umfassenden Geste beide Arme aus und rief: »... alles für mich!« Jede weitere Nachfrage war hier überflüssig. Ihr hauptsächliches Anliegen, die Suche nach Zuwendung, hatte sie deutlich signalisiert. Wäre das übersehen und im weiteren Gespräch nicht aufgegriffen worden, so wäre der Mißerfolg der Therapie bereits vom ersten Satz an vorprogrammiert gewesen. Sie hätte das Abheilen ihrer Körpersymptome vermutlich gegen eine manifeste Depression eingetauscht.

Das Erstinterview muß sich selbstverständlich mit den fünf Ebenen befassen: der körperlichen, der psychischen, der geistigen, der lebensgeschichtlichen und der sozialen. Aber es ist wichtig, daß Sie nicht versuchen, durch zu gezielte Fragen und Insistieren dem Gespräch *Ihre* Ordnung aufzuzwingen. Im späteren Verlauf des Gesprächs kann man immer noch alle Punkte, die wichtig sind, erfragen - sofern der Patient willig mitgeht.

Diese Willigkeit läßt sich durch den seitens des Therapeuten verwendeten Fragestil, wie wir ihn in dem eben geschilderten Beispiel zu sehen bekamen, sehr gut anregen - durch das Fragen mit halben Sätzen. Die Antwort darauf ist in jedem Fall richtig. Entweder errät der Patient sowieso, was wir von ihm wissen möchten und fällt uns mit seiner Antwort bereits ins Wort, oder aber er versteht etwas völlig anderes und bietet uns gerade dadurch Einblick in das, was ihm auf der Seele brennt. Hier darf es also unter keinen Umständen seitens des Fragenden eine Korrektur geben!

Wichtige Mitteilungen erfahren Sie auch aus der *Selbstdiagnose* des Patienten, die er Ihnen u.U. anbietet. Dabei ist es weniger wichtig, ob sie von irgend einem medizinischen Wert ist. Sie erkennen darin vielmehr seine Befürchtungen, seine Ängste, seine Enttäuschungen und seine Hoffnungen. Ich erinnere mich, wie in Innsbruck die Reaktion einer Ärztin beschrieben wurde, die die Selbstdiagnose eines Patienten abgewürgt hatte mit den Worten: *»Ich will nicht Ihre private Diagnose hören, sondern Ihre Symptome. Die Diagnose stelle ich!«* Mit einer solchen oder ähnlichen Bemerkung und der hinter ihr deutlich spürbaren Arroganz ist jeder psychosomatischen Behandlung von vornherein der Garaus gemacht!

Die am Beispiel des Erstinterviews dargestellte Einstellung des Therapeuten zu seinem Patienten darf sich natürlich nicht auf den Beginn der therapeutischen Beziehung beschränken, sondern muß selbstverständlich den ganzen Behandlungsverlauf bestimmen.

Ganzheits-Medizin steht oder fällt damit,
ob das gelingt - oder mißlingt!

Überlegungen zur Angsttheorie und zur Entstehung von (traumatischen) Angstneurosen[*]

Die Angst spielt in allen Neuroseformen eine große Rolle, auch in solchen, in denen sie gar nicht empfunden wird. Kürzlich formulierte eine Patientin: »*Ich verhalte mich wie jemand, der große Angst hat, aber ich empfinde keine.*« In derjenigen Form der Angstneurose, die ich beschreiben und zu der ich einige Thesen vortragen will, steht das Angstempfinden so sehr im Vordergrund, daß es dieser Neuroseform den Namen gibt. Wenn Angstempfinden und die autonomen Reaktionsmuster des Angstverhaltens mit erhöhter Atem- und Pulsfrequenz, erhöhtem Blutdruck, Schwitzen der Handflächen, Erweiterung der Pupillen, Trockenheit des Mundes, Durchfall, Übelkeit, Erbrechen, erhöhter Häufigkeit des Harnlassens u.a.m. in einem solchen Ausmaß das Bild einer Neurose prägen, dann scheint es mir unerläßlich zu sein, an den Beginn der Darstellung einige Überlegungen zur Angsttheorie zu setzen. Vielleicht kann man bei der Darstellung schizoider, depressiver, zwanghafter oder hysterischer Neuroseformen eher auf die Darstellung einer Angsttheorie verzichten, wie auch mein Lehrer FRITZ RIEMANN in seinem Buch »Grundformen der Angst« auf die Darstellung einer eigentlichen Angsttheorie verzichtet zugunsten einer Beschreibung der psychologischen Erscheinungsformen der Angst unter strukturspezifischen Gesichtspunkten. Im Hinblick auf die Angstneurose aber könnte ein solcher Verzicht erhebliche therapeutische Konsequenzen haben.

Die Angsttheorie, wie sie in den letzten drei Jahrzehnten von der Verhaltensforschung entwickelt worden ist, scheint mir eine brauchbare Basis zum Verständnis der Angstneurose abzugeben. Um allen Mißverständnissen vorzubeugen, sei bereits an dieser Stelle gesagt, was aus dem Folgenden noch deutlicher hervorgehen wird, daß hier keine *lerntheoretische Konzeption* der Angst vertreten wird, sondern eine *tiefenpsychologische*. Die Vorschaltung einer Angsttheorie soll nicht einer Leugnung des Zusammenhangs des Angstgeschehens mit Widerstand und Verdrängung dienen, sondern vielmehr der Aufhellung solcher Momente im Angstgeschehen zugute kommen, die in der Behandlung besondere therapeutische Probleme aufwerfen. Der Verfasser ist der Überzeugung, daß diese Probleme deshalb auftauchen, weil die therapeutischen Praktiken auf einem unzureichenden Triebmodell aufruhen. Ein besser zureichendes Modell scheint mir im Bereich der vergleichen-

---

[*] Vortrag, gehalten 1972 an der Universität Salzburg, Arbeitskreis für Tiefenpsychologie und Psychosomatik.

den Verhaltensforschung - nicht in der Verhaltenstherapie! - entwickelt worden zu sein. Dabei kann es in dieser Arbeit nicht um eine kritische Auseinandersetzung mit dem Triebmodell der Ethologie gehen. Das mag an anderer Stelle oder auch von anderen geschehen. Hier geht es ausschließlich darum, ein Modell zu übernehmen und darzustellen, das geeignet erscheint, zum Verständnis der Angstneurose und ihrer therapeutischen Bewältigung entscheidend beizutragen. Ich will im folgenden versuchen, in einer kurzen Skizze diejenigen Momente der Angsttheorie, wie sie vor allem von PAUL LEYHAUSEN 1967 in seinem Aufsatz »Zur Naturgeschichte der Angst« beschrieben worden sind, herauszustellen, soweit sie für das Verständnis und die Therapie der Angstneurose von besonderer Bedeutung zu sein scheinen. Dabei wollen wir zunächst auf den subjektiven Faktor, das Angstempfinden, ganz verzichten und uns der Antriebsnatur der Angst zuwenden.

LEYHAUSEN bezeichnet die Angst als einen Instinkt, beziehungsweise als ein Bündel von verschiedenen Instinkten. Seine Definition des Instinktes lautet: »*eine Einheit aus rhythmisch sich aufladender Triebenergie und festliegendem, starrem Bewegungsablauf*«. Dazu gehören: endogene Energieproduktion, angeborene, durch Lernprozesse erweiterte Auslösemechanismen, die Reizschwelle, der Schlüsselreiz als Auslöser und der starre Bewegungsablauf.

Es handelt sich also bei der Angst als Instinkt um ein Geschehen, das unabhängig davon ist, ob es im subjektiven Empfinden wahrgenommen wird oder nicht. LEYHAUSEN schreibt wörtlich: »*Die Angst ist nach unserer Auffassung ein solcher Instinkt, dessen Erregbarkeit rhythmisch-automatisch produziert wird - die der Angsterregung zugeordneten Instinktbewegungen sind diejenigen von Meiden, Scheuen, Verbergen und Flucht, die zugehörigen Appetenzhandlungen bestehen in dem, was ich mit Aufmerksamkeitsspannung und Wachsamkeit andeutete, also in der spezifischen Empfindlichkeit der Sinnesorgane und -zentren für alle Gefahrensignale, in den Bewegungsweisen des Sicherns, Warnrufens und schließlich sogar dem vorsichtigen Untersuchen von unheimlichen Gegenständen und Vorgängen.*« Der volle Bewegungsablauf des Instinktgeschehens, das wir Angst nennen, wäre demnach die panikartige Flucht.

Ob es nur zu Vorstufen, zu einem Sich-Stillhalten, Sich-Ducken, Sich-Verbergen oder Ausweichen und Meiden oder zum vollen Ablauf, der Flucht, kommt, ist nach LEYHAUSEN abhängig von der Intensität der Auslösung. Er macht aber ausdrücklich darauf aufmerksam, daß zwar die Intensität des Instinktablaufs von den Außenreizen abhängig ist, aber nicht die grundsätzliche Bereitschaft, sie auszuführen. Die hängt in erster Linie von der endogenen Energieproduktion ab und von den im genetischen Code festgelegten Instinktmustern.

Ob und in welchem Maße jeder Angstablauf von subjektiven Stimmungen, von ängstlicher Gestimmtheit und Affekten begleitet ist, ist bisher nur unvollkommen untersucht worden und wohl auch schwierig, im einzelnen festzustellen. Die Verhaltensforscher scheinen sich aber darin einig zu sein, daß die das Angstgeschehen häufig begleitenden sympathischen und parasympathischen Reaktionen, zum Beispiel erhöhte Atem- und Pulsfrequenz, erhöhter Blutdruck, Trockenheit des Mundes, Durchfall, Übelkeit, Erbrechen usw., die mit dem Angsterleben verbunden sind, besonders intensiv dann auftreten, wenn der volle Instinktablauf durch äußere Hemmungen beengt, eingeschränkt oder sogar unterbunden ist.

WERNER FRÖHLICH schreibt in seinem Artikel »Angst und Furcht« im Handbuch der Psychologie, Band 2: *»Aus den neueren Untersuchungen läßt sich ferner ein Hinweis dafür ableiten, wie wichtig die Wechselwirkung zwischen dem Auftreten einer Furchtreaktion und der antizipierten Gefahr ist, der man nicht entkommen zu können meint. Angst (Furcht) tritt nämlich dort besonders stark auf, wo ein Entkommen durch eine Barriere irgendwelcher Art erschwert oder gar unmöglich gemacht wurde.«*

Erwähnen möchte ich in diesem Zusammenhang noch, daß verstellte Flucht auch Aggressionen auslöst, wie vielfach in Tierversuchen nachgewiesen und in der Literatur beschrieben worden ist. Für die Angstneurose ist dieser Zusammenhang deshalb von Bedeutung, weil, wie wir später noch sehen werden, bei Angstneurotikern nicht nur die Flucht, sondern auch das aggressive Verhalten unterbunden ist.

Es scheint mir wichtig zu sein zu bedenken, daß bei einem ungestörten Angstgeschehen, das in Fluchtverhalten ausläuft, diese Flucht nicht einfach regellos geschieht, sondern auf ein Ziel hin, das Deckung bieten kann, bei einigen Tierarten zum Beispiel unter Bäume, auf Bäume, in das eigene Nest usw. WESTERMANN HOLSTIJN macht in seinem Artikel »Verschiedene Definitionen und Auffassungen von Angst« in »Fortschritte der Psychoanalyse«, Band 2, darauf aufmerksam, daß das Angstgeschehen oft mit einem regressiven Moment verbunden sei, zum Beispiel der Flucht an die Mutterbrust, der Flucht in die Dualbeziehung. In seinem Buch »Liebe und Haß« hat IRENÄUS EIBL-EIBESFELD auch für den Menschen eindrucksvolle Belege dazu beigebracht. Flucht bedeutet nämlich nicht einfach eine räumliche Distanzierung zur Gefahr, sondern gleichzeitig das Aufsuchen der Bergung. Das Moment der Bergung scheint im übrigen dem Angstverhalten einen gewissen Lusteffekt beizumischen, wie an den Angst-Fluchtspielen der Kinder festzustellen ist; es sei denn, daß dieses Verhalten als reines Appetenzverhalten erklärt werden müßte.

Für die Entstehung von Angstneurosen scheinen mir noch die folgenden beiden Momente besonders wichtig zu sein, die eng miteinander verknüpft sind: LEYHAUSEN rechnet das Angstgeschehen zu den trainierbaren Instinkten, worunter er nicht einen Lernprozeß versteht, sondern einen der Muskeltrophik vergleichbaren Anpassungsmechanismus. Das bedeutet, daß infolge häufiger und intensiver Auslösung des Angstverhaltens der Instinkt sich allmählich an den Bedarf angleicht, das heißt: in gewissen Grenzen hypertrophiert.

Das zweite für das Verständnis von Angstneurosen besonders wichtige Moment liegt im Appetenzverhalten begründet. Je größer das endogene Antriebspotential ist, oder, mit Bezug auf die Angstneurose gesprochen, je mehr die Angstinstinkte durch häufigen Abruf hypertrophieren, um so mehr sinkt die Reizschwelle ab, und um so unspezifischer können die Reize sein, die den Ablauf des Instinkts auslösen können. Träume, unbewußte Phantasien und Halluzinationen vermögen das Instinktgeschehen in Gang zu setzen auf genau dieselbe Art, als wenn ein starker Außenreiz durch eine drohende Gefahr gegeben wäre.

Es ist zwar für den Zusammenhang mit der Angstneurose nicht besonders wichtig, soll aber nicht unerwähnt bleiben, daß möglicherweise frühe Angsterlebnisse, vor allem ein traumatisches Geburtserleben, ein bestimmtes Schema des Angstablaufs prägen können. Ich habe in der Praxis mehrere Fälle beobachtet, in denen sich die bevorzugte Angstsymptomatik auf Vorgänge im Zusammenhang mit der Geburt zurückführen ließ, ganz besonders in einem Fall, in dem die Angstanfälle der Patientin von dem Gefühl begleitet waren, ihr würde der Hals von außen her zugeschnürt. In diesem Falle war es besonders eindrucksvoll, daß dieses Symptom, und zwar ohne jeden Zweifel, darauf zurückgeführt werden konnte, daß die Patientin mit der Nabelschnur um den Hals geboren worden war. Im übrigen scheinen mir aber nicht nur Geburtstraumata, sondern auch andere frühe Angstereignisse das spätere Angstleben mitzuprägen. Ich komme darauf noch einmal später zurück im Zusammenhang mit der Frage nach der Reaktivierung früher Ängste.

Unnötig erscheint mir die Unterscheidung von Angst und Furcht, die von verschiedenen Gesichtspunkten aus immer wieder versucht wird, meist aus der Vorstellung einer Objektlosigkeit der Angst und einer Objektbezogenheit der Furcht. Wenn wir die Angst als Instinktgeschehen begreifen und beschreiben, dessen Antriebsenergie endogen produziert und auf Abruf bereitgestellt wird, so ist diese Angst von vornherein zunächst objektlos. Die sog. Angstobjekte, zum Teil angeboren, zum Teil erlernt, dienen als Auslöser für das Angstgeschehen. Diese Auslöser können sowohl aus realen Angstobjekten bestehen, wie aus Attrappen derselben, sie können aber auch halluziniert oder durch unbewußte Phantasien produziert oder in Träumen erinnert werden.

Für die Frage nach der Angstneurose scheint mir eine Unterscheidung zwischen angepaßter und neurotischer Angst eher weiterzuführen. Dabei verstehe ich unter angepaßter Angst ein Angstgeschehen, das der tatsächlichen Bedrohung des Individuums von außen im Augenblick der Auslösung entspricht. Man kann hier wohl nur von Durchschnittswerten ausgehen und müßte vielleicht exakter sagen, das endogen produzierte Antriebspotential entspricht der durchschnittlichen Erwartung der Gefährdung.

Anders bei der neurotischen Angst. Wenn infolge bestimmter Entwicklungen und Ereignisse die Angstinstinkte hypertrophiert sind, so kommt es nicht nur zu einzelnen unangepaßten Angstreaktionen, sondern es entsteht eine *»chronisch gewordene Form eines spezifischen Bezugs zur Wirklichkeit«* (nach THOMAE, zitiert von FRÖHLICH in Band 2 des »Handbuchs der Psychologie«), die von Angstgeschehen und Angstempfinden geprägt ist. Alle angstauslösenden Ereignisse werden dann überwertig beantwortet, gleichgültig, ob diese Gefährdungen als von außen kommend wahrgenommen werden, ob sie in Träumen auftauchen, in unbewußten Phantasien, oder »halluziniert« werden.

Als neurotisch würde ich allerdings nur ein solches Angstgeschehen bezeichnen, das einem hypertrophierten Angstinstinkt entspringt, wobei ich voraussetze, daß die Hypertrophie durch spezifische Ereignisse und Entwicklungen aufgrund der Trainierbarkeit des Instinkts im Laufe der Entwicklung des Individuums entstanden ist.

Auf dem Wege des Erbgangs können Instinkte natürlich auch im Gen entarten. In diesem Fall würde ich *nicht* von einer *neurotischen*, sondern von einer psychopathischen Angst sprechen wollen. Allerdings dürfte das in der therapeutischen Praxis oft unschwer differenzialdiagnostisch zu erfassen sein. Am ersten noch dadurch, daß die biographischen Momente, die eine Angstneurose mitkonstellieren, bei der psychopathischen Form der Angst mehr in den Hintergrund treten.

Für das Verständnis von Angst überhaupt wie für das Verstehen von Angstneurosen ist es bedeutungsvoll, nach dem Sinn des Angstgeschehens zu fragen. Vom biologischen Standpunkt aus ist die Antwort rasch erteilt. Das Angstgeschehen ist ein Schutzmechanismus gegen den Tod. Dabei wird sofort einsichtig, daß nicht das Angst-Empfinden das Entscheidende ist, sondern das entsprechende Angst-Verhalten, und auch, daß dieses instinktgesteuert sein muß, um im Falle plötzlich drohender Gefahr spontan genug reagieren zu können. Nicht erst das Wissen um den Tod und im Zusammenhang damit ein eventuelles Grauen vor dem Tod erzeugen die Angst, sondern, um mit LEYHAUSEN zu sprechen, *»die Sterblichkeit bot und bietet der Selektion den Anhaltspunkt, um bei vielen Organismen vielerlei Formen von Meide- und Fluchtverhalten und zahlreiche, teilweise sehr spezielle Auslösemechanismen dazu herauszuzüchten. Aber eben diese Sterblichkeit selbst erscheint nicht in der - bewußten oder unbewußten - Motivation aller dieser Verhaltensweisen, wenigstens nicht primär.«*

Wenn unter Angst nicht in erster Linie das subjektive Angstempfinden, sondern das instinktgesteuerte Angstgeschehen verstanden wird, dann können wir der Definition von BENEDETTI, zitiert bei WITTGENSTEIN in *»Aspekte der Psychoanalyse«*, zustimmen: *»Angst entsteht überall dort, wo eine Bedrohung menschlichen Daseins auf irgendeiner wesentlichen Ebene in die Nähe rückt.«*

Wenn wir von der Angst des Menschen sprechen, und um die geht es uns ja letztenendes, dann müssen wir allerdings bedenken, daß für ihn nicht nur die Tatsache des Sterbenmüssens auf selektivem Wege Angstabläufe herausmodelliert hat, sondern daß der Mensch um sein Sterbenmüssen auch *weiß*.

In diesem Wissen antizipiert er den Tod, was für den Menschen die Chance enthält, sich mit seinem zukünftigen Tod auseinanderzusetzen und ihn sinnvoll in sein Dasein einzuordnen, gleichzeitig aber auch die Gefahr enthält, diese sinnvolle Einordnung zu versäumen und in einem Grauen vor dem Tod steckenzubleiben.

Das führt dann wiederum zu einer ganzen Reihe von verschiedenen Formen der Verdrängung. Der Salzburger Theologe und Analytiker GOTTFRIED GRIESL schreibt dazu: *»Je mehr die Angst vor dem nackten Tod heute der Verdrängung erliegt, um so intensiver kann sie als sekundäre Todesangst diesen Schicksalsschlägen gegenüber (»verhüllter Tod«) auftreten«.*

Das Grauen vor dem Tod wird, nach übereinstimmenden Darstellungen der Patienten, nicht von der Vorstellung eines »Nicht-Seins«, sondern von der Vorstellung totaler Beschädigung, Verstümmelung, Vernichtung usw. ausgelöst.

Zum Schluß dieses ersten Teils, der sich mit den Überlegungen zur Angsttheorie beschäftigen sollte, möchte ich noch auf eine Besonderheit aufmerksam machen, die mit der Antizipation des Todes in der Erfahrung und im Bewußtsein des Menschen zusammenhängt. Ich meine jene Vorgänge, die wir mit C.G. JUNG das Wandlungsgeschehen des Menschen in den verschiedenen Stadien seiner Entwicklung nennen könnten.

1950 hat KONRAD LORENZ in seinem großen Aufsatz »Ganzheit und Teil in der tierischen und menschlichen Gemeinschaft« darauf hingewiesen, daß *»jede organische Höherentwicklung, insbesondere aber jede geistige«*, das Zerbrechen stützender, starrer Strukturen bedeutet. Er schreibt: *»Ob ein Krebs sich häutet, ob ein Mensch in der Pubertät von der Persönlichkeitsstruktur des Kindes in die des Mannes hinüberwechselt, oder ob eine überalterte menschliche Gesellschaftsordnung in eine neue übergeht, immer und überall ist der Entwicklungsfortschritt mit Gefahren verbunden, und zwar deshalb, weil die alte Struktur abgebrochen werden muß, ehe noch die neue zu voller Funktionsfähigkeit gediehen ist. Kein anderer Organismus war und ist diesen Gefahren in gleicher Weise ausgesetzt wie der Mensch, weil kein anderer in der gesamten Geschichte des Lebens auf unserem Planeten eine so überstürzte Entwicklung durchgemacht hat und noch durchmacht wie er. Phylogenetisch und ontogenetisch ist der Mensch das unfertige Wesen, ontogenetisch und phylogenetisch ist er gleichsam in einer beinahe ununterbrochenen Serie von Häutungen begriffen, niemals befindet er sich in jenem statischen Gleichgewicht struktureller Anpassung, das bei anderen Organismen äonenlange geologische Epochen währen kann.«*

Dieses Wandlungsgeschehen, das dem Menschen durchaus ins Bewußtsein tritt, scheint mir der bevorzugte Ort zu sein, an dem jeder Mensch den Tod antizipierend erleben und in sein Dasein sinnvoll einbeziehen, aber auch daran scheitern kann.

Solche Wandlungsprozesse sind Schwellensituationen, die wegen ihres Zusammenhangs mit der Todesthematik in großem Maße Angst entbinden und dadurch zu Auslösern für neurotisches Geschehen werden können.

Zum Abschluß dieser Skizze der Angsttheorie möchte ich noch einmal ausdrücklich darauf hinweisen, daß die hier aufgeworfenen Fragen m.E. in gewissem Maße für alle Neuroseformen von Bedeutung sind und in gewissem Umfang mit bedacht werden sollten, weil in allen Neurosen Angst in offener oder gebundener Form zutage tritt. Für die im folgenden beschriebene Form der (traumatischen) Angstneurose stehen jedoch Angstgeschehen und Angstempfinden in solchem Maße im Vordergrund, d.h. die autonomen Angstreaktionen bestimmen so sehr die Symptomatik, daß auf die Darstellung einer Angsttheorie, auf die man sich im Verstehen und in der Therapie der Angstneurose stützen will, unter keinen Umständen verzichtet werden kann.

Der zweite Teil soll sich mit der Entstehung von Angstneurosen beschäftigen. Zunächst müssen wir uns darüber klar werden, welches neurotische Geschehen wir als »Angstneurose« bezeichnen wollen.

In Lehrbüchern der katholischen Dogmatik kann man gelegentlich den Satz lesen: *»Die Väter schwanken.«* Damit soll zum Ausdruck gebracht werden, daß die Kirchenväter sich in ihren Aussagen widersprechen. Genau diesen Eindruck bekommt man, wenn man die neuere Literatur darüber befragt, was die einzelnen Autoren unter Angstneurose verstehen. In seiner Arbeit »Methode und Erfahrungen der Psychoanalyse« erwähnt GÖRRES zum Beispiel den Begriff »Angstneurose« überhaupt nicht. Lediglich in einem Nebensatz kommt einmal der Begriff »Angsthysterie« vor. Sonst spricht er nur von den Phobien. Der Begriff »Angsthysterie« findet sich auch bei BRÄUTIGAM. Doch rechnet er sie letztenendes mit den Phobien zusammen zu den sogenannten »phobischen Angstneurosen«. Ein Teil der Autoren handelt die Angstneurose unter der Zwangsneurose ab, wieder ein anderer Teil unter der Hysterie. KUIPER versteht die Angstneurose als dekompensierte Zwangsneurose. Den genannten Autoren gemeinsam ist, daß die Angstneurose gegenüber den Phobien nicht scharf abgegrenzt wird und daß sie als eine Erscheinung zwischen Zwangsneurose und Hysterie gesehen wird, wobei es offensichtlich der persönlichen Einsicht und der Erfahrung der einzelnen Autoren überlassen bleibt, ob sie sie mehr zum Zwang oder mehr zur Hysterie rechnen.

Bei der Darstellung der charakteristischen Symptomatik für die Angstneurose tut man sich ungeheuer schwer. Das Bild wechselt keineswegs nur von Patient zu Patient, sondern wenn man einen Angstneurotiker über längere Zeit beobachtet, so wechselt die Symptomatik auch im Laufe der Zeit beträchtlich, vor allem im Verlauf einer Psychotherapie. Manchmal stehen Absicherungs- und Vermeidungstendenzen mit phobischen Erscheinungen ganz im Vordergrund; dann wieder konzentriert sich das Angstgeschehen auf diejenigen Erscheinungen, die unter der Herzneurose beschrieben werden. Plötzlich aber bricht die ganze Fülle der Angstsymptomatik auf: sie reicht vom Zittern und schweißnassen Händen bis hin zu Durchfall, Übelkeit und Erbrechen. Alle nur möglichen Angstsymptome sind dann gleichzeitig vorhanden. Vielleicht ist darin die Ursache dafür zu suchen, daß bei den Autoren die Einordnung der Angstneurose so erheblich schwankt.

Wenn wir sie mit der Herzneurose etwa vergleichen, bei der der Angstablauf in einem gewissen Rahmen stabil bleibt, so zeichnet sich die Angstneurose gerade durch Instabilität der Symptomatik aus. Noch bunter wird das Bild dadurch, daß an der Symptomatik keineswegs nur die autonomen Reaktionsmuster des Angstverhaltens beteiligt sind, sondern auch solche Erscheinungen, die sich allein aus der persönlichen Biographie des Patienten erklären lassen. Doch darüber später! Wir wollen uns jetzt zunächst den stabilen Momenten der Angstneurose zuwenden, also jenen charakteristischen Erscheinungen, die sie von der Herzneurose und von den Phobien unterscheiden.

Das Hauptmerkmal der Angstneurose besteht darin, daß die auftretende Angst objektlos ist, daß sie eine freiflottierende Angst ist, abgesehen von vorübergehenden Phasen, wo sich die Angstneurose Phobien nähert. Wenn wir nach einem Angstobjekt suchen würden, so müßten wir sagen, daß es die Angst selber ist, die gefürchtet wird: die Angst vor der Angst.

In der Angstneurose tritt die Angst, wie bei der Herzneurose, anfallsweise auf. Diese Anfälle kommen vorzugsweise nachts, allerdings nicht ausschließlich. Die Angstneurose neigt erheblich zur Chronifizierung. Zwar gibt es immer wieder zwischendurch Zeiten der Ruhe, besonders wenn der Patient durch neueintretende Lebensumstände stark engagiert erscheint; aber diese Ruhepausen brechen, sobald sich der Patient an die neuen Lebensumstände gewöhnt hat, wieder ab, und die alte Angst ist, meist in verstärkter Form, wieder da.

Aufs Ganze gesehen neigt die chronifizierte Angstneurose zur Progression, d.h. die Anfälle kommen immer dichter und werden immer schwerer. Für die Herzneurose ist charakteristisch, daß der Patient an einer ambivalenten Mutterbindung leidet, daß er letztenendes noch nicht aus der Dualbeziehung herausgewachsen ist. Anders bei der Angstneurose: Sie gehört, um mit BALINT zu reden, nicht in den Bereich der sogenannten Grundstörung, der »Dialektik von Trennungsangst und Urvertrauen«, sondern in den Bereich der ödipalen Ängste; verbunden mit den Komponenten Enttäuschung, Haß, Beschädigungs-, Todes- und Schuldangst.

Zwar zeigt auch der Angstneurotiker erhebliche Tendenzen zur Anklammerung, aber bei ihm entspringt sie nicht dem Verharren in der Dualbeziehung, sondern sie stellt eine Form der Regression dar, die aber jederzeit wieder aufgegeben werden kann. Während der Herzneurotiker die Abhängigkeit von der Mutter durch die Abhängigkeit von seinem Herzen, und diese wiederum möglicherweise durch die Abhängigkeit von einem Medikament oder vom Therapeuten ersetzt, klammert sich der Angstneurotiker immer wieder an seine wechselnde Symptomatik, wechselt aber ebensosehr die Medikamente und leider oft genug auch den Therapeuten. Mit dem neuen Medikament oder dem neuen Therapeuten gibt es dann zunächst eine Zeit der Ruhe, bis eben dann auch Gewöhnung eingetreten ist, und die Symptomatik beginnt wieder mit voller Wucht.

Die meisten Angstneurotiker kommen nicht zu ausreichendem Schlaf, da die Anfälle immer wieder nachts auftreten, meist ausgelöst durch Träume. Charakteristisch ist aber, daß der Angstneurotiker trotzdem nicht resigniert: ein unbedingter Lebenswille ist spürbar, aus dem heraus er sich immer wieder bestätigen muß, daß er noch lebt, was aber verbunden ist mit der Angst, nicht mehr gesund zu werden.

Der Angstneurotiker hat sich mit der Bedrohung nicht abgefunden. Er hat nicht mit der Umwelt Frieden geschlossen, sich nicht durch »Austauschmechanismen« (CARUSO) arrangiert. Er hofft immer noch, der Bedrohung entfliehen zu können, einen Zufluchtsort zu finden, an dem er Bergung vor den ihn bedrohenden Gefahren finden kann. Suche nach Bergung und Bestätigung der eigenen Lebendigkeit prägen dem Angstneurotiker ein Bild von Hektik und Getriebenheit auf.

Der schlechte Schlaf des Angstneurotikers hat noch eine andere Ursache: die Thematik, die ihn unbewußt beschäftigt und quält, ist die des Todes. Oft hört man von Angstneuroktikern die Formulierung, sie hätten Angst einzuschlafen, weil sie ja nicht wüßten, ob und wie sie wieder aufwachten. Der Schlaf käme ihnen nicht als beruhigendes, sondern als bedrohliches, vernichtendes Element vor.

Die Frage drängt sich auf, woher beim Angstneurotiker die Beschäftigung mit der Todesthematik ihre Dringlichkeit bezieht. Welche Ereignisse oder psychischen Vorgänge sind es eigentlich, die die Todesthematik immer bis an die Schwelle des Bewußtseins dringen lassen, so daß es schließlich zu einer Hypertrophierung der Angstinstinkte kommt?

WALTER BRÄUTIGAM, der zwischen Angstneurose und Phobien nicht unterscheidet, sondern sie unter dem Namen »phobische Angstneurose« zusammenfaßt, gibt sicher eine weit verbreitete Meinung unter den Psychoanalytikern wieder, wenn er etwa von der Kastrationsangst schreibt, sie gehe nicht auf ein historisches Ereignis, etwa eine vom Vater einmal ausgesprochene Kastrationsdrohung zurück. Er schreibt wörtlich: »*Die Angst steht mehr für eine atmosphärische Verunsicherung und Bedrohung in der Kindheit. Sie ist repräsentatives Symbol, in welchem sich die Schutzlosigkeit und Angst des Kindes konkretisiert. Jedenfalls hat die phobische Angstneurose immer einen latenten, unbewußten Sinn, sie ist immer Abwehr, Verschiebung und Abspaltung eines unbewußten Konflikts beziehungsweise von Phantasien, die sich an die Situation oder Gegenstände heften.*« Ich kann WALTER BRÄUTIGAM in seiner Aussage zustimmen, soweit sie sich auf bestimmte Phobien beschränkt, in denen die geängsteten Objekte sicherlich sehr häufig »repräsentatives Symbol« für unbewußte Konflikte und Phantasien sind. BRÄUTIGAM schreibt zu Recht, daß sich in diesen Symbolen die Angst des Kindes »konkretisiert«.

Das für die Angstneurose, deren Symptomatik ich soeben beschrieben habe, Charakteristische ist jedoch die freiflottierende Angst, die sich zwar auf alle möglichen ängstigenden Objekte richten kann, letztenendes aber objektlos ist und anfallsweise auftritt. Im Gegensatz zur Phobie werden diese Ängste nicht durch unbewußte Konflikte, sondern durch verdrängte Traumata hervorgerufen.

Ich habe bisher noch keine einzige Angstneurose dieser Art zu Gesicht bekommen, in der nicht traumatische Ereignisse hätten eruiert werden können, in denen der Angstneurotiker in seiner frühen Kindheit mit dem Tod direkt konfrontiert worden war. Allein vier meiner angstneurotischen Patientinnen waren im Alter zwischen vier und sieben Jahren im Zusammenhang mit den Wirren der Kriegs- und Nachkriegszeit vergewaltigt worden. Eine Patientin ist nur mit knapper Not einem Sexualmord entgangen. Aber nicht eine von ihnen hatte dieses gravierende Ereignis noch in Erinnerung. Bei mehreren Patientinnen und Patienten spielten schwerwiegende Kriegsereignisse eine Rolle. Sie hatten z.B. die Bombardierung des Hauses vom Keller aus miterlebt.

Besonders eindrucksvoll fand ich die Schilderung eines Patienten, der nach einem Bombenangriff unbemerkt den Keller verlassen hatte, um die gegenüberliegende brennende Häuserzeile zu bestaunen. Als er wieder in den Keller zurück wollte, war ihm der Weg versperrt durch einen schwerverletzten Hauseinwohner, der vor dem Bombenangriff nicht den Keller aufgesucht hatte, verletzt worden war und sich nun mühsam die Treppe herunterschleppte. Sein Brustkasten war aufgerissen, und stöhnend und blutend lag er nun vor dem Kellereingang. Dadurch war dem Patienten, der damals vier Jahre alt war, der Rückweg in den Keller versperrt.

Dieses traumatische Ereignis war dem Patienten keineswegs mehr in Erinnerung geblieben. Erst infolge einer Reihe von beängstigenden Träumen kehrte langsam die Erinnerung zurück. In seiner Symptomatik, die gelegentlich die ganze Skala der autonomen Angstreaktionen durchlaufen hatte, war immer wieder ein starkes, beängstigendes Herzklopfen aufgefallen. Als die Erinnerung an das Ereignis vor der Kellertür wiederkam, sah er sich im Hauseingang in die Ecke gedrückt vor Entsetzen gelähmt stehen und spürte erneut das starke Schlagen seines eigenen Herzens.

Nun möchte ich natürlich keineswegs behaupten, daß jeder Angstneurose Ereignisse zugrunde lägen, die *objektiv* das Leben des Patienten in der Kindheit bedroht haben. Entscheidend ist nicht das objektive Geschehen, sondern daß das Kind im Augenblick des Ereignisses dieses *subjektiv als lebensbedrohend empfunden* hat.

Dazu ein Beispiel: bei einer Patientin lag das traumatische Geschehen darin, daß ihre zwei Jahre jüngere Schwester mit Diphtherie ins Krankenhaus eingeliefert worden war und sie beim Besuch zusammen mit ihrer Mutter ein Gespräch zwischen der Mutter und der Krankenschwester mitbekam, in dem der Mutter recht unzweideutig gesagt wurde, daß das erkrankte Kind kaum noch zu retten sei. Nun hatte noch ein oder zwei Tage zuvor die Mutter gesagt, sie hoffe nur, daß sie, die gesunde ältere Schwester, sich nicht auch angesteckt habe. Die Besorgnisse der Mutter und die aufgeschnappten Gesprächsfetzen wurden von der späteren Angstneurotikerin dahingehend interpretiert, daß auch ihr der Erstickungstod drohe. So wurde dieses Geschehen für sie zu einem lebensbedrohenden traumatischen Ereignis, das, wie bei allen anderen Patienten, verdrängt wurde, aber doch ein konstellierender Faktor der späteren Angstneurose wurde, obwohl eine objektive Bedrohung gar nicht vorgelegen hatte.

In den meisten der hier erwähnten Fälle sind die traumatischen Ereignisse etwa zwischen dem vierten und dem siebten Lebensjahr eingetreten. Bekanntlich ist das auch der Zeitraum, in dem für das heranwachsende Kind die erste Auseinandersetzung mit der Wirklichkeit des Todes fällig ist. Die späteren Angstneurotiker sind jedoch auf eine solch überwältigende Art mit dem Tod in Berührung gekommen, daß eine Verarbeitung nicht möglich war, so daß es zu einer totalen Verdrängung der Wirklichkeit des Todes kam. Ich darf noch einmal an den Satz von Griesl erinnern, daß, je mehr die Angst vor dem nackten Tod der Verdrängung erliegt, um so intensiver sie als sekundäre Todesangst wieder auftreten kann. Das wird offensichtlich ausgelöst durch unbewußte Phantasien, und vor allem auch durch Träume.

Zu bedenken geben möchte ich in diesem Zusammenhang die Vermutung, daß in dem, was ich Ihnen hier als »Angstneurose« vorstelle, eine neurotische Erscheinung vor unsere Augen tritt, die in früheren Jahrzehnten nur selten zu finden war, aber jetzt, wo die Jahrgänge 1940 bis 1960 die psychotherapeutische Praxis aufsuchen, also die Jahrgänge, in denen sich kriegs- und nachkriegsbedingte traumatische Früherlebnisse gehäuft haben, das spezifische Erscheinungsbild der traumatisch bedingten Angstneurose plastischer hervortritt. Es scheint mir wichtig zu sein, dieses Erscheinungsbild exakt zu erfassen und gegen gewisse phobische Formen des angstneurotischen Geschehens abzugrenzen, weil diese unter ganz anderen Bedingungen entstehen.

Wir sind es in der psychoanalytischen Praxis gewöhnt, unser Augenmerk weniger auf einzelne Makrotraumata, als vielmehr auf die Fülle mikrotraumatischer Ereignisse zu lenken. Ja, wir erwarten kaum noch, daß uns Makrotraumen überhaupt begegnen und für eine Angstneurose von entscheidender Bedeutung sein könnten. Für einige phobische Angstneurosen mit objektbezogener Angst ist das sicherlich richtig. Die vielen, für den Patienten selbst ungreifbaren Mikrotraumata sind es, die er in einem phobischen Symbol zusammenfaßt und sich davon im Meide-Verhalten zu distanzieren versucht.

Ganz anders in der von mir beschriebenen Angstneurose mit freiflottierender Angst: Sie geht auf makrotraumatische Ereignisse zurück, die bald nach ihrem

Eintreten der Verdrängung verfallen sind, die aber in Träumen und Phantasien immer wieder gegen das Bewußtsein andrängen, sich dabei aber weder in einem Symbol verdichten noch durch Sicherungsverhalten meiden lassen.

Obwohl nun bei der Entstehung der Angstneurose massive traumatische Ereignisse ein wesentliches konstellierendes Moment bilden, so kann man die Angstneurose doch nicht einfach als traumatische Neurose verstehen. Als weiteres konstituierendes Moment kommt immer die Familiensituation des Patienten hinzu. Eine Patientin hat das treffend so formuliert: *»Man fühlte sich in bedrohlichen Situationen nie wirklich bei den Eltern aufgehoben.«* Ich möchte hier zurückgreifen auf das, was ich im ersten Teil über Flucht und Fluchtziel beim Ablauf des Angstgeschehens gesagt habe, nämlich daß es bei der Flucht nicht einfach um eine räumliche Distanzierung von der bedrohlichen Situation geht, sondern daß Bergung gesucht wird.

In allen behandelten Fällen aber trat deutlich zutage, daß gerade diese Bergung im Elternhaus in keinem Fall gefunden worden war. Auch dazu einige Beispiele aus der eigenen Praxis:

Bei keinem der Patienten waren die Familienverhältnisse wirklich intakt. In mehreren Fällen waren die Ehen geschieden, oder aber die Eltern lebten in dauerndem Streit. Eine Patientin erinnerte sich, daß es zwischen den Eltern zu schweren Zerwürfnissen kam, in denen sich die Ehepartner gegenseitig mit Gegenständen bewarfen, während die Kinder die Flucht unter den Tisch ergriffen. Der Patient, dem nach dem Bombenangriff durch den Schwerverletzten der Rückweg in den Keller versperrt war, erinnerte sich, daß er sehr stark die Angst der Erwachsenen verspürte, daß aber nie ein ernsthafter Versuch gemacht wurde, ihm die schwerwiegenden Ereignisse zu deuten und ihm darüber hinwegzuhelfen. Im Gegenteil: als er nach diesem Bombardement im Hausflur entdeckt wurde, bekam er Schläge. Die Patientin, die dem Sexualmordversuch ausgesetzt war, hatte beim ersten Besuch der Mutter im Krankenhaus schwere Vorwürfe einzustecken: *»Warum hast du mir das angetan!«* Eine Verarbeitung des schweren Traumas war für sie deshalb unmöglich, weil sich die Eltern der Nachbarskinder, als sie von diesem Ereignis erzählte, sehr bald bei ihren eigenen Eltern beschwerten und nun seitens der Erzieher eingegriffen wurde. Nach einer solchen Beschwerde wurde sie vom Vater gefragt, ob sie entgegen seinem Verbot doch über dieses Ereignis gesprochen habe. Als sie aus Angst vor Strafe leugnete, wurde sie vom Vater so fürchterlich geschlagen, daß fortan das Ereignis der Verdrängung verfiel. Stattdessen traten nun in allen Angstsituationen Schmerzen im Gesäß auf, die als Symptom mit in die spätere angstneurotische Symptomatik eingingen.

Zusammengefaßt kann man also sagen: Der Angstneurotiker ist in seiner Kindheit dem Grauen des Todes begegnet. Aber er hat vor diesem Unheimlichen und Unvertrauten keinen Schutz gefunden. Die Gemeinschaft, in der er aufwuchs, bot

ihm keinen Zufluchtsort, in dessen Bergung er das traumatische Ereignis hätte verarbeiten können. Im Gegenteil: statt Bergung hat er totale Verunsicherung erfahren.
Zur Verdeutlichung dazu mag eine Äußerung einer Patientin dienen: *»Es ist so
furchtbar, weil ich so oft in Todesnähe war, aber niemand da war, der mich davor
schützte. Es war reiner Zufall, ob mich der Tod erwischte oder nicht. Dieses Fal-
lengelassensein, bevor der Tod auftritt, ist das eigentlich Bedrohliche.«*
Man müßte nun eigentlich erwarten, daß die verstellte Flucht zur Aggression
führt. Aber auch die Aggression wird nicht mehr gewagt. Wenn wir die ökologi-
sche Funktion der Aggression bedenken, nämlich Distanz herzustellen, so wird
deutlich, daß der Angstneurotiker, um nicht den letzten Rest von Geborgenheit
infrage zu stellen, keine Aggression mehr wagen kann. Sie würde zusätzliche
Angst auslösen, allerdings keine Verlustangst, nämlich daß die Ich-Du-Beziehung
unterbrochen werden könne, sondern geradezu eine Vernichtungsangst, nämlich
bei Verlust der primären Beziehungsperson den Schädigungen von außen völlig
schutzlos preisgegeben zu sein. Die aggressive Energie scheint im übrigen zum
Teil in der Symptomatik mit abzufließen, die gelegentlich recht aggressiven, die
Umgebung in Atem haltenden Charakter annimmt.

Bevor ich zum Abschluß noch ganz kurz einige therapeutische Gesichtspunkte
anführe, möchte ich noch auf zwei Momente aufmerksam machen. Erstens zur
Frage der Auslösung der Angstneurose: Neurose-auslösend wirken, oder können
zumindest alle jene Ereignisse wirken, in denen der Patient mit der Realität des
Todes hart konfrontiert wird. Bei einer Patientin geschah das dadurch, daß in ihrer
Arbeitsstelle eine Kollegin Selbstmord begangen hatte, aber noch nicht gefunden
worden war. Als die Patientin plötzlich einen durchdringenden Schrei vernahm,
hatte sie die Vorstellung, die vermißte Kollegin, die ihren Selbstmord angedroht
hatte, wäre in einem der Nebenräume erhängt aufgefunden worden. In diesem Augenblick brach die ganze Symptomatik durch, und seitdem leidet sie an einer sehr
schweren Angstneurose.

Aber auch sehr viel weniger dramatische Ereignisse können dieselbe auslösende
Wirkung haben, so zum Beispiel die Schwellensituationen der Wandlungsprozesse,
die wegen ihres Zusammenhangs mit der Todesthematik Angst entbinden. In vielen
Fällen aber genügt es, wenn beim späteren Patienten sich etwa in der eigenen Ehe
Verunsicherungen wiederholen, die an die mangelnde Geborgenheit im Elternhaus
erinnern.

Das zweite Moment, auf das ich noch aufmerksam machen möchte, beschreibt
eine bei Angstneurosen sehr häufig auftretenden Erscheinung. Ich hatte schon einmal angedeutet, daß sich in der Symptomatik der Angstneurotiker auch Elemente
finden, die mit der Biographie des Patienten zusammenhängen. Als Beispiel hatte
ich die Schmerzen im Gesäß genannt, die bei der Patientin, an der ein Sexualmord
versucht worden war, neben der ganzen übrigen Angstsymptomatik auftraten. In

vielen anderen Fällen erklärten sich solche in die Landschaft der Angstsymptomatik nicht hineinpassende Symptome damit, daß im Lauf der fortschreitenden Angstneurose alle möglichen anderen, zum Teil bis in die ersten Lebensmonate zurückreichenden, angstauslösenden Ereignisse reaktiviert und in das Geschehen der Angstneurose mit einbezogen worden waren. Bei einer Patientin sah das so aus, daß sie ihre nächtlichen Angstanfälle immer pünktlich nachts um halb drei bekam. Wir konnten uns dieses auffallende Phänomen lange Zeit nicht erklären, bis plötzlich durch einen Traum und durch eine Erinnerung, die sich daran anknüpfte, ein Ereignis in einer Sylvesternacht wieder auftauchte, in der die Patientin nachts um halb drei von einem Nachbarsjungen, der sich in weiße Bettlaken gehüllt hatte, aufgeweckt und aufgeschreckt worden war. Als dieses Ereignis ans Tageslicht kam, verschwanden zwar nicht sofort die Anfälle, wohl aber kamen sie nun nicht mehr nachts um halb drei, sondern ganz unregelmäßig. Dafür stellte sich dann vorübergehend ein anderes Nebensymptom ein, das aus einer anderen reaktivierten Angstsituation stammte.

Diese Arbeit sollte sich mit Überlegungen zur Angsttheorie und zur Entstehung von Angstneurosen beschäftigen. Der Verfasser hatte sich das Ziel gesteckt aufzuzeigen, daß die Wurzeln der Angstneurose mit dem Hauptsymptom der freiflottierenden, objektlosen Angst, der »Angst vor der Angst«, in konkreten, aber verdrängten Erlebnissen von Todesbedrohtheit bei gleichzeitiger Ungeborgenheit durch das Elternhaus zu suchen sind, im Gegensatz zu einigen phobischen Angstneurosen mit objektbezogener Angst, bei denen in den meisten Fällen die Wurzeln in der Symbolisierung atmosphärischer Bedrohung zu liegen scheinen. Die therapeutischen Fragen mußten bei dieser Zielsetzung notwendigerweise zu kurz kommen. Darüber noch ganz wenige Sätze zum Schluß. Ich möchte das, was ich dazu zu sagen habe, thesenartig zusammenfassen.

1. Für die beschriebene Angstneurose ist eine aufdeckende Psychotherapie die Methode der Wahl, denn sie allein scheint mir die nötige Basis dafür abzugeben, daß die Auseinandersetzung mit der Realität des Todes so nachgeholt werden kann, daß der Angstneurotiker zu einem neuen »Wirklichkeitsbezug« findet. In den meisten Fällen ist der Angstdruck jedoch so groß, daß die klassische Psychoanalyse nicht ohne Modifikation in der Technik angewandt werden kann. Der Aufdeckungsprozeß muß erheblich beschleunigt werden, um der Gefahr entgegenzuwirken, daß der Patient in Zeiten unerträglicher Spannung wieder zu zudeckenden Hilfsmitteln wie Alkohol oder Psychopharmaka greift oder gar, was gar nicht so selten ist, die Therapie abbricht.

Der Verfasser hat anhand mehrerer schwerer angstneurotischer Fälle eine therapeutische Technik entwickelt, die sehr viel rascher wirksam wird als die klassische Analyse, wodurch in fast allen Fällen der Neigung zum Therapieabbruch erfolgreich begegnet und eine Ausheilung der Neurose erreicht werden konnte. Die therapeutische Technik hat in mehrfacher Hinsicht Ähnlichkeit mit der Janovschen »Primärtherapie«, ohne daß jedoch, wie bei JANOV, das theoretische Konzept der Freudschen Psychoanalyse verlassen wurde. Eine Arbeit über die von mir entwikkelte tiefenpsychologisch orientierte Therapiemethode, die auch eine Reihe von Fallberichten enthält, ist in Vorbereitung. Die Methode wurde in ihren Ansätzen an traumatischen Angstneurosen, wie sie hier beschrieben sind, entwickelt, inzwischen aber konsequent weiter ausgebaut. Sie ermöglicht es heute, besonders auch die für viele Analytiker nur schwer oder überhaupt nicht zugänglichen peri- und pränatalen Traumata, die in vielen Fällen zu Psychosen, zum Borderline-Syndrom, oder, besonders häufig, zu psychosomatischen Erkrankungen führen, aufzudecken und erfolgreich zu behandeln.

2. Ein wesentlicher Faktor der Angstneurose besteht darin, daß durch die wiederholten Angstanfälle die Angstinstinkte hochtrainiert werden. Meiner Erfahrung nach kann man das Instinktgeschehen therapeutisch dadurch direkt angehen, daß man in der ersten Zeit der Therapie einige Minuten der Sitzung darauf verwendet, die Patienten die Grundstufe des Autogenen Trainings zu lehren. Die meisten Patienten sind es, bevor sie zum Therapeuten kommen, gewöhnt, anxiolytisch wirkende Psychopharmaka, zumindest in akuten Anfällen, einzunehmen. Es erscheint mir aber als wesentlich sinnvoller, den Patienten daran zu gewöhnen, dem akuten Anfall mit eigenen Mitteln entgegenzuwirken. Wenn er den akuten Anfall regelmäßig mit einer Entspannungsübung beantwortet, wird die Trainierbarkeit des Instinktgeschehens in Richtung auf einen Abbau der Hypertrophie ausgenutzt.

Wenn man das Autogene Training in der Therapie von schweren Angstneurosen einsetzen möchte, so sind jedoch zwei Momente unbedingt zu beachten: (1) Man muß sich über das eigentliche Ziel der Gesamttherapie völlig im klaren sein. Es geht um die Aufdeckung und Auflösung der ätiologisch-biographischen Ursachen der Angstneurose, nicht um eine Bekämpfung ihrer wechselnden Symptome. Deshalb ist es notwendig, die Suggestionen des Autogenen Trainings niemals zur »Heilung« der Neurose einsetzen zu wollen, weil damit die Ursachen zugedeckt statt aufgedeckt würden. Das Ziel des Autogenen Trainings darf ausschließlich darin liegen, dem Patienten erlebbar zu machen, daß die Möglichkeiten zur Bekämpfung seiner Neurose, auch in akuten Angstanfällen, in seiner eigenen Hand liegen, nicht in Wirkungen von außerhalb, erst recht nicht in der Wirkung pharmakologischer Präparate. (2) Der Einsatz des Autogenen Trainings ist so zu terminieren, daß der entspannende Effekt die aufdeckende Therapie nicht behindert. Der Erfolg einer aufdeckenden Therapie ist u.a. vom Maß der vorhandenen Spannung abhängig. Er ist infrage gestellt, solange die Spannung durch Medikamente niedergehalten oder gar völlig beseitigt wird. Das Autogene Training kann, wenn es konsequent eingesetzt wird, meist allerdings nur vorübergehend, denselben spannungsunterdrückenden Effekt haben wie Medikamente. Das muß unter allen Umständen im Interesse einer wirklichen Ausheilung der Angstneurose vermieden werden. Man kann die Faustregel aufstellen, daß man in dem Augenblick die Anwendung des Autogenen Trainings abzubauen beginnen muß, wenn die Übungen anfangen, den erwarteten Effekt zu erzielen, nämlich dem Patienten erlebbar zu machen, daß die Steuerung des neurotischen Geschehens in seiner eigenen Hand liegt - m.a.W. wenn er begonnen hat, sich von der Außen- bzw. Fremdsteuerung auf Selbststeuerung umzustellen.

3. Der Angstneurotiker sucht bei seinem Therapeuten jene Geborgenheit, die er im Elternhaus nie oder nur sehr unzureichend erlebt hat. Dadurch gerät er natürlich in die Gefahr, sich zu intensiv anzuklammern. Man kann dem dadurch entgegenwirken, daß man den Patienten gleichzeitig in eine therapeutische Gruppe aufnimmt. Die vielfältigen und im Laufe einer Therapie, oft sogar im Laufe einer einzigen Gruppensitzung wechselnden Beziehungen der Gruppenmitglieder untereinander und zum Therapeuten, das ständig sich ändernde Wechselspiel von Zu- und Abwendung, Geborgenheitserfahrung und dem Gefühl, Angriffen schutzlos preisgegeben zu sein, wirken der »neurotischen Hoffnung« (JANOV) entgegen, im Therapeuten endlich den verständnisvollen Eltern-Ersatz gefunden zu haben. Dadurch wird die für eine wirkungsvolle Therapie unbedingt erforderliche Spannung aufrecht erhalten.

Zur Therapie der Angstneurose, wie sie in dieser Arbeit beschrieben wurde, eignet sich also m.E. eine kombinierte Therapie, bestehend aus einer aufdeckenden, in der Technik gegenüber der klassischen Analyse modifizierten Therapie, einer den Anklammerungswünschen entgegenwirkenden Gruppentherapie und der Grundstufe des Autogenen Trainings, wobei das Hauptgewicht auf der analytischen Therapie liegen sollte.

Dermatosen aus psychosomatischer Sicht[*]

Wichtige Aspekte der Ätiologie, der zwischenmenschlichen Interaktionen und der ganzheitlichen Therapie

Meine Damen und Herren,

die Psychosomatische Medizin versteht sich heute im Sinne VIKTOR VON WEIZSÄK-KERS nicht mehr als eine besondere medizinische Disziplin neben der Chirurgie, der Orthopädie, der Ophthalmologie und der anderen medizinischen Disziplinen, sondern eher als die eine und unbestreitbare Grundlage *jeder* Human-Medizin. Sie geht von der Einheit und Ganzheit von Leib, Seele und Geist des Menschen aus. Als »Human-Biologische Ganzheits-Medizin« ist sie darum bemüht, *alle* Aspekte des Menschseins, die Leiblichkeit, die Psyche und den Geist, in den Lebensprozessen von Krankheit und Heilung als »multifaktorielles bio-psycho-soziales Gesamtgeschehen« (V. UEXKÜLL) zu erfassen und therapeutisch integrativ zu beantworten. Die verschiedenen medizinischen Teilfächer ordnet sie der Gesamtschau des Menschen ein und ordnet deren therapeutische Aktivitäten einer notwendigen psychophysischen Gesamttherapie unter.

Wenn im Untertitel des heutigen Vortrags nur von psychosomatischen »Aspekten« der Ätiologie die Rede ist, so soll damit der hohe Anspruch der Psychosomatischen Medizin, ihr auf die Ganzheit und Einheit des Menschen bezogener therapeutischer Ansatz, keineswegs eingeschränkt werden. Im Gegenteil: wir werden im folgenden deutlich machen, daß erst diese umfassende Sicht von Krankheits- und Heilungsprozessen Licht in manche Rätsel bringt, die mit der Entstehung und dem Verlauf von Dermatosen verbunden sind. Die Bescheidung auf einige psychosomatische Aspekte hat ihren Grund vielmehr darin, daß Sie, meine verehrten Damen und Herren, mit der immunologischen Seite ja sehr intensiv beschäftigt sind, während, so wie ich das sehe, die psychischen, sozialen und geistigen Aspekte bisher nur wenig gesehen und im therapeutischen Vorgehen zum Schaden der Patienten kaum berücksichtigt werden.

Es bedarf übrigens noch einer weiteren Eingrenzung. Im Haupttitel ist zwar pauschal von »Dermatosen« die Rede, in allen folgenden praktischen Beispielen

---

[*] Vortrag, gehalten am 23. April 1988 in Bad Dürkheim auf der Arbeitstagung der Laborgemeinschaft für Autohomologe Immuntherapie. Der Vortrag wurde im ersten Teil leicht gekürzt. Ausführlicheres über die Grundlagen der Human-Biologischen Ganzheits-Medizin findet sich im ersten Beitrag dieses Buches.

beschränke ich mich jedoch auf die Neurodermitis. Das hat seinen Grund darin, daß diese Dermatose hinsichtlich ihrer somatischen Aspekte eine Immunerkrankung ist, bei der sich die Autohomologe Immuntherapie als besonders wirksames Remedium bereits erwiesen hat, was von den anderen Hauterkrankungen so nicht - jedenfalls noch nicht - behauptet werden kann. Was über die *psychischen* Aspekte der Neurodermitis hier ausgeführt wird, gilt, mit nur geringfügigen Abweichungen, jedoch auch für Erkrankungen wie Psoriasis, Akne vulgaris, Pityriasis rosea und rezidivierender Herpes simplex. Insofern ist der pauschalierende Haupttitel durchaus zu rechtfertigen.

1. Ganzheits-Aspekte

Erkrankungen, bei deren Entstehen und bei deren weiterer Entwicklung seelische Faktoren bekannt sind und eine bedeutende Rolle spielen oder doch zumindest vermutet werden, haben in den letzten Jahrzehnten erheblich zugenommen. Und bei immer mehr Krankheitsbildern zeigt sich, daß die Psyche eine sehr viel größere Rolle spielt, als man bisher wußte und wohl auch wissen wollte. Die Medizin bezeichnet gewöhnlich solche Erkrankungen als »psychosomatisch«. Wenn eine solche diagnostiziert wird, veranlaßt uns unser eingefahrenes, sich vom Subjekt zum Objekt hin bewegendes Kausaldenken, nach der seelischen Ursache einer solchen Erkrankung zu suchen. Dieses psychosomatische Denkmodell gehört inzwischen jedoch der Vergangenheit an.

Man kann es als *das Grundanliegen* der gegenwärtigen Psychosomatischen Medizin, die sich als Human-Biologische Ganzheits-Medizin versteht, bezeichnen, den kranken wie den gesunden Menschen als *psycho-physisch-mentale Einheit und Ganzheit* zu begreifen und zu behandeln.

Der konsequente ganzheitsmedizinische Ansatz hat enorme Auswirkungen auf die gesamte Medizin. Er schließt nämlich nicht nur Leib, Seele und Geist zusammen, sondern auch die sich mehr und mehr ausdifferenzierenden und gleichzeitig immer mehr auseinanderstrebenden medizinischen Einzelfächer. Ich will Ihnen das an einem Negativ-Beispiel, in dem sich die mangelnde ganzheitliche Sicht ausgetobt hat, verdeutlichen:

Während meiner Ausbildungszeit zum Psychoanalytiker erlebte ich einen klassischen Symptomwechsel mit, der so nur in einer nicht ganzheitsorientierten Medizin geschehen und jahrelang unentdeckt bleiben konnte. Es ging um eine ca. 35jährige Frau. Es begann beim Hausarzt, der seine Patientin zur Behandlung eines Asthma bronchiale zum Lungenfacharzt und über diesen in ein Sanatorium schickte. Die dortige Therapie hatte recht guten Erfolg. Einige Zeit nach der Entlassung der Patientin trat ein äußerst lästiger Pruritus genitalis auf, für den sich weder Hausarzt noch Lungenfacharzt für zuständig hielten. Der damit befaßte Gynäkologe hatte mit seiner Behandlung Erfolg. Die quälende Symptomatik verschwand, wurde nach kurzer Zeit aber von einer massiven Neurodermitis gefolgt, die sich vorwiegend an den Beinen manifestierte und die Patientin zum Dermatologen führte. Dieser in der Psychosomatischen Medizin gar nicht so selten zu beobachtende Symptomwechsel kam erst auf, als der 9jährige Sohn der Patientin wegen Kontakt- und Lernschwierigkeiten psychotherapeutisch behandelt wurde und bei Gelegenheit erzählte, daß er seiner Mutter täglich beim Einsalben und Wickeln der Beine helfe.

Von einem solchen Symptomwechsel, der sich auf einer Ebene allein - hier auf der körperlichen Ebene - abspielt, muß ein »Wechsel der Ebenen« unterschieden werden, nämlich die Ablösung einer Erkrankung mit vorwiegend körperlicher Symptomatik durch eine Neurose oder Psychose, bzw. die Ablösung einer Neurose oder Psychose durch einen körperlichen Krankheitsprozeß. Auf den Symptomwechsel zwischen psychischen, psychosomatischen und körperlichen Erkrankungen haben schon mehrere Autoren aufmerksam gemacht, kürzlich erst wieder GÜNTER AMMON.

Innerhalb der psychosomatischen Krankheitsbilder und ihrer Symptombildungen müssen wir im Hinblick auf ihre Ätiologie zwei verschiedene Formen unterscheiden: die »Erinnerungs-Symptome« und die »Ausdrucks-Symptome«.

Bei den Erinnerungssymptomen handelt es sich um *direkte Körpererinnerungen an erlittene Traumata*. Dazu gehören z.B. bestimmte Formen der Epilepsie als direkte Körpererinnerungen an geburtstraumatische Hirnläsionen, aber auch spontane Hörstürze, bestimmte Formen von Tinnitus und Morbus Menière als direkte Körpererinnerungen an perinatale Kopfquetschungen, Nabelschnurumwicklungen, Zangen- und Vakuum-Geburten.

Bei den Ausdruckssymptomen aber geht es um den *körperlichen Ausdruck eines schweren, für das subjektive Empfinden des Patienten unlösbaren Konflikts auf der kommunikativen Ebene*. In diesen Bereich gehören aus psychosomatischer Sicht u.a. die Dermatosen.

Um die erwähnten ätiologischen Aspekte darstellen zu können, muß ich Sie zunächst mit einem Terminus bekanntmachen, hinter dem sich ein wichtiger Teil meiner therapeutischen Arbeit verbirgt. Wir gehen aus von der inzwischen im Rahmen der pränatalen und perinatalen Psychologie und Medizin mehrfach beschriebenen Beobachtung, daß Föten, Neugeborene, Säuglinge und Kleinkinder ein äußerst exaktes Gespür haben für das, was für sie in ihrem jeweiligen Entwicklungsstadium richtig ist und sein muß, und daß sie beunruhigt, verletzt, geschädigt werden, wenn dem Erwarteten etwas massiv zuwiderläuft. Diese m.W. zuerst von JEAN LIEDLOFF beschriebene Vermutung bestätigt sich ungemein eindrucksvoll in allen Therapien, die mit Regressionsmethoden wie der TBT durchgeführt werden. Wir bezeichnen diese erwarteten Vorgänge als *»Biologische Programme«*, weil wir der Auffassung sind, daß sie Teil unseres genetischen Codes sind.

Wir betrachten die Biologischen Programme, die die erwarteten wechselseitigen Beziehungen und Handlungsabläufe zwischen Mutter, Kind und Umwelt regeln sollen, als diejenigen kritischen Punkte, an denen durch Ausfälle und durch eingreifende Störungen massive Ängste und psychophysische Schäden entstehen, die in erster Linie für spätere neurotische, psychotische und psychosomatische Entwicklungen verantwortlich zu machen sind. Jede Störung eines Biologischen Programms, jede Entwicklungsstörung, gleich welcher Ursache, wird vom Embryo/Fötus/Neonatus/Säugling/Kleinkind registriert und mit Angst bis hin zur Panik beantwortet und blockiert in irgend einer Weise den weiteren vorprogrammierten Entwicklungsfluß.

Jeder Ausfall eines Biologischen Programms führt zu entsprechenden Ausfällen in der psychophysischen Gesamtentwicklung. Je früher er stattfindet, umso totaler ist der Ausfall. Wenn Embryo, Fötus, Säugling und Kleinkind trotz der Traumata und der Ausfälle überleben, so vollbringen sie eine ganz enorme Verdrängungsleistung, handeln sich dafür aber eine Neurose, Psychose oder psychosomatische Erkrankung ein.

Wir verstehen Neurosen, Psychosen und psychosomatische Erkrankungen demgemäß als *kompensatorische Überlebens-Strategien*, die einerseits zwangsläufig entwickelt, andererseits aber in eigener Regie entworfen und im Austausch mit dem in Familie und Gesellschaft entgegenkommenden Angebot an Abwehrmechanismen ausgebaut werden.

2.   Psychodynamische Aspekte der Haut

Die irritierten, traumatisch tangierten und ggf. ganz ausfallenden Biologischen Programme, die in der Ätiologie von Dermatosen eine wichtige Rolle spielen, hängen mit der *Haut als sozialem Kontaktorgan* und *gleichzeitiger Abgrenzung zum Du hin* zusammen. Diese ihre Doppelfunktion kann, wie wir später an einem Beispiel sehen werden, bereits vorgeburtlich irritiert und geschädigt sein. Normalerweise treten diese Schädigungen in den ersten Lebenstagen, -wochen und -monaten ein.

Wenn das Kind geboren wird, ist es in seiner Selbst- und Weltwahrnehmung von seiner Mutter noch kaum unterschieden. Es identifiziert sich nicht etwa mit ihr (Identifikation setzt ja gerade Unterschiedenheit voraus!), sondern es ist mit ihr noch weitgehend identisch. Die Entwicklung eines sich selbst als Person wahrnehmenden Ichs, die Identitätsfindung, geht in sehr kleinen Schritten innerhalb von etwa vier Jahren vor sich, und zwar im engen Körperkontakt mit der Mutter. Dabei spielt die Haut die allerwichtigste Rolle, sowohl als Kontaktorgan, über das sich Mutter und Säugling austauschen, als auch als Abgrenzungsorgan gegenüber dem mütterlichen Du.

Wenn an irgend einem Punkt der Entwicklung des menschlichen Individuums, der »Individuation«, der Satz MARTIN BUBERS, »der Mensch wird am Du zum Ich«, von größtem Gewicht ist, dann bei dem, was zwischen Mutter und Kind an taktilem Austausch und gegenseitiger Abgrenzung über die Haut geschieht.

Störungen dieser hoch sensiblen Entwicklungsphase und der sie tragenden Biologischen Programme drohen von verschiedenen Seiten her:

1. Unter etologischen und human-biologischen Gesichtspunkten müssen wir uns daran erinnern, daß der Mensch mit seiner nackten Haut eine unvergleichlich größere und sensiblere Austauschfläche besitzt als jedes andere ihm nahe verwandte Lebewesen. Über dieses Organ empfängt er bereits im Geburtsvorgang selbst und in der ersten Zeit danach nicht nur bis in seine inneren Organe hineinreichende Stimulationen, sondern auch das für ihn lebensnotwendige Gefühl von sozialer Sicherheit, dessen er im »extrauterinen Früh-Jahr« (PORTMANN) zu seiner Entwicklung zu einem sich seiner selbst sicheren Individuum dringend bedarf.

Das Bedürfnis nach Hautstimulation ist biologisch programmiert und wird bereits vom Säugling und vom Kleinkind so exakt lokal empfunden, daß diese, wenn sie daran nicht gehindert und die Signale positiv aufgenommen werden, die zu stimulierenden Hautpartien direkt darbieten.

Auch die Mutter hat für die Berührungsbedürfnisse ihres Kindes und deren körperliche Lokalisation ein exaktes Gespür - vorausgesetzt allerdings, daß sie nicht durch eigene Berührungsproblematik gehemmt und in ihrem spontanen Handeln gestört ist.

Bleibt die vom Kind erwartete Berührung aber ganz oder teilweise aus oder geschieht sie zu mechanisch, oberflächlich und dürftig, so gerät das Kind zunehmend in einen kaum lösbaren Konflikt. Die Spannung zwischen Biologischem Programm einerseits und der mangelhaften bzw. ausbleibenden Erfüllung andererseits wird unerträglich und schmerzhaft. Je mehr das Bedürfnis zunimmt, als um so gefährlicher wird es empfunden, bis es schließlich zur Schmerzvermeidung verdrängt wird. Die noch am wenigsten dramatische Folge zeigt sich etwa beim späteren Erwachsenen, indem er, wenn er Berührungswünsche hat, plötzlich eine kalte, undurchblutete Haut bekommt - eine Haut also, die wie erstorben erscheint. Damit wehrt sich das Unbewußte gegen ein Wiederaufleben des alten Konflikts.

2. In diesem Bereich gehört auch ein bedrohliches zivilisatorisches Erbe: Wir haben gelernt, unsere Babys zu pflegen und zu wickeln und sie dann im Kinderwagen, Kinderbett und Laufstall »abzulegen«. Leider haben wir darüber ganz vergessen, was wir selbst als Babys und Kleinkinder sehr deutlich gespürt haben, nämlich *daß wir zum »Tragling«* (nach HASSENSTEIN) *programmiert sind.* Der anhaltende Körperkontakt vor der Brust, auf dem Rücken und später auf der Hüfte der Mutter ist das Medium, über das Baby und Kleinkind durch die rhythmische Stimulation von Haut, Muskulatur und Gleichgewichtsorgan die Bewegungen, die mitmenschliche Kommunikation und die Tätigkeit der Mutter unmittelbar mitempfinden und allmählich lernend nachvollziehen. Irritationen und Ausfälle auch dieser Biologischen Programme werden mit Verdrängungen im Bereich von Haut, Muskulatur und Gleichgewichtsempfinden beantwortet.

Um mögliche Mißverständnisse zu vermeiden, gestatten Sie mir eine kleine Zwischenbemerkung: Wenn hier ausschließlich von der Mutter-Kind-Beziehung die Rede ist, so soll damit die Bedeutung des Vaters in der Kommunikation mit dem Kind keineswegs abgewertet werden. Nur: die frühen Interaktionen zwischen Kind und Umwelt werden von den aufeinander bezogenen Biologischen Programmen von Mutter und Kind gesteuert, die wesentlich durch pränatale und perinatale Prägungen entstehen. Der Vater ist dabei in die mütterlichen Programme quasi einbezogen. Das Baby nimmt ihn erst ganz allmählich als ein von der Mutter getrenntes Individuum wahr und behandelt ihn dann als selbständiges Du. Dieser Differenzierungsvorgang ist erst etwa um das 4. Lebensjahr abgeschlossen.

3. Eine äußerst bedrohliche Entwicklung tritt dann ein, wenn Baby und Kleinkind *feindselige Gefühle* ihrer Mutter wahrnehmen, die ihnen, ohne daß die Mutter solche Gefühle unbedingt in sich selbst wahrnehmen muß, über den Hautkontakt, z.B. bei der Körperpflege, vermittelt werden. Die Feindseligkeit kann auch darin bestehen, daß die Mutter den Hautkontakt zu ihrem Baby, mehr oder weniger bewußt, zur Abdeckung eigener unerfüllter infantiler Berührungsbedürfnisse benutzt, also weniger den Bedürfnissen ihres Kindes als ihren eigenen, und nicht dem Rhythmus der kindlichen Bedürfnisse folgt, sondern dem Kind ihren eigenen Rhythmus aufzwingt.

Alle diese über das Kontaktorgan Haut vermittelten Bedrohlichkeiten, die den steuernden Biologischen Programmen und den an sie geknüpften realen Erwartungen widersprechen, haben, je nach deren Intensität und möglicher Kulmination, das Organ Haut direkt betreffende Folgen. Diese bilden den psychosomatischen Hauptanteil an der Ätiologie der Dermatosen.

Der Weg dazu führt über folgende Stufen:

1. Das zu liebendem Austausch programmierte Organ Haut mit seinen Bedürfnissen wird zunehmend mit Angst besetzt und, da die programmierten Bedürfnisse ja nicht einfach aufhören, als gefährlich empfunden.

2. Da die zu wenig stattfindenden, die aggressionsbesetzten oder auch nur rein zufällig stattfindenden Berührungen die programmierten Bedürfnisse immer wieder stimulieren, wird die über die Haut stattfindende Abgrenzung zum mütterlichen Du, die normalerweise mit einer stabilen Ich-Entwicklung Hand in Hand geht, aus Gründen der Abwehr gegen die Beunruhigung viel zu früh, auf unphysiologische Weise und entgegen den Biologischen Programmen vollzogen. Der schwächste Ausdruck für den aus Selbstschutz stattfindenden Rückzug aus der Haut besteht, wie bereits angesprochen, in deren Mangeldurchblutung und der daraus folgenden Mangelversorgung mit Nährstoffen und Antikörpern.

3. Bereits zu diesem frühen Zeitpunkt, also kurz nach der Geburt, kann es zu massiven dermatologischen Reaktionen bis hin zur Neurodermitis kommen. Meist gelingt jedoch nach kurzer Zeit eine über Jahre hinweg anhaltende Verdrängung mit Symptomlosigkeit oder kaum wahrnehmbarer Symptomatik. Gewöhnlich brechen die Symptome erst später bei bestimmten Schwellensituationen massiv aus, z.B. bei ersten Freundschaften, bei ersten sexuellen Kontakten, beim Eingehen einer festen Bindung, anläßlich einer Schwangerschaft usw., wenn das Bedürfnis nach Nähe und Zärtlichkeit und die gleichzeitig mobilisierten Berührungsängte wieder erwachen und erneut miteinander in Konflikt geraten.

4. Die soeben geschilderten Phänomene sind den Psychotherapeuten als Symptome bestimmter Neurosen und Psychosen bekannt. *In der Tat bilden depressive und schizoide Neurosen und Psychosen eine massive Abwehrstrategie gegenüber erlebten Berührungsmängeln und erlittenen Feindseligkeiten. Demgegenüber stellen die Dermatosen eine weniger tiefe Verdrängungsstufe dar: die Ambivalenz von Berührungsbedürfnis und Angst vor der Berührung wird noch unmittelbar an dem dafür zuständigen Organ empfunden und ausgedrückt.*
   Hier liegt die Wurzel für den später oft zu beobachtenden Wechsel der Symptomatik. Wenn z.B. eine Neurodermitis oder eine Psoriasis mit Medikamenten behandelt wird, die zwar die Symptomatik verringern, gleichzeitig aber das Immunsystem tangieren, kann es plötzlich zum Ausbruch einer Neurose oder gar zu einem psychotischen Schub kommen - wie es umgekehrt bei der scheinbar erfolgreichen Behandlung einer Neurose oder Psychose zu massiven dermatologischen Manifestationen kommen kann.

5. Wenn man eine Neurodermitis als »rein körperliche« Erkrankung behandelt, z.B. als Erkrankung des Immunsystems, bekommt man einen sehr wichtigen dynamischen Aspekt des Erkrankungsprozesses gar nicht oder doch nur sehr unzureichend zu Gesicht: nämlich den *unbarmherzigen Kampf zwischen dem Erkrankten und seinen nächsten Beziehungspersonen* - bei einem Kind in erster Linie zwischen ihm und der Mutter. *Auf der Seite des Patienten ist die Symptomatik als Ausdrucksgeschehen, als »Bleib-mir-vom-Leib-Symptom«, selbst ein unübersehbarer körperli-*

cher Kampfstil; auf der Gegenseite wird der Kampf gegen den Patienten oft hinter dem Kampf um ihn und um seine Gesundheit versteckt. Was aber geschieht, wenn die Symptomatik abklingt? Natürlich zeigen am Anfang alle äußerst zufriedene Gesichter. Aber wenn es nicht gelingt, die defizitäre Ich-Entwicklung nachzuholen und die Ambivalenz aufzulösen, was bei Kindern sehr viel leichter gelingt als bei erwachsenen Patienten, kann es zu bedrohlichen Haßausbrüchen und, bei erwachsenen Patienten, zu abrupten Trennungen kommen. Die Aggressivität kann besonders heftig werden, wenn sich der Patient, der mit der körperlichen Symptomatik seine notdürftige kompensatorische Ich-Abgrenzung verloren hat, den zunehmenden Berührungswünschen seiner nächsten Umgebung schutzlos ausgeliefert fühlt.

6. Das ist der krisenhafteste Augenblick im ganzen Heilungsprozeß überhaupt, eine Situation, die der rein körperlich behandelnde Therapeut meist gar nicht mehr zu sehen bekommt, in dem der Patient aber ganz besonders dringend der Hilfe bedarf. Da der psychosomatisch Kranke seine Hautsymptomatik sowohl aus Gründen der Verdrängung wie aufgrund unserer rein körperlich argumentierenden und agierenden Medizin als rein körperlich empfindet, bringt er im Falle eines Ebenen-Wechsels, also bei Ausbruch einer Neurose oder Psychose nach dem Abklingen seiner Haut-Symptomatik, die massiv aufbrechenden seelischen Spannungen mit dem körperlichen Heilungsverlauf nicht in direkten Zusammenhang. Außerdem ist er aufgrund seiner Erfahrungen mit der Medizin nicht gerade dazu animiert, mit einem Arzt über seine familiären Kämpfe zu sprechen. Und letztlich versuchen auch die beteiligten Angehörigen allesamt, den häuslichen Krieg vor der Umgebung sorgfältig zu verbergen. Alle sind nach außen hin, wie erwartet, selbstverständlich glücklich und dankbar.

3. Paradigmatisches Fallbeispiel

Ich möchte Ihnen nun in skizzenhafter Form einen konkreten Fall schildern, den ich aus nächster Nähe über Jahre hinweg verfolgen konnte - einen besonders schweren und tragischen Fall, in dem alle von mir genannten Aspekte der dynamischen Entwicklung des Erkrankungsgeschehens einer Neurodermitis aufgetreten sind und der deshalb geradezu paradigmatisch ist. Es handelt sich um eine Frau, die, als ich sie kennen lernte, ca. 35 Jahre alt war:

Während der frühen Schwangerschaft unternimmt die Mutter einen Abtreibungsversuch. Die lebenslange, ungewöhnlich intensive gegenseitige Abhängigkeit dürfte in erster Linie auf dieses Ereignis zurückzuführen sein: auf Seiten der Mutter von Schuldgefühlen gesteuert, auf Seiten der Tochter die Manifestation eines

Abwehrmechanismus, den Anna Freud beschrieben und als »Identifikation mit dem Angreifer« bezeichnet hat.

Etwa zwei Wochen nach der Geburt wird der Säugling wegen einer Brustentzündung der Mutter von einem Tag auf den andern abgestillt. Sofort bricht eine massive Neurodermitis aus. In der Folgezeit zeigt sich eine mangelnde Identitätsentwicklung: Die Abgrenzung gegenüber der Mutter gelingt nicht. Bei vorübergehenden längeren Trennungen äußert sich bei beiden Frauen das Syndrom gegenseitiger Abhängigkeit auf eine sehr auffällige Weise: beide werden meist gleichzeitig krank und setzen sich dann mit massiven Forderungen und Vorwürfen wechselseitig unter Druck. Sie liegen in einem ständigen Kampf miteinander, der die ganze Ambivalenz von Wunsch nach Nähe und Abhängigkeit einerseits und gleichzeitiger Angst vor beidem ausdrückt.

Schließlich trennen sie sich durch berufsbedingten Wegzug der Tochter. Als diese von ihrem ersten selbstverdienten Geld einen Ferienaufenthalt in Italien verlebt, den sie als Ausdruck der endlich errungenen Selbständigkeit wertet, erreicht sie die Nachricht, daß die Mutter schwer erkrankt sei und ihre Rückkehr erwarte. In der Nacht darauf hat sie einen katastrophalen Alptraum, mit dem sich ein psychotischer Schub ankündigt. Es kommt zum Durchbruch einer depressiv-schizophrenen Misch-Psychose. Die bis dahin in wechselnder Intensität persistierende Neurodermitis aber klingt mit Ausbruch der Psychose plötzlich ab. Es gelingt ihrem Analytiker, die Psychose aufzufangen, so daß die Patientin wieder arbeitsfähig wird. Allerdings kehrt dafür nun die Neurodermitis zurück.

In der Folgezeit kommt es zu einem mehrfachen Wechsel zwischen beiden Ebenen, der psychischen und der körperlichen. Die Erkrankung scheint aber allmählich etwas milder zu verlaufen. Diese jedoch nur scheinbare Entlastung ist darauf zurückzuführen, daß sich die Patientin äußerlich mit Gewalt von der Mutter lossagt und jede Beziehung zu ihr abbricht.

Da Abhängigkeit eine Folge mangelnder Ich-Entwicklung ist und nur durch einen Nachentwicklungs- und Nachreifungsprozeß aufgelöst, niemals aber mit Gewalttaten abgetan werden kann, verschiebt die Patientin ihre Abhängigkeit auf ein anderes Objekt, den Alkohol, dem sie zunehmend verfällt.

Als sie schließlich wegen einer Leberzirrhose ins Krankenhaus eingeliefert wird und es dem Ende zugeht, versuchen Freunde, die Mutter vom bevorstehenden Tod der Tochter in Kenntnis zu setzen. Die aber liegt mit einem Oberschenkelhalsbruch selber im Krankenhaus. Sie erhält die Nachricht nicht. Erst nachdem die Tochter gestorben ist, wenden sich die Freunde an den behandelnden Arzt der Mutter, die drei Tage später aus dem Krankenhaus entlassen werden soll.

Am Abend vor der Entlassung spricht der Arzt mit ihr und setzt sie in schonender Weise vom Tod der Tochter in Kenntnis. Die Mutter reagiert auffällig: sie lächelt und spricht an dem Abend kein einziges Wort mehr. Am nächsten Morgen, an dem sie entlassen werden soll, findet man sie tot im Bett: Herzversagen!

Dieser Fall demonstriert nicht nur den Wechsel zwischen der körperlichen und der psychischen Ebene, sondern mit gleicher Deutlichkeit die defizitäre Ich-Struktur, die gegenseitige Abhängigkeit und den verzweifelten Kampf auf der kommunikativen Ebene.

4. Zum Umgang mit den psychosomatischen Aspekten in der Praxis

Mitte März 1988 fand in Innsbruck eine große internationale Arbeitstagung für Psychosomatische Medizin statt, die aus Anlaß des 80. Geburtstags THURE VON UEXKÜLLS vom Psychosomatischen Institut der dortigen Universität unter der Leitung von Prof. WOLFGANG WESIACK ausgerichtet wurde. In allen Hauptvorträgen und in den 17 verschiedenen Symposien wurde deutlich, daß sich auf dem Gebiet der Psychosomatik einiges zu bewegen scheint. Gleichzeitig wurde aber von fast allen Referenten bedauert, daß die Psychosomatische Medizin noch nicht zur pflichtgemäßen Ausbildung jedes Mediziners gehört und der allgemeine Kenntnisstand, so man überhaupt davon sprechen kann, um mindestens ein halbes Jahrhundert hinter den gegenwärtigen Problemstellungen und Lösungsmodellen nachhinkt. Das geht nun jeden an, der den Anspruch erhebt, »Ganzheits-Medizin« zu betreiben - also auch uns heute und hier!

Selbstverständlich kann es nicht darum gehen, aus jedem Therapeuten, der sich der Ganzheits-Medizin verpflichtet weiß, einen voll ausgebildeten Psychosomatiker zu machen. Jeder Praktiker sollte aber unbedingt so viel Kenntnis auf dem Gebiet der Psychosomatik besitzen und entsprechende Techniken beherrschen, daß der Begriff »Ganzheits-Medizin« gerechtfertigt und nicht nur ein werbewirksames Modewort ist. Und er sollte auch früh genug abschätzen können, wann er einen psychosomatisch ausgebildeten Fachkollegen zu Konsultationen heranziehen oder gar den Fall an ihn abgeben muß.

Woran es bei uns nach wie vor am meisten fehlt, sind Kurse, die in dieses Gebiet kompetent einführen und eine entsprechende Basis legen. Es bedarf nicht nur des Aufwachens, sondern auch konkreter praktischer Überlegungen und Initiativen in dieser Richtung!

Ob es Ihnen, meine Damen und Herren, überhaupt gelingt, die bei psychosomatisch Kranken aufgrund der tiefen Verdrängung sorgfältig versteckten psychischen Aspekte des Schadens zu Gesicht zu bekommen, entscheidet sich oft schon in den ersten Minuten der Begegnung zwischen Therapeut und Patient. Ich will versuchen, Ihnen das anhand einiger wichtiger Gesichtspunkte jenes kommunikativen

Vorgangs darzustellen, der grundsätzlich am Anfang jeder psychosomatischen Behandlung zu stehen hat: ich meine das *Erstinterview.*

Bitte beachten Sie, daß das Erstinterview, zu dem Sie mindestens eine volle Stunde benötigen, weder mit der Ihnen geläufigen medizinischen Anamnese des Praktikers noch mit der biographischen Anamnese des Psychologen identisch ist. *Das Erstinterview ist eine personale Begegnung zwischen Ihnen als dem Therapeuten und Ihrem Patienten; und was Sie in Erfahrung bringen wollen, erfahren Sie in dieser Begegnung verbal, aber noch viel mehr im lebendigen Ausdruck und der Art, wie etwas dargestellt oder übergangen wird.*

Eine der ersten Möglichkeiten, die Kommunikationsebene zu verfehlen, kann allein schon darin liegen, daß Sie zu wissen glauben, was der Patient von Ihnen will. Niemals werde ich jene Szene vergessen, mit der ich während meiner Ausbildung zum Psychoanalytiker konfrontiert war: Nach der Begrüßung durch den Arzt packte die Patientin an die 20 oder mehr Medikamente aus und baute sie auf dem Schreibtisch des Therapeuten auf. Hätte daraufhin der Arzt mit Kritik an den bisher verschriebenen Medikamenten und mit der Verschreibung anderer reagiert, so wäre sie enttäuscht davongegangen und hätte in Zukunft vermutlich die neu verschriebenen Medikamente zusätzlich zu den alten eingenommen. Er aber fragte: »Und die brauchen Sie...?« - er zögerte bewußt. Sie breitete mit einer umfassenden Geste beide Arme aus und rief: »Alles für mich!« Jede weitere Nachfrage erübrigte sich. Die Patientin hatte deutlich signalisiert, daß sie Zuwendung suchte und die Medikamente als Ersatz dafür benutzte. Wäre dies übersehen worden, so wäre der Mißerfolg der Therapie vorprogrammiert gewesen. Sie hätte das Abheilen ihrer Körpersymptome vermutlich gegen eine Depression eingetauscht.

Das Erstinterview muß sich selbstverständlich mit der körperlichen, der psychischen, der geistigen, der lebensgeschichtlichen und der sozialen Ebene befassen. Dabei ist es sehr wichtig, daß Sie nicht versuchen, durch gezielte Fragen und Insistieren dem Gespräch Ihre Ordnung aufzuzwingen. Im weiteren Verlauf des Gesprächs kann man alle Punkte, die einem wichtig erscheinen, noch erfragen - sofern der Patient willig mitgeht.

Diese Willigkeit läßt sich durch den seitens des Therapeuten verwendeten Fragestil, wie wir ihn in dem kleinen Beipiel von der Patientin mit den vielen Medikamenten zu sehen bekamen, sehr gut anregen: durch das Fragen mit halben Sätzen. Entweder errät der Patient sowieso, was wir ihn fragen wollen und fällt uns u.U. bereits ins Wort, oder aber er versteht etwas völlig anderes und verrät uns mit seiner Antwort gerade das, was ihm auf der Seele brennt. Hier darf es dann natürlich unter keinen Umständen eine Korrektur geben!

Wichtige Mitteilungen erfahren Sie auch aus der Selbstdiagnose des Patienten, die er Ihnen u.U. anbietet. Dabei ist es nicht wichtig, ob sie von irgend einem medizinischen Wert ist. Sie erkennen darin vielmehr seine Befürchtungen, seine

Ängste, seine Enttäuschungen und seine Hoffnungen. Ich erinnere mich, wie in Innsbruck die Reaktion einer Ärztin beschrieben wurde, die die Selbtdiagnose eines Patienten mit den Worten abgewürgt hatte: »Ich will Ihre Symptome wissen, nicht Ihre private Diagnose. Die Diagnose stelle ich!« Mit einer solchen Bemerkung und der in ihr deutlich spürbaren Arroganz ist jeder psychosomatischen Behandlung im vorhinein der Garaus gemacht.

Eine Bemerkung zur Familiensituation, die bei sehr vielen psychosomatischen Erkrankungen, gerade auch bei Dermatosen, eine Schlüsselrolle spielt: Fragen danach sollten unbedingt erst gegen Schluß des Erstinterviews gestellt werden, es sei denn, der Patient spricht sie selbst früher an. Die Aufdeckung dieses Bereichs wird oft sehr gefürchtet. Und bei bestimmten Erkrankungen ist es wichtig, im Lauf der Behandlung die Familie auf die eine oder andere Weise in den therapeutischen Prozeß mit einzubeziehen, nicht nur, wenn es sich um Kinder handelt. Durch zu frühes Ansprechen oder gar Insistieren kann man sich sehr schnell diesen Weg im vorhinein verbauen.

Die am Beispiel des Erstinterviews explizierte Einstellung des Therapeuten zu seinem Patienten darf natürlich nicht auf den Beginn der therapeutischen Beziehung beschränkt bleiben, sondern muß selbstverständlich den ganzen Behandlungsverlauf bestimmen. Ganzheits-Medizin steht oder fällt damit, ob das gelingt oder mißlingt.

Damit bin ich am Ende meiner Ausführungen angelangt. Mir bleibt nur noch, darauf hinzuweisen, daß der Psychosomatiker ständig auf der Suche ist nach körperbezogenen Therapien, die sich fugenlos in ein ganzheitsbezogenes Therapiekonzept einordnen lassen. Um so dankbarer bin ich Herrn Dr. KIEF und seiner Laborgemeinschaft für all das, was durch die Autohomologe Immuntherapie, auch auf dem Gebiet der Dermatosen, möglich geworden ist. Auf dem Gebiet der vielfältigen Allergien scheinen sich ja wohl ähnliche Erfolge abzuzeichnen. Und ich könnte mir denken, daß damit die Liste derjenigen Erkrankungen, die im engeren oder weiteren Sinne zu den psychosomatischen Erkrankungen gerechnet werden, bei denen sich in Zukunft weitere Erfolge erzielen lassen, noch lange nicht abgeschlossen sein wird. Das ist zumindest mein Wunsch, ist die Hoffnung, die ich hege.

Regression, Medikation und Nachentwicklung in der Tiefenpsychologischen Basis-Therapie (TBT)*

Sehr geehrte Damen und Herren,

die Tiefenpsychologische Basis-Therapie (TBT) ist ein psychoanalytisch-psycho-somatisches Therapieverfahren, das u.a. mit Regressionstechniken und damit kombinierter Medikation arbeitet. In ihren anthropologischen und ihren individual- und sozialpsychologischen Grundannahmen steht sie den Theorien GÜNTER AMMONS recht nahe. Nicht so in der angewandten therapeutischen Technik, die in intensiver Auseinandersetzung mit der Primärtherapie ARTHUR JANOVS weitgehend neu entwickelt wurde.

Infolge der großen Zeitknappheit müssen meine Ausführungen bruchstückhaft bleiben. Hinter dem Begriff Tiefenpsychologische Basis-Therapie (TBT) steht nämlich ein ausgebautes psychosomatisches Therapie-Konzept, das nicht einfach mit den überkommenen psychoanalytischen Begriffen umschrieben werden kann. Ich komme also nicht umhin, Ihnen mit skizzenhaften Strichen das therapeutische Gesamtkonzept zu umreißen und Sie mit der verwendeten Nomenklatur bekanntzumachen, soweit diese für den heutigen Gegenstand relevant ist.

Die TBT versteht sich als Teil einer Human-Biologischen Ganzheits-Medizin. Sie geht konsequent von der Einheit von Leib, Seele und Geist aus, wie sie Viktor von Weizsäcker mit den beiden Sätzen umrissen hat: »Nichts Seelisches hat keinen Leib - nichts Leibliches hat keinen Sinn.« Wir fügen hinzu: nichts Menschliches ist ohne Du, denn »der Mensch wird am Du zum Ich« (MARTIN BUBER). Diese Einheit entwickelt und entfaltet sich in der Lebensgeschichte des Individuums von der Zeugung an. Und sie ist vom ersten Augenblick an gefährdet: z.B. durch einen mütterlichen Organismus, der nicht geeignet oder bereit ist, das empfangene Kind auszutragen und zu gebären; durch bewußte oder unbewußte Ablehnung der Schwangerschaft; durch mangelnde mütterliche Kontaktbereitschaft und Liebesfähigkeit; durch sozialen Druck von Gesellschaft und Familie; durch mangelnden oder gefährdenden sexuellen Umgang der Partner miteinander während der Schwangerschaft; durch traumatischen Geburtsverlauf; durch inhumane Geburtspraktiken; durch Verhinderung der sofortigen intensiven Kontaktaufnahme zwischen dem Neugeborenen und der Mutter; durch Kinderbett, Kinderwagen und

---

* Vortrag, gehalten am 11. März 1988 auf der internationalen Arbeitstagung des Deutschen Kollegiums für Psychosomatische Medizin und der Österreichischen Gesellschaft für Klinische Psychosomatik in Innsbruck.

Laufstall; durch Krankheiten und dadurch bedingte Trennungen usw. usw. Man könnte die Liste beliebig lang fortsetzen und daran die Stumpfheit des einzelnen, der die erfahrenen Gefährdungen und Schädigungen aus seinem Bewußtsein getilgt hat, die Blindheit einer Gesellschaft, die über die Bedürfnisse von Hunden, Katzen und Kaninchen besser Bescheid weiß als über diejenigen von Embryos, Föten und Neugeborenen, und die Ignoranz einer Medizin, die hervorragend mit dem Skalpell und mit Apparaten umgehen kann, aber den Menschen dabei mehr und mehr aus den Augen verloren hat, an dieser Liste im einzelnen verifizieren.

Das eigentlich Schlimme für das in der Frühentwicklung befindliche Wesen ist, daß es offensichtlich ein äußerst exaktes Gespür hat für das, was richtig ist und sein muß, und daß es beunruhigt, verletzt, geschädigt wird, wenn dem Erwarteten etwas massiv zuwiderläuft. Diese von JEAN LIEDLOFF beschriebene Vermutung bestätigt sich ungemein eindrucksvoll in allen Therapien, die nach der Methode der TBT durchgeführt werden. Wir bezeichnen diese erwarteten Vorgänge als »Biologische Programme«, weil wir der Auffassung sind, daß sie Teil unseres genetischen Codes sind.

Wir betrachten die Biologischen Programme, die die erwarteten wechselseitigen Verhaltensweisen und Handlungsabläufe zwischen Mutter, Kind und Umwelt regeln sollen, als diejenigen kritischen Punkte, an denen durch Ausfälle und durch eingreifende Störungen massive Ängste und psychophysische Schäden entstehen, die in erster Linie für spätere neurotische, psychotische und psychosomatische Entwicklungen verantwortlich zu machen sind. Jeder Eingriff, auch dann, wenn er objektiv lebensrettend ist, bedeutet für das zu gebärende Kind eine tödliche Bedrohung. Das gilt schon vom Dammschnitt der Mutter, erst recht natürlich für die Verwendung von Saugglocke und Zange. Skalpell und medizinische Geräte sind in unserem genetischen Code bislang nicht enthalten.

Bitte verstehen Sie mich nicht falsch: ich plädiere hier nicht dafür, auf diese Hilfen zu verzichten, sondern dafür, sie so sparsam wie nur eben möglich einzusetzen, oder, exakter ausgedrückt: die Biologischen Programme genauer zu studieren und jede Maßnahme vor, während und nach der Geburt und in der sensiblen Zeit danach daraufhin zu überprüfen, wie der regelgerechte Ablauf der Biologischen Programme gesichert und unvermeidlicher Schaden so frühzeitig wie möglich abgewendet und aufgelöst werden kann.

Die therapeutischen Erfolge der TBT beruhen darauf, daß grundsätzlich jedes Trauma, von der Zeugung an, erinnerbar ist. Viele psychosomatische Symptome stellen sogar eine direkte Körpererinnerung an ein erlittenes Trauma dar. Ich bitte um Verständnis dafür, daß ich mich im folgenden auf diese Art von Symptomen, die wir in der TBT als »Erinnerungs-Symptome« bezeichnen, beschränke, weil sie in der Psychosomatischen Medizin noch unzureichend beachtet und bearbeitet werden. Sie spielen aber bei psychosomatischen Entwicklungen eine ganz wesentliche Rolle. Ich habe die beiden Fallbeispiele dementsprechend ausgesucht.

Jede Störung eines Biologischen Programms, jede Entwicklungsstörung, gleich welcher Ursache, wird vom Embryo/Fötus/Neonatus/Säugling registriert und mit Angst oder gar Panik beantwortet und blockiert in irgendeiner Weise den weiteren vorprogrammierten Entwicklungsfluß. Jeder Ausfall eines Biologischen Programms führt zu entsprechenden Ausfällen in der psychophysischen Gesamtentwicklung. Wenn Embryo, Fötus, Säugling und Kleinkind trotzdem überleben, so haben sie eine enorme Leistung vollbracht: sie haben das Trauma »vergessen«, verdrängt, gegenüber ihrem übrigen Leben isoliert und abgekapselt, sich dafür aber eine Neurose, Psychose oder psychosomatische Erkrankung eingehandelt. Wir verstehen Neurosen, Psychosen und psychosomatische Erkrankungen demgemäß als Überlebens-Strategien, die zwangsläufig entwickelt, aber in eigener Regie entworfen und ausgebaut werden - selbstverständlich im Austausch mit dem in Familie und Gesellschaft entgegenkommenden Angebot an Abwehrmechanismen. In einer Familie z.B., in der körperlich krank zu sein verpönt ist, entwickelt ein Kind, das unter dem Trauma einer Zangengeburt leidet, eher eine Schizophrenie als eine Epilepsie. Beide Symptome können aber auswechselbar sein, wie ich mehrfach feststellen konnte, und beide sind therapeutisch auflösbar, wenn ihr Erinnerungswert abgebaut werden kann. Die im Gehirn nach wie vor nachweisbaren Narben bleiben dann stumm.

Auf den Symptomwechsel zwischen Neurose und Psychose einerseits und psychosomatischen Erkrankungen andererseits hat GÜNTER AMMON wiederholt aufmerksam gemacht, ohne dafür eine ganz befriedigende Erklärung anbieten zu können. M.E. spielt hier eine Überlebens-Strategie eine entscheidene Rolle, die wir in der TBT als »Wechsel der Ebenen« bezeichnen. Wir registrieren solche Wechsel in zweierlei Hinsicht: *1.* Den von der körperlichen Ebene zur psychischen und/oder geistigen und umgekehrt, und *2.* den von der Vergangenheit zur Zukunft.

Zu 1: Ein schweres Trauma, das in erster Linie durch ein körperliches Erleben, z.B. durch eine Zangengeburt, ausgelöst wurde, wird um so perfekter abgewehrt, je mehr es dem Betroffenen gelingt, die Körpererinnerung zu verdrängen. Zurück bleibt dann eine »psychische« Symptomatik, z.B. eine schwere Zwangsneurose oder eine paranoide Schizophrenie. Die diese Erkrankungen begleitende Körpersymptomatik ist unspezifisch und nicht exakt lokalisierbar. Ein schweres Trauma, das in erster Linie die Psyche tangiert hat, z.B. eine tiefgreifende Ablehnung oder andere seelische Verletzung, kann sich in psychosomatischen Depressions-Äquivalenten manifestieren.

Zu 2: Einen Wechsel von der Vergangenheit zur Zukunft beobachten wir besonders häufig und massiv in Angst- und Zwangsneurosen. Hier werden gegenwärtige Dinge und Zustände, bei Zwangsneurosen meist zukünftige Bedrohungen, panisch geängstet und zu vermeiden versucht. Man könnte die Überlebensstrategien dieser Art von neurotischen und psychosomatischen Entwicklungen mit der kurzen Formel charakterisierend beantworten: »Die Katastrophe liegt hinter Dir!«

Eine Symptomatik ist dem verursachenden traumatischen Geschehen um so näher, je mehr sie Erinnerungs-Symptomatik ist und das erlittene Trauma auf allen tangierten Ebenen deutlich widerspiegelt. Die Verdrängung ist aber um so tiefer, je mehr die Symptomatik als rein körperlich oder rein psychisch imponiert. Bei einer Neurose oder Psychose wird man dementsprechend mit besonderer Sorgfalt nach den verdrängten körperlichen Reaktionen, bei einer psychosomatischen Erkrankung nach den versteckten seelischen Reaktionen fahnden müssen. In einer erfolgreich verlaufenden Therapie erweist es sich sehr bald, daß neurotische und psychotische Patienten, die bei Therapiebeginn keine nennenswerten körperlichen Symptome aufwiesen, zunehmend psychosomatisch reagieren - ein deutliches Zeichen dafür, daß der aus Abwehrgründen (Wechsel der Ebenen!) durch Wahrnehmungsverlust geradezu immunisierte Leib wieder wahrzunehmen und lebendig zu reagieren beginnt.

Die vorwiegend somatisch reagierenden Patienten sind nicht deshalb etwa psychisch gesund, weil sie kaum psychische Reaktionen erkennen lassen, sondern aufgrund der frühen und massiven Verdrängung psychisch verarmt. Bei ihnen zeigt sich erster therapeutischer Erfolg darin, daß sie in dem Maße auch seelisch zu leiden beginnen, wie ihre Psyche wieder lebendig wird.

Jeder neurotischen, psychotischen und psychosomatischen Entwicklung liegt mindestens eine manifeste Ursache zugrunde, meist aber ein ganzer Ursachen-Komplex, weil gleichzeitig mehrere Biologische Programme traumatisch tangiert wurden. Das ist die Ätiologie. Ihr folgt eine lange und komplizierte persönlichkeitsbezogene Geschichte. Das ist die Pathogenese. Tiefenpsychologische Therapien verstehen sich als kausale Therapien. Die meisten aber, das gilt in gewissem Umfang auch für die klassische Psychoanalyse, greifen an zu später Stelle in die Kausalkette ein.

Die TBT ist eine ätiologisch orientierte Therapie, die therapeutisch direkt auf die tangierten Biologischen Programme abzielt. Deshalb die Bezeichnung: Tiefenpsychologische *Basis*-Therapie. Wir sind nämlich der Überzeugung, daß die Aufdeckung der Abwehrmechanismen, die Aufhellung der Persönlichkeitsstruktur, die Durchleuchtung und Veränderung der Konfliktbearbeitung usw. notwendig sind und sehr wohl eine psychosomatische Erkrankung bessern, letztlich aber nicht wirklich ausheilen können. Die TBT zielt mit ihren Regressionstechniken auf die Aufdeckung und das emotionale Wiedererleben des Ursachenkomplexes. Wir sind der Überzeugung, und die Erfolge scheinen uns recht zu geben, daß erst das Wiedererleben der erlittenen Traumata, deren nachträgliche Verarbeitung im Zusammenhang mit der Nachentwicklung der defizitär gebliebenen Ich-Struktur und schließlich die in Phantasie und Übertragung vor sich gehende Wiederbelebung der gestörten bzw. ausgefallenen Biologischen Programme eine völlige Ausheilung ermöglichen.

Zur Regression sei angemerkt, daß sie weder durch Hypnose, noch durch andere manipulative oder gewaltsame Techniken erreicht wird, sondern in erster Linie durch die bloße Konzentration auf die Symptomatik und die allgemeine Verschärfung der Selbstwahrnehmung. In dem Maße, wie es dem Patienten gelingt, sich zunehmend auf allen Ebenen seiner Existenz wahrzunehmen, die entgegenstehenden Mechanismen zu erkennen und abzubauen und die aufbrechenden Körperwahrnehmungen, Bilder, spontanen Vorstellungen und Einfälle ernstzunehmen, nähert er sich automatisch mehr und mehr den primären Traumata. Um diese überhaupt zulassen und verarbeiten zu können, muß gleichzeitig die defizitäre Ich-Struktur nachentwickelt und gefestigt werden. Dazu setzen wir neben gruppentherapeutischen Marathons in fast jeder Sitzung die rezeptive Musik-Therapie ein. Die klar strukturierte klassische Musik (besonders von VIVALDI, MOZART, HAYDN) bietet dem Patienten ein Du an, an dem er sich im Übertragungsgeschehen, ohne Fixierung auf seinen Therapeuten, selbst strukturieren und festigen kann.

Es müßte nunmehr klar geworden sein, daß die TBT keine kathartische Methode ist. Nicht das Wiedererleben, nicht die damit gekoppelten Evidenzerlebnisse und Einsichten, nicht die in der Sitzung auftretenden Entspannungsgefühle allein haben heilenden Effekt, wie ARTHUR JANOV meint, sondern erst deren Verarbeitung durch ein sich nachentwickelndes, verarbeitungsbereites Ich und der damit verbundenen bewußten Integration des bisher Verdrängten in die bewußt erlebte und bejahte Entwicklungs- und Lebensgeschichte.

Der Wiederbelebung der traumatisch tangierten Biologischen Programme kommt eine enorme Bedeutung zu. Sie tritt bei fortgeschrittener Therapie spontan auf und ist weder vom Patienten selbst noch vom Therapeuten provozierbar. Ihre Bedeutung liegt nicht nur darin, daß sich die vielen körperlichen und seelischen Schmerzen, die mit dem Wiedererleben der erlittenen Traumata verbunden sind, ganz unvermittelt in positive Empfindungen, Phantasien und aktive Pläne verwandeln, sondern daß gleichzeitig die von der Schädigung betroffenen Organe sensibilisiert werden. Patienten berichten oft, daß sie den Eindruck hätten, die geschädigten Organe seien auf einmal offen, bereit, sich im Sinne eines regenerativen Prozesses helfen zu lassen. Wir haben in der Tat die Erfahrung gemacht, daß nicht nur »Säen und Ernten«, sondern auch das »Helfen und Heilen« im medizinischen Sinne »seine Zeit« hat.

Wird eine solche sensible Phase erreicht und erscheint es unter organischen Gesichtspunkten als sinnvoll, so setzen wir Organ-Therapeutika ein: meist organspezifische Makromoleküle aus dem Bereich der zytoplasmatischen Therapie nach Prof. THEURER, deren regenerative Wirkung uns inzwischen vielfach überzeugt hat.

Wenn die Therapie jedoch, was gar nicht so selten ist, massive autoaggressive Mechanismen und Entwicklungen aufgedeckt hat und schließlich die entsprechenden Sensibilisierungen in Gang kommen, werden immunregulierende Therapeutika eingesetzt - neuerdings die Autohomologe Immuntherapie nach Dr. KIEF.

Der Sinn dieser medikamentösen Hilfe ergibt sich daraus, daß die mit der psychischen und psychosomatischen Selbstdestruktion verbundenen autoaggressiven Immunprozesse mit der Zeit eine gewisse Eigendynamik erhalten, die mit der Auflösung der primären Traumata und deren Pathogenese nicht einfach zu stoppen ist. Umgekehrt gilt allerdings auch, daß die Behandlung autoaggressiver Immunprozesse mit den genannten Therapeutika ohne eine auf die psychosomatische Gesamtsituation bezogene Psychotherapie u.U. die somatischen Symptome beseitigen, gleichzeitig aber, im Sinne des Ebenen-Wechsels, zum Ausbruch einer Neurose oder Psychose führen kann.

Es folgen nun zwei Falldarstellungen. Die erste beschäftigt sich mit einer rheumatischen Entwicklung bei einem neunjährigen Mädchen. Hier ist die spontane Regression und der damit verbundene therapeutische Erfolg besonders auffällig. Der zweite Fall beschäftigt sich mit Hörsturz, Tinnitus und Morbus Menière. Seine Bedeutung liegt einmal in der Ätiologie dieser Erkrankungen und zum anderen in dem dafür entwickelten therapeutischen Konzept, das auch eine symptomatische Behandlung einschließt.

Daniela ist neun Jahre alt, als sie mit Verdacht auf eine rheumatische Erkrankung in eine Münchner Klinik eingeliefert wird. Vorausgegangen ist ein kleiner Unfall, bei dem Danielas rechter Unterschenkel geprellt worden war. Es liegt aber weder eine bedeutende äußere Verletzung noch ein Bruch vor. Die Schmerzen im Unterschenkel, die sich zeitweilig bis über das Knie ausdehnen, halten ungewöhnlich lange an und kommen nach schmerzfreien Intervallen immer wieder. Schließlich greifen sie auf das beim Unfall unverletzt gebliebene linke Bein über. Da die schmerzfreien Intervalle immer kürzer und die Schulversäumnisse, noch dazu kurz vor dem Übergang ins Gymnasium, immer häufiger werden, bleibt nur der Weg in die Klinik übrig, um endlich Klarheit zu schaffen. Die aber bleibt aus! Im verletzten Bein wird an der vom Unfall betroffenen Stelle eine Verschattung gefunden, das Röntgenbild zeigt aber eine ähnliche, etwas schwächer ausgeprägte Verschattung im nicht betroffenen linken Unterschenkel. Das führt schließlich zur Verdachts-Diagnose »Rheuma« - ohne erkennbaren Zusammenhang mit dem vorausgegangenen Unfall. Die Untersuchungen ziehen sich hin. Die Schmerzen kommen und gehen. Zur Schonung der Beine muß Daniela im Rollstuhl fahren. Sie bleibt mehrere Wochen im Krankenhaus. Um der Sinnlosigkeit ihres dortigen Aufenthalts ein Ende zu bereiten, simuliert sie Schmerzfreiheit und wird auf Ansuchen der Eltern entlassen.

Kurz danach hat sie bei mir ihre erste Therapiesitzung. Ich fordere sie auf, sich auf den Boden zu legen, die Augen fest geschlossen zu halten und sich intensiv auf die Schmerzen in ihren Beinen zu konzentrieren. Sie soll mir dann alles sagen, was in ihrem Körper vor sich geht. Nach wenigen Minuten beginnt sie zu lachen. »Ich möchte einen Purzelbaum machen!« Ich fordere sie auf, dem Drang nachzugeben. Sie macht gleich mehrere Purzelbäume hintereinander. Plötzlich hört sie damit auf und sagt: »Es geht nicht mehr. Ich müßte einen Purzelbaum machen, aber es ist dazu viel zu eng!« Ihre Stimme klingt jetzt ganz verändert; sie klingt angespannt und ängstlich. Schließlich sagt sie: »Ich stecke in einem ganz engen Raum. Ich muß da raus, mit dem Kopf voran. Aber ich liege verkehrt herum. Ich kann mich nicht drehen. Ich habe Angst!«

In den nächsten Sitzung erlebt Daniela ihre Geburt. Sie ist eine Beckenendlage (Steißlage). Sie kann einen sehr befreienden Zusammenhang knüpfen zwischen ihrer Geburtslage und ihren Ängsten, von denen sie immer wieder auf der Toilette überfallen wird: sie kommt dort von der Vorstellung nicht los, eine Hand würde von unten her nach ihrem Gesäß greifen und sie in die Tiefe ziehen. Den Zusammenhang mit ihrem Geburtsgeschehen kann sie unmittelbar erfassen und die damit verbundenen Ängste ein ganz erhebliches Stück weit auflösen.

Nach dieser Phase nimmt sie sich wieder im Mutterleib wahr, und zwar im letzten Schwangerschaftsmonat. Sie liegt verkehrt herum, mit dem Gesäß nach unten und mit angezogenen Beinen, die Füße gegen die Bauchdecke der Mutter gestemmt. Sie spürt, wie, von ihren Füßen ausgehend, ein ungeheurer Druck auf Unterschenkel und Knien lastet. Sie empfindet ihn als so schmerzhaft, daß sie im Mutterleib sogar zu wenig Schlaf und Entspannung findet.

Einige Sitzungen später erfolgt ein Erlebnis, in dem Daniela die Ursache der Steißlage aufdeckt. Sie hört zunächst das Geräusch eines Automotors. Dann nimmt sie plötzlich, zusammen mit dem Geräusch kreischender Bremsen, einen gewaltigen Ruck wahr und fühlt sich herumgeschleudert. Erst jetzt liegt sie falsch; bis zu diesem Ereignis war sie noch in der richtigen Geburtslage gewesen.

Was war geschehen? Die Mutter hatte bis in den neunten Schwangerschaftsmonat hinein Fahrstunden genommen. Bei einer heftigen Bremsung hatte sich der Fötus gedreht, konnte die falsche Lage in der Folgezeit wegen der zunehmenden Enge nicht mehr korrigieren, obwohl es, wie die Therapie zeigte, versucht wurde. Da nach diesem Erlebnis die Symptomatik rasch abklang, so daß Daniela das Gymnasium problemlos besuchen konnte, wurde die Therapie abgebrochen.

Ich hatte mehrfach Anlaß, mich mit Problemen der Innenohrschwerhörigkeit zu befassen. Einen wichtigen Anstoß erhielt ich durch die Psychotherapie einer ca. 50jährigen Patientin, der vom behandelnden HNO-Arzt vorausgesagt worden war, daß sie binnen einem halben Jahr ein Hörgerät benötigen würde. Das war vor nunmehr vier Jahren. Bei mir war sie wegen einer schweren Zwangsneurose in

Behandlung, die durch eine äußerst schwere traumatische Geburt verursacht worden war, während der die Kindsmutter starb. Im Verlauf der Aufarbeitung des Geburtsgeschehens besserte sich die Hörfähigkeit zusehends, so daß sie heute ihren Beruf als Lehrerin unbehindert ausüben kann. In mehreren anderen Therapien, in denen das Geburtsgeschehen mit traumatischen Einklemmungen des Kopfes und/oder mit Verwicklungen der Nabelschnur eine wichtige Rolle spielten, traten während der Sitzungen spontan Hörstürze und Drehschwindel auf, die mich an die Symptomatik des Morbus Menière erinnerten. Die Symptome verschwanden nach den Sitzungen wieder. Oft war dann eine deutliche Verbesserung des Hörvermögens festzustellen. Ich zog daraus den Schluß, daß Erkrankungen dieser Art, deren Ätiologie bisher als noch ungeklärt gilt, möglicherweise auf Geburtstraumata zurückzuführen sind und daß ihre Symptomatik als Erinnerungs-Symptom gewertet werden müßte. Dieser Verdacht hat sich in der Zwischenzeit mehrfach bestätigt. Ich schildere im folgenden kurz einen Fall, der noch nicht abgeschlossen ist, der aber deshalb von Bedeutung ist, weil sich daran das entwickelte Behandlungskonzept deutlich machen läßt.

Der Patient ist 51 Jahre alt, Unternehmer. Er erlebt hintereinander mehrere Hörstürze, die ihn innerhalb von vier Monaten zu viermaligem Krankenhausaufenthalt zwingen. Es gelingt immer nur vorübergehend, den Hörverlust durch Trental- und Procain-Infusionen aufzufangen. Eine beiläufige Bemerkung, daß vielleicht psychische Momente, genannt wird »Stress«, eine Rolle spielten, führen ihn in unser psychosomatisches Therapiezentrum. Der Patient wird dort vier Wochen lang mit der Hyperbaren Ozon-Therapie nach Dr. Kief und mit der TBT behandelt. Die Ozon-Therapie hat den Sinn, die Durchblutung, aber auch das Sauerstoff-Angebot zu verbessern, um Zellnekrosen zu verhindern. Die Psychotherapie konzentriert sich zunächst auf drei Themen:

1. *Biographische Anamnese mit besonderer Berücksichtigung der Art und Weise, wie der Patient bislang Spannungszustände und Konfliktsituationen beantwortet hat.*

2. *Erfassung der auslösenden Situation und deren subjektive Wertung durch den Patienten.*

3. *Vorbereitung der Regressions-Therapie durch systematische Ich-Nachentwicklung zur Bewältigung des primären Traumas, das zunächst natürlich nur vermutet wird.*

Bereits beim Erstinterview, verstärkt in den nächsten Sitzungen, fallen charakteristische Formulierungen auf: Die lästigen Ohrgeräusche erzeugen im Patienten Vorstellungen von Einengung bis hin zu klaustrophobischen Phantasien. Er kommt sich körperlich beengt vor, spricht von einem »Fahrstuhl-Gefühl«. Nachts habe er, seit vielen Jahren, sich wiederholende Verfolgungsträume, in denen er um sein

Leben rennen muß. Im Schlaf bewegt er sich oft heftig, atmet angestrengt, zuckt und zittert mit den Beinen, legt sich quer, wimmert dabei wie ein hilfloses Baby. Bei der biographischen Anamnese kann er zu seiner Geburt keinerlei Auskunft geben. Ein Telefonat mit seinem Vater erbringt die bedeutungsvolle Mitteilung, daß die Geburt sehr schwer gewesen sei und drei Tage gedauert habe. Näheres ist nicht zu erfahren. Dem Patienten fällt selbst auf, daß er vor allen einengenden Situationen, gleich welcher Art sie auch sind, zu fliehen versucht; daß er Drucksituationen, in denen er sich hilflos fühlen könnte, ausweicht und sie nicht bearbeitet.

Seit knapp einem Monat wird nun gezielt mit der Regression gearbeitet. Die bisher nachts im Schlaf auftretenden Symptome, die Bewegungen, Geräusche, das Wimmern usw., treten spontan in den Sitzungen auf. Das Ohr reagiert: Der Patient fühlt Druck, Schmerz und Hitze, Druck auf Hals und Nacken. Die Ohrgeräusche nehmen während der Sitzungen zeitweise beträchtlich zu, während sich die Lage außerhalb der Sitzungen zu stabilisieren scheint. Das war das erste angezielte Ergebnis, nämlich die Symptomatik in die therapeutische Regression einzubeziehen.

So weit der gegenwärtige Stand. Nächstes Ziel ist es, das Trauma selbst erlebbar zu machen und aufzulösen. Und in dem Moment, wo der Umschlag zur sensiblen Phase erreicht wird, sollen gezielt Organ-Therapeutika mit regenerativer Wirkung eingesetzt werden.

Zusammenfassung

Auf der Psychoanalyse und auf Ergebnissen der pränatalen und perinatalen Psychologie und Medizin basierend, setzt die Tiefenpsychologische Basis-Therapie (TBT) im therapeutischen Vorgehen bei der jeweiligen Symptomatik und bei körperbezogener Selbstwahrnehmung an. Sie arbeitet mit Regressionstechniken, die es ermöglichen, nicht nur früheste psychische und physische Noxen bis zurück in den Bereich des vorgeburtlichen Lebens aufzudecken und erlebbar zu machen, sondern darüber hinaus hochsensible Phasen der psychophysischen Entwicklung (»Biologische Programme«) so weit zu erneuern, daß Fehlentwicklungen (mangelhafte Entwicklungsschritte und »Fehlprägungen«) weitgehend revidiert und damit gekoppelte organische Schäden (»Organ-Minderwertigkeiten«) ausgeglichen werden können. Während der sensiblen Erneuerungs-Phasen erweisen sich Organ-Therapeutika als besonders wirksam. Die Regressionstechniken werden durch biographisch orientierte Gespräche und durch therapeutische Techniken, die auf eine systematische Ich-Entwicklung abzielen, ergänzt (z.B. Gruppensitzungen und rezeptive Musik-Therapie). Die therapeutischen Möglichkeiten dieses Verfahrens, das sich als Teil einer Human-Biologischen Ganzheits-Medizin versteht, reichen weit über den Rahmen klassischer psychosomatischer Erkrankungen hinaus. Zwei kurze Falldarstellungen belegen das.

Regression und Nachentwicklung in der psychoanalytischen Behandlung psychosomatischer Störungen[*]

Anregungen Carusos

Meine sehr verehrten Damen und Herren,

der von mir hoch verehrte Psychoanalytiker IGOR CARUSO, der die Österreichischen Arbeitskreise für Psychoanalyse gegründet und den Salzburger Arbeitskreis, dessen Mitglied zu sein ich die Ehre habe, praktisch bis zu seinem Tode geleitet hat, hat in einer Arbeitssitzung eben dieses Arbeitskreises die grundlegende, bewahrende und abgrenzende Funktion der psychoanalytischen Theorie und der an ihr orientierten Institute mit parallelen Erscheinungen der katholischen bzw. orthodoxen Kirche verglichen. Er meinte:

Die psychoanalytische Theorie sei durchaus dem kirchlichen Dogma, die Einrichtung der Lehranalyse der apostolischen Sukzession in Bischofs- und Priesteramt, und die psychoanalytischen Institute und anderen Institutionen seien dem werbenden und zugleich regulierenden Wirken der organisierten Kirche vergleichbar. CARUSO hat diese Parallele noch weiter ausgeführt und in der Geschichte der Psychoanalyse Schismata, Sektenbildungen, Exkommunikationen und ökumenische Bestrebungen ausgemacht.

Wer von Ihnen IGOR CARUSO persönlich gekannt hat, wird begreifen, daß diese seine Ausführungen durchaus doppeldeutig gemeint waren.

Mit der Bewahrung des Freudschen Erbes war es ihm sehr ernst, und ich habe persönlich miterlebt, daß er einen jungen Kollegen, der seiner Meinung nach allzu weit von der Freudsche Orthodoxie abwich, persönlich »exkommunizierte« und dabei seine eigene Funktion expressis verbis mit der eines orthodoxen Bischofs verglich, dem man nicht zumuten könne, einem Häretiker die Hände aufzulegen. Das bedeutete praktisch, daß dem Kollegen die Aufnahme in den Arbeitskreis verweigert wurde.

Auf der anderen Seite habe ich CARUSO als den ungemein fruchtbaren Anreger erlebt, der vielen jüngeren Kollegen die Augen geöffnet hat für die sozialen Bezüge der Psychoanalyse und für das zunehmende Gewicht der pränatalen und

---

[*] Vortrag, gehalten in Heidelberg, 11. November 1988, für die Internationale Studiengemeinschaft für pränatale und perinatale Psychologie und Medizin (ISPPM)-Arbeitsgruppe Heidelberg.

perinatalen psychologischen und medizinischen Forschung. Auf diesem Gebiet verdanke ich ihm meine Mitgliedschaft in der »Internationalen Studiengemeinschaft für pränatale und perinatale Psychologie und Medizin (ISPPM)« und eine große Fülle von Anregungen und Anstößen, ohne die ich Ihnen heute wohl kaum das berichten könnte, was ich zu berichten habe.

Ich sehe mich dabei in einer Lage, die in gewisser Weise der CARUSOS selbst nicht ganz unähnlich ist: Was ich zu sagen habe, möchte ich nämlich innerhalb der Psychoanalyse verstanden wissen, auch da noch, wo meine Bemerkungen kritisch sein werden und den Rahmen des Gewohnten, besonders auf dem Gebiet der therapeutischen Technik, überschreiten.

Meine Darlegungen konzentrieren sich auf Phänomene im Umkreis der pränatalen und perinatalen Psychologie und Psychosomatik und auf solche therapeutische Techniken, die eigens dafür entwickelt wurden. Wir umschreiben die therapeutische Methode mit dem Etikett »Tiefenpsychologische Basis-Therapie (TBT)«. Damit wird u.a. signalisiert, daß sie sich vorwiegend im präödipalen Umkreis bewegt, den MICHAEL BALINT als den Bereich der *Grundstörung* bezeichnet. Ich bitte Sie aber, mir gutwilligerweise von vornherein unterstellen zu wollen, daß ich auch über die klassischen Phänomene im Umkreis des Ödipuskomplexes Bescheid weiß und damit umzugehen gelernt habe. Abgesehen davon mündet *jede* Therapie nach der Methode der TBT, die sich vielleicht längere Zeit schwerpunktmäßig mit sehr frühen psychophysischen Verletzungen beschäftigen mußte, zwangsläufig in die ödipale Problematik ein, wie das ja auch der Entwicklungsgeschichte der Patienten entspricht.

Fünf Linien begrenzen den Horizont des praktizierenden Analytikers und Psychosomatikers:

1. *Die Erfahrungen, die er mit sich selbst in seiner Lehranalyse gemacht hat und im weiteren Verlauf seines Lebens macht.*

2. *Die positiven und die negativen Erfahrungen, die er im Laufe seiner praktischen Tätigkeit mit Patienten macht, wobei besonderes Gewicht dem Umstand zuzumessen ist, auf welche Weise er auf negative Erfahrungen, besonders auf das Scheitern von Therapien, reagiert.*

3. *Sein Mut, die analytische Technik aus solchen und anderen gegebenen Umständen innerhalb bestimmter Grenzen zu variieren.*

4. *Seine Auseinandersetzung mit der psychoanalytischen Theorie.*

5. *Die offene oder mangelhafte Kenntnisnahme und Verarbeitung von Forschungsergebnissen und Fragestellungen angrenzender Wissenschaften, z.B. der Biologie, der biologischen und philosophischen Anthropologie, der Soziologie u.a.m.*

Von allen fünf genannten Punkten werden Sie entsprechende Spuren in meinen folgenden Ausführungen finden.

1. Psychosomatik als Human-Biologische Ganzheits-Medizin

Wenn wir einen Vertreter der klassischen naturwissenschaftlichen Psychiatrie fragen, was er, unter ganzheitstherapeutischen Gesichtspunkten, unter »Psychosomatik« versteht, so wird er uns vermutlich antworten, daß bei bestimmten »psychischen« Krankheiten, z.b. bei einer schweren Depression, Stoffwechselveränderungen im Gehirn nachweisbar, ggf. auch erbliche Belastungen zu vermuten sind und daß er diese für »die Ursache« der Depression hält und mit entsprechenden Medikamenten auf dem Weg über die Verbesserung der Stoffwechsellage die Psyche positv zu beeinflussen versucht.

Auf dieselbe Frage würde uns ein Vertreter der klassischen Psychoanalyse vermutlich antworten, daß viele »körperliche« Erkrankungen »seelische Ursachen« haben und er diese deshalb mit einer aufdeckenden Psychotherapie zu heilen versucht.

Und ein Homöopath wird uns etwa darauf aufmerksam machen, daß es unter den Menschen bestimmte Konstitutionstypen gibt und daß seine Medikamente die Konstitution seiner Patienten und somit auch ihre Psyche beeinflussen.

Ist es das, was wir aus ganzheitsmedizinischer Sicht unter Psychosomatik verstehen können? Bewegt sich etwa die Medizin von verschiedenen Seiten her darauf zu?

In ihrem Buch »Theorie der Humanmedizin« befürchten die beiden Autoren, THURE VON UEXKÜLL und WOLFGANG WESIACK, das genaue Gegenteil, nämlich daß die Heilkunde »*im Begriff ist, sich in eine somatische und in eine psychologische Medizin zu spalten. Wenn dieser sich immer deutlicher abzeichnende Trend erst endgültig geworden ist, werden wir ein Gesundheitssystem haben, in dem es eine Medizin für Körper ohne Seelen mit hochspezialisierten Organkliniken und eine Medizin für Seelen ohne Körper mit Neurosekrankenhäusern und psychiatrischen Anstalten gibt*« (S. 9).

Uns selbst erscheint die Situation eher noch in einem schlimmeren Licht gerade dadurch, daß es so viele Ansätze gibt, die, wie die drei oben genannten, *nur scheinbar* ganzheitlich sind und gerade dadurch das Problem verdecken und eine Lösung erschweren.

Die Tiefenpsychologische Basis-Therapie (TBT) stellt unserer Meinung nach den bisher konsequentesten ganzheitstherapeutischen Ansatz einer psychotherapeutisch-psychosomatischen Therapie dar, denn *sie geht kompromißlos von der Leib-Seele-Geist-Einheit des Menschen aus.*

In der Praxis bedeutet das u.a., daß wir bei *jeder* Art von Erkrankung, die uns als eine »rein körperliche« erscheint, sorgfältig nach den seelischen und den geistigen Anteilen, bei einer sogenannten »psychischen« nach den körperlichen und geistigen Anteilen, bei »geistiger Verwirrung« nach den körperlichen und den seelischen Komponenten fahnden müssen. Das gehört bei einer Therapie nach der Methode der TBT zu den grundlegenden Selbstverständlichkeiten!

Aus diesem Ansatz ergibt sich noch eine weitere Konsequenz: ein Patient, der (scheinbar) nur Körpersymptome aufweist, der angeblich *nur psychisch* krank ist, *nur als geistig absonderlich* erscheint, ist nicht etwa weniger krank, sondern *erheblich kränker als derjenige, der auf allen drei Ebenen über Symptome zu berichten hat.* Bei den drei anderen ist nämlich die Einheit und Ganzheit der Person durch *massive Abspaltungen* auf bedrohliche Weise infrage gestellt.

In der klassischen Medizin und der ihr in diesem Fall (leider!) folgenden klassischen Psychoanalyse gilt die Form der »psychosomatischen« Erkrankung fälschlicherweise immer noch als die mit der weniger günstigen Prognose. Vom Ansatz der Human-Biologischen Ganzheits-Medizin her muß dieses Vorurteil dringend korrigiert werden. Und die überzeugenden Erfahrungen der TBT bestätigen es ganz unzweideutig: wer sich zugleich körperlich und seelisch krank und sich in seiner geistigen Leistungsfähigkeit obendrein mehr oder weniger beeinträchtigt fühlt, ist sich als ganze und unteilbare Person noch näher, ist nicht so stark »gespalten« und dadurch auch noch *viel leichter therapierbar.* Das bedeutet fast immer auch eine entsprechende Zeitersparnis im Ablauf der Therapie!

Wenn wir uns mit der Ganzheits-Medizin, mit der Leib-Seele-Geist-Einheit des ganzen Menschen befassen, müssen wir unseren Blick über die engen Grenzen einer ausschließlich naturwissenschaftlichen Sicht und Argumentation ausweiten. Nicht einmal unser Leib ist mit naturwissenschaftlichen Mitteln allein zu erfassen, erst recht natürlich nicht unsere Seele und unser Geist. Deshalb kommt die Tiefenpsychologische Basis-Therapie nicht ohne intensive Begegnung und Auseinandersetzung mit den humanen Wissenschaften aus. Besondere Berücksichtigung finden müssen die biologische und philosophische Anthropologie, die pränatale, perinatale und postnatale Psychologie und Medizin, die allgemeine Psychologie, die Tiefenpsychologie, die Soziologie, die Sozialpsychologie, die Erziehungswissenschaften, die Religionen, die Kulturgeschichte und die Politik.

Auf allen Ebenen, die durch diese Fachbereiche charakterisiert sind, spielt sich menschliches Leben, spielen sich Gesundsein und Kranksein ab. Jeder dieser Aspekte, die zum Humanum, zur Leib-Seele-Geist-Einheit unserer menschlichen Natur gehören, kann in einem Krankheitsprozeß eine so wichtige Rolle spielen, daß ohne seine sorgfältige Berücksichtigung jeder Therapieversuch scheitert.

Wer sich über einen längeren Zeitraum hinweg sehr ernsthaft und ganz unvoreingenommen mit den Selbstheilungskräften des biokybernetischen Systems beschäftigt, begegnet zwangsläufig Grenzphänomenen, die mit bloß naturwissenschaftlichen Methoden weder zu erfassen noch zu erklären, deren Wirksamkeit jedoch nicht zu übersehen und nicht zu leugnen ist. Eine Medizin, die die begrenzten Möglichkeiten naturwissenschaftlichen Forschens und Denkens zum Dogma erhebt und alles damit nicht Erfaßbare und Erklärbare als »unwissenschaftlich« abqualifiziert und ausgrenzt, macht sich zum Schaden der Patienten einer ungeheuerlichen Verarmung der Heilkunst schuldig. Sie muß sich auch verantwortlich machen lassen für die Folgen dieser Ausgrenzung, die u.a. in der überhand nehmenden unkritischen Hinwendung breiter Bevölkerungsschichten zur Esoterik sichtbar wird.

2. Biologische Programme und psychophysische Traumata

Der Begriff »Basis-Therapie« bedeutet, daß sich diese psychoanalytische Variante auf die seelische (psychische), körperliche (physische) und geistige (mentale) Lebensbasis des Patienten bezieht und deshalb als psycho-physisch-mentale Therapie, als »Ganzheits-Therapie«, zu bezeichnen ist.

»Basis« ist dabei sowohl in biologischer wie in zeitlicher Hinsicht zu verstehen. Neurosen, Psychosen und psychosomatische Erkrankungen, aber auch sehr viele chronische Erkrankungen, die wir fälschlich für »rein körperlich« halten (was es gar nicht gibt!), entstehen nämlich ihrer tiefsten Wurzel nach bereits bei der Zeugung, im Verlauf der neunmonatigen vorgeburtlichen Entwicklungszeit, im Zusammenhang mit dem Geburtsgeschehen oder kurz danach. Deshalb haben wir es bei diesen Erkrankungen sehr häufig mit genetischen Schäden, mit den Folgen von vor- und nachgeburtlichen Entwicklungsstörungen und mit Schädigungen durch das Geburtsgeschehen selbst (pränatale, perinatale und postnatale Traumata) zu tun, die die »Biologischen Programme«, die die frühe Lebenszeit steuern, betroffen und zu Fehlprägungen geführt haben.

Mit der Feststellung, daß sehr viele gegenwärtige schwere Erkrankungen auf Schäden zurückgehen, die unsere vitale Lebensbasis in frühester Lebenszeit ernsthaft bedroht haben, rühren wir an einen grundlegenden Irrtum unserer Zivilisation, aus dem sich unsere Medizin erst jetzt, äußerst langsam, und dabei gegen gewaltige Widerstände ankämpfend, zu befreien beginnt.

Es geht um die Frage, was Ungeborene und Neugeborene von ihren Eltern, von deren Einstellung und Umwelt eigentlich wahrnehmen und ob und wie sie darauf reagieren. Während in der Bevölkerung nach wie vor die Meinung vorherrscht, Ungeborene würden so gut wie nichts, Neugeborene nur sehr wenig von sich selbst, von ihren Eltern und der Umwelt wahrnehmen, weil sie so wenig deutliche Reaktionen zeigen, sind in den letzten Jahren Mediziner und Psychologen zunehmend auf neuere Forschungsergebnisse aufmerksam geworden, die das genaue Gegenteil beweisen.

1. Sehr viele Neurosen, praktisch alle Psychosen und die weitaus meisten psychosomatischen Erkrankungen gehen ihrem Ursprung (ihrer Ätiologie) nach auf

Schädigungen zurück, die vorgeburtlich, unter dem Geburtsgeschehen selbst oder kurz danach entstanden sind (sie sind also Spätfolgen pränataler, perinataler oder postnataler Traumata). Die TBT hat ihr diagnostisches und therapeutisches Konzept dementsprechend in zeitlicher Hinsicht erweitert. Sie bezieht die vorgeburtliche Zeit ab der Zeugung, das Geburtsgeschehen selbst und die Säuglingszeit mit den Mitteln der Regression konsequent in die Therapie ein.

2. Diese frühe Lebenszeit ist mit den in der klassischen Form der Psychoanalye angewandten Mitteln nicht klar genug erinnerbar. Die dort übliche Technik der Traum-Interpretation führt überdies sehr oft in die Irre. In der TBT wurde deshalb auch die Technik des therapeutischen Vorgehens geändert. Die Erinnerung an die frühen Schädigungen wird über eine wesentliche Verschärfung der Körperwahrnehmung (über die »endogene Wahrnehmung«) erreicht, die ohne technische Hilfsmittel zur Regression und damit zum Wiedererleben der schädigenden Ereignisse, der traumatisierenden Umstände und der daran beteiligten Kontaktpersonen führt.

Diese Art der Therapie kann allerdings nur von Therapeuten durchgeführt werden, die eine gründliche Selbsterfahrung in der Regressionstherapie erworben haben, weil sie ohne diese die ablaufenden Vorgänge weder sehen noch richtig beurteilen können.

3. Mir ist bisher kein Therapieverfahren bekannt, das sich so intensiv mit der Vergleichenden Verhaltensforschung, der Etologie, befaßt hat und deren Erkenntnisse so konsequent therapeutisch umsetzt, wie die Tiefenpsychologische Basis-Therapie (TBT). Die Begriffe »Biologische Basis« und »Biologisches Programm«, die uns noch intensiv beschäftigen müssen, sind eine Konsequenz aus unserer Beschäftigung mit der Etologie.

4. Ei- und Samenzelle bringen bei der Zeugung bereits ein erhebliches Potential an Belastung aus der jeweiligen Familiengeschichte mit. Nicht immer haben diese Belastungen Krankheitswert. *Wenn* sie jedoch einen solchen haben, dann sind die in den Genen unserer Chromosomen gespeicherten Informationen auch auf dem Weg über die Regression abrufbar und in einigen Fällen auch therapeutisch korrigierbar.

Bevor wir uns mit der Regression als der entscheidenden therapeutischen Möglichkeit zur Aufarbeitung früher Traumata beschäftigen, müssen wir uns etwas ausführlicher darüber informieren, wodurch und warum es denn eigentlich zu frühen Schädigungen kommt. Dabei spielen die »Biologischen Programme« eine besonders wichtige Rolle. Bei der Zeugung und dem anschließenden Vorgang der Befruchtung laufen im Mutterleib viele hoch komplizierte Vorgänge ab, die von der Mutter nicht bewußt gesteuert, wohl aber negativ beeinflußt werden können - z.B. durch gesundheitliche Störungen in ihrem Organismus, durch Alkohol, durch Verkrampfungen, durch gefühlsmäßige Ablehnung des Partners, durch Angst vor einer möglichen Schwangerschaft usw. Daß das Kind ohne bewußtes Dazutun der Mutter in ihrem Leib einigermaßen sicher ist, verdanken wir den differenzierten Informationen der genetischen Codes, womit Mutter und Kind, harmonisch aufeinander abgestimmt, ausgerüstet sind. Das bezeichnen wir als die »Biologischen Programme«. Und die genannten Störungen und noch weitere sind es, die die Entwicklung des neu entstehenden und sich entfaltenden Lebewesens bereits an der Wurzel des Lebens ernsthaft gefährden.

Das im Mutterleib heranwachsende Kind ist so hoch sensibel, wie wir uns das als Erwachsene meist gar nicht mehr vorstellen können. Es bekommt z.b. alle Gefühlsschwankungen der Mutter mit, weil es in seinem Empfinden von ihr kaum unterschieden ist. Es reagiert mit Angst und Rückzug, später auch mit fühlbarem Protest, gegen zu starke Belastungen bei übermäßigen Anstrengungen der Mutter. Wenn diese sich und ihr Kind z.b. dem Lärm einer Disko aussetzt, beginnt es heftig zu strampeln. Aber auch bestimmte Erkrankungen der Mutter, z.b. eine Grippe, können erhebliche Schäden hinterlassen.

Je nach dem Grad der Belastungen können diese vom Kind nicht mehr aufgefangen, nicht mehr verarbeitet werden und hinterlassen dann dauerhafte Schäden. Das gilt vor allem von solchen physischen und psychischen Verletzungen, durch die das Leben des Kindes infrage gestellt oder akut gefährdet wurde, etwa durch eine diskutierte oder gar versuchte Abtreibung. Aber auch durch Probleme beim Geburtsgeschehen, z.B. durch eine zu lange Dauer, durch Sauerstoffnot, durch die Strangulation bei einer Nabelschnurumwicklung, durch eine willkürliche Einleitung, durch Zange und Saugglocke, auch durch Schnittentbindung (sog. Kaiserschnitt) werden die Biologischen Programme so empfindlich gestört, daß das Kind eine akute Lebensbedrohung empfindet, die sich sein ganzes Leben lang auswirkt.

Und nachgeburtlich wirken sich vor allem Kontaktmangel und unterschwellige feindselige Gefühle der Umwelt neurotisierend auf das Kind aus. Von einem Mangel an Körperkontakt muß bereits dann gesprochen werden, wenn das Kind unmittelbar nach der Geburt, aus welchem Grunde auch immer, von seiner Mutter getrennt wird. In den ersten Stunden nach der Geburt, besonders intensiv in der ersten halben Stunde, finden zwischen Mutter und Kind intensive Prägungsvorgänge statt, die über das spätere gegenseitige gefühlsmäßige Verstehen entscheiden. Auch diese Vorgänge gehören in den Bereich der lebensbestimmenden »Biologischen Programme«, die nur allzu oft gestört werden und dann lebenslange Gefühle, nicht geliebt zu werden, nicht liebenswert zu sein, hinterlassen.

Im therapeutischen Prozeß erreichen wir die Störungen der »Biologischen Programme« auf dem Wege der therapeutischen Regression. Sie bildet den ersten und wichtigsten Schritt zur Aufdeckung und Aufarbeitung der frühen Störungen und ihrer Hinterlassenschaften in Form von psychischen, psychosomatischen, chronischen und bösartigen (malignen) Erkrankungen.

3. Verdrängung, Speicherung und Erinnerung

Wenn man erst einmal für traumatische Geburtsverläufe und andere massive Störungen früher Biologischer Programme sensibel geworden ist, fragt man sich ernsthaft, wie ein Neugeborenes eine derartige Bedrohung seiner Existenz durch kaum erträglichen körperlichen Schmerz und seelische Qual überhaupt überleben kann, wenn doch die herangereiften Erwachsenen mit ihrer viel größeren Ichstärke und ihren vielerlei Abwehr-Strategien nach dem Ausbruch einer manifesten Erkrankung damit nur schwer zu bewältigende Probleme haben. Diese fundamentale Frage konfrontiert uns mit der Rolle der Verdrängung und deren späterem Schicksal.

Die Verdrängung hat drei Aspekte, die für das Überleben des Kindes und für den Ausbruch und Verlauf der späteren manifesten Erkrankung, aber auch für eine adäquate Therapie von entscheidender Bedeutung sind:

1. Der Begriff »Verdrängung« wird von den meisten Menschen, leider auch von vielen Ärzten und Psychotherapeuten, einseitig negativ verstanden, so als handle es sich um ein bewußtes Nicht-wissen-Wollen, um ein Wegschieben von Problemen, die man nicht wahrnehmen und nicht wahrhaben will. Dieser Art von Verdrängung begegnen wir im Alltag natürlich auf Schritt und Tritt. Über der negativen Erfahrung, die wir damit machen, vergessen wir jedoch allzu leicht, daß die uns angeborene Fähigkeit zur Verdrängung unter bestimmten Umständen, um deren Bewältigung willen sie uns vermutlich überhaupt mitgegeben wurde, zunächst ganz positiv zu bewerten ist. Für ein Baby jedenfalls, das von einer lebensbedrohlichen Schädigung betroffen wird, kann sie lebensrettende Bedeutung haben. Als Versuch, die mit den schwachen Ich-Kräften des Neugeborenen nicht zu bewältigende tödliche Bedrohung aus dem Wahrnehmungsbereich des Geschädigten - jedenfalls vorläufig - zu entfernen, muß sie als Ausdruck des uns angeborenen Überlebenswillens und vitaler Überlebenskraft verstanden werden.

2. Was verdrängt wurde, ist nicht einfach weg, ist nicht gelöscht. Im Gegenteil: gerade diejenigen Ereignisse, die uns geschädigt, die uns in Lebensgefahr gebracht haben, sind in unserem zentralen und peripheren Nervensystem und, wie bestimmte Vorgänge bei der Wiedererinnerung vermuten lassen, auf irgend eine Weise in der von der Schädigung betroffenen Zellen und ihren Nachkommen gespeichert. Bei weitem nicht alle Vorgänge, die bei der Speicherung und bei der Abrufung und Wiedererinnerung der erfolgten Schädigung eine Rolle spielen, sind bisher befriedigend erklärbar. Ihre therapeutische Bedeutung kann man jedoch nicht mehr übersehen. Zwei Besonderheiten der Speicherung, die für eine ätiologische Therapie, die direkt auf die primäre Schädigung ausgerichtet ist, von Bedeutung sind, müssen noch erwähnt werden.

a) Die Speicherung erfolgt global, d.h. die unter der Geburt stattfindende Schädigung wird nicht so gespeichert, wie wir das in vergleichbaren Fällen als Erwachsene tun würden, nach Hauptsächlichem, Nebensächlichem und rein Zufälligem differenziert und gewichtet, sondern so global, so undifferenziert, wie es das betroffene Neugeborene auch wahrgenommen hat: ohne zwischen Wichtigem, Unwichtigem und zufällig Anwesendem unterscheiden zu können. Geräusche, Worte, Dialogfetzen, Gerüche, Geschmacksempfindungen, schmerzhafte Körperempfindungen, damit verbundene Angst, optische Eindrücke - all das, was direkt oder mehr oder weniger zufällig während des schädigenden Ereignisses aufgenommen wird, wird auch gespeichert.

b) Aus therapeutischer Sicht stellt die Speicherung zusammen mit der Möglichkeit der Abrufung eine Chance dar, die es unbedingt zu nutzen gilt. Wir erinnern uns daran, daß das Neugeborene noch kaum Verarbeitungsmöglichkeiten besitzt, mit denen es lebensbedrohliche Schädigungen bewältigen könnte. Die Speicherung unverarbeiteter Traumata für eine Zeit, in der dem Menschen im Laufe seiner Entwicklung eine größere Ich-Stärke zur Verarbeitung der noch anstehenden ungelösten Probleme zugewachsen ist, erscheint als eine sehr sinnvolle Einrichtung der Natur. Ich persönlich verstehe sie als die uns ins Leben mitgegebene notwendige Ergänzung zur lebensrettenden Verdrängung (Ziff. 1), also ebenfalls als »Ausdruck des uns angeborenen Überlebenswillens und vitaler Überlebenskraft«.

3. Für sein Überleben mit Hilfe der Verdrängung zahlt das geschädigte Kind in Verlauf seiner späteren Lebensgeschichte einen hohen Preis, nämlich die Entwicklung einer Neurose, einer Psychose oder einer psychosomatischen Erkankung. Es muß nämlich sein tägliches Leben mit einer Doppelstrategie bewältigen, die seine Freiheit einschränkt und seine Lebensqualität beträchtlich mindert: Einerseits muß es das schädigende Ereignis so weit aus seiner bewußten körperlichen und gefühlhaften Erinnerung herauszuhalten versuchen, daß es dadurch von innen her keine Beunruhigung erfährt. Das aber bedeutet, daß es ein ganz wesentliches Stück seiner frühen prägenden Lebensgeschichte leugnen muß und sich dadurch zwangsläufig ein Stück weit sich selbst entfremdet. Andererseits muß es auf der Hut sein vor Dingen und Ereignissen, die an das ins Unbewußte abgeschobene Trauma erinnern und es wachrufen könnten. Die Folge dieser Doppelstrategie ist eine eingeschränke Selbst- und Realitätswahrnehmung, die von den Betroffenen oft deutlich empfunden und beklagt, ihrem Sinn nach aber nicht verstanden wird. Das ist erst möglich, wenn die Aufhebung der Verdrängung ernsthaft betrieben wird.

Es gibt keine perfekt funktionierende Verdrängung, vielmehr herrscht zwischen Verdrängung und spontan aufkeimender Erinnerung ein ganz und gar labiles Gleichgewicht. Schwerwiegende Schädigungen, die verdrängt werden mußten, um das Überleben zu sichern, belasten nämlich den ganzen Menschen, seinen gesamten Organismus ebenso wie seine Psyche und seinen Geist. Auf dem Weg über psychische und physische Symptome wie psychomotorische Unruhe, Schlaflosigkeit, unklare Bauchschmerzen, Verspannngen in der Muskulatur, auffälliger Aktivitätsdrang u.a.m., besonders aber in Alpträumen, drängen die verdrängten Inhalte immer wieder und im Laufe der Lebensgeschichte zunehmend in das gegenwärtige Leben ein und bieten sich dadurch der Aufarbeitung an. Versuche, der beginnenden Aufweichung der Verdrängung entgegenzusteuern, können sich in erhöhtem Schlafbedürfnis, Trägheit, Interesselosigkeit und Wahrnehmungsverlust, aber auch in Zigaretten-, Alkohol-, Medikamenten- und Drogenmißbrauch zeigen.

Zwischen der primären Ursache einer Erkrankung, der »prima causa«, der Ätiologie, und ihrer mehr oder weniger lang dauernden schleichenden Entwicklung, der Pathogenese, bis hin zur schließlichen Auslösung der manifesten Erkrankung müssen wir scharf unterscheiden. Ursache und Auslösung können zeitlich und thematisch eng miteinander verbunden sein. Sie können aber auch mehrere Jahrzehnte auseinander liegen, und der Auslöser kann, je nach dem inzwischen aufgebauten Erinnerungs-Druck, so unspezifisch sein, daß er keinen diagnostischen Hinweis mehr zu bieten vermag.

(An dieser Stelle folgte im Vortrag das Fallbeispiel der neunjährigen Daniela, das im vorausgehenden Vortrag bereits abgedruckt wurde und dort, S. 60f., nachgelesen werden kann.)

In dem hier geschilderten Fall lagen Ursache und Auslöser nur etwa ein Jahrzehnt auseinander, und das auslösende Ereignis ist im Nachhinein noch als relativ spezifisch zu erkennen. Was mich an diesem Fall jedoch besonders fasziniert hat, war nicht nur die rasche Aufdeckung der ursächlichen Zusammenhänge und die schnelle Heilung, sondern in erster Linie die unwahrscheinlich starke kindliche Neugier Danielas auf das, was in der Therapie mit ihr geschah und was damals, kurz vor und während der Geburt, mit ihr geschehen war.

Diese Neugierde zu erwecken und immer wieder anzuregen, ist eine wichtige Aufgabe des Therapeuten in *jeder* Behandlung nach der Methode der Tiefenpsychologischen Basis-Therapie.

Das Fallbeispiel hat uns einen ersten kurzen Einblick in die therapeutische Technik geboten, mit der wir uns nun im vierten und letzten Kapitel etwas ausführlicher beschäftigen wollen.

4. Bemerkungen zur therapeutischen Technik

A) Technik der Regression

Aufgrund der besonders tiefen Verdrängung und der Art der globalen Speicherung so früher prädipaler, pränataler und perinataler Traumata bietet die klassische analytische Technik nicht die bestmögliche Methode zur Wiedererinnerung und

Aufarbeitung. Die TBT stellt deshalb die therapeutische Regression in den Mittelpunkt des Prozesses. Zur Handhabung der Regressionstechnik möchte ich folgendes anmerken:

Die Fähigkeit zur spontanen Regression ist dem Menschen angeboren. Jeder einzelne regrediert immer wieder, einmal häufiger, einmal weniger häufig, einmal tiefer, einmal oberflächlicher, ja nach der inneren Verfassung. Wir regredieren ganz besonders intensiv in unseren Träumen, aber auch im traumlosen Schlaf, und schließlich auch im Verlauf von Krankheitsprozessen. In jeder spontanen Regression brechen unerledigte, unverarbeitete Erlebnis-Bruchstücke aus unserer Vergangenheit mitsamt ihren alters-, erlebnis- und gefühlsspezifischen Ausprägungen in das gegenwärtige Erleben ein und bieten sich dadurch der endlichen Aufarbeitung an. In der therapeutischen Regression bemühen sich Patient und Therapeut gemeinsam zunächst um nichts anderes, als in offener und vertrauensvoller Zusammenarbeit an die spontanen Regressionen anzuknüpfen, sie genauer wahrzunehmen, in ihrer Bedeutung besser zu erfassen und sie zielgerichtet zu vertiefen.

Den besten Ansatz für die therapeutische Regression bieten diejenigen Phänomene, bei denen sich der Patient eindeutig in einem spontanen regressiven Zustand befindet, an den er dann leicht anknüpfen kann. Das sind in erster Linie seine *Träume* und seine *Symptome*. Erst in einem durch die fortschreitende Therapie erreichten stabileren Stadium wird unter Einsatz der Gegenübertragung mit vorsichtiger Konfrontation der sich in *kindlich-abhängigem Verhalten* dokumentierende regressive Zustand zunehmend therapeutisch wichtig.

Beginnen wir mit den *Symptomen*. In dem Augenblick, in dem ein Patient körperliche Symptome entwickelt, die auf ein frühes Trauma zurückgehen, findet er sich durchbruchsartig in der Situation seiner primären Schädigung wieder, ohne das zu wissen oder auch nur zu ahnen. Das gilt ganz besonders für alle Erinnerungssymptome. Die Symptome bilden aber nur die wahrnehmbare Spitze des Eisbergs. Die übrige Selbstwahrnehmung, insbesondere die Körperwahrnehmung, erweist sich infolge der nach wie vor wirksamen Verdrängung als äußerst gering. Nicht einmal das Symptom selbst wird voll wahrgenommen. Dessen Wahrnehmung ist fast immer auf den Schmerzgehalt reduziert, der obendrein in den meisten Fällen durch Analgetika zugedeckt wir.

Die Regressionstherapie beginnt deshalb mit einer Anleitung zur besseren Wahrnehmung des Körpers im allgemeinen und der Symptome im besonderen. Dazu wird der Patient zur Konzentration auf alle Teile seines Körpers angeleitet und aufgefordert, bei der Konzentration auf seine Symptome auf alle ihm bisher entgangenen Nebenerscheinungen zu achten. Die Konzentration selbst wird durch eine sehr ruhige Tiefatmung angeregt und durch entsprechende Musik unterstützt. Meist stellen sich dann innerhalb kurzer Zeit Körpersensationen ein, die in einem direkten Zusammenhang mit einem primären Trauma stehen, die der Patient aber bislang durch verschiedene Abwehrstrategien von sich fern gehalten hatte. Der Patient wird nun zunehmend dazu angehalten, im Anschluß an ein solches Erleben über die die Körpersensationen begleitenden Gefühle zu sprechen. Auf diese Weise wird eine den ganzen Menschen betreffende und erfassende Wiedererinnerung in Gang gesetzt, bei der es nicht nur zu einer intensiven Sensibilisierung der traumatisch irritierten Organe kommt, sondern ebenso zu einer Vergegenwärtigung der damit verbundenen Gefühle.

Zur Illustration dazu das Protokoll einer Therapiesitzung einer 39jährigen Patientin, in der sie sich mit dem Wiedererleben eines wichtigen Teils ihrer traumatischen Geburtssituation beschäftigte, die in ihrem späteren Leben zu vielerlei körperlichen und psychischen Symptomen geführt hatte, u.a. zu Innenohrsymptomen.

Protokoll
Ich fühlte mich heute mies, häßlich, fahl, habe Kopfschmerzen, einen steigenden innerlichen Druck, und sehne mich nach der Sitzung. Auf der Matte tritt sofort Kopfdruck ein, an den Schläfen, Ohren, Hals, Stirn abwechselnd. Die Ohren sind verstopft, die Augen weinerlich. Der Kopf ist in der Klemme, Atemschwierigkeiten treten auf. Dem tiefen Schmerz in meiner Brust möchte ich freien Lauf lassen, doch ich kann es nicht. Ich leide und habe sehr viel Ekel vor mir.

Ich werde neugierig, mir fällt ein, daß meine Mutter öfters erzählte von meiner Geburt, als mein Vater erregt die Hebamme anschimpfte, weil sie an meinem Kopf drehte und zog, da ich mit den Schultern steckte. Die Ursachen meiner Schmerzen werden mir deutlich: mein Kopf wird von zwei Händen hin und her gedreht. Ich spüre Druck an der Kehle, stecke fest, atme spärlich, der Brustkasten schmerzt, hinten und vorne durchbohrend. Ich bin eingeengt, fühle mich ungeliebt, im Stich gelassen, spüre viel Ekel vor mir, den ich ausspucken möchte. Ich bin völlig allein mit mir, mit meinen Schmerzen und meiner Untauglichkeit und Unfähigkeit, spüre niemanden neben mir.

Mein Kopf ist umschlossen von zwei nervösen, harten, gefühllosen, groben Händen. Der Rest der Welt hat mich verlassen. Meine Mutter, die mir helfen, mich lieben, retten, befreien sollte, ignoriert mich einfach, hält mich umschlungen in sich fest. Sie hat mich bereits aufgegeben, seelisch und physisch.

Ich will mir selbst helfen, durch Druck mit meinen Beinen nach unten, doch jede Kraft ist bereits verbraucht. Ich spüre einen heftigen Schmerz im Rückgrat.
München, den 10. Oktober 1988

Sensibilisierung bedeutet also nicht nur, daß man an den betroffenen Organen einzelne Phasen der Schädigung wiedererlebt mitsamt den daran geknüpften Ängsten, sondern vor allem auch, daß man spürt und erkennt, wie man damals reagiert, als ganzer Mensch darauf geantwortet hat: z.B. mit Panik, mit Verzweiflung, mit

Wut, mit starker körperlicher Anspannung und Gegendruck, mit dem spontanen »Entwurf« einer lebensbestimmenden Kampfstrategie, aber auch mit Verdrängung, mit dem teilweisen Verlust der körperlichen und seelisch-geistigen Wahrnehmung usw. Das ist nun genau der Punkt, wo sich der Patient herausgefordert sieht, im Wiedererleben der Schädigung auf diese *neu* und *anders* zu antworten als damals und dadurch den Zwang zur Wiederholung der alten Strategien zu durchbrechen.

In der Tiefenpsychologischen Basis-Therapie gehen Patient und Psychotherapeut mit *Träumen* ähnlich um wie mit Symptomen. In der auf einen erinnerten Traum folgenden Therapiesitzung versucht der Patient, sich die Traumbilder möglichst klar in seine bildhafte Erinnerungg zurückzurufen und sich der damit verbundenen Gefühle bewußt zu werden. *Bewußtwerden bedeutet nicht gedankliche Erinnerung, sondern körperliches Spüren der Gefühle.* Wenn dies eintritt, führt ein Regressionsversuch oft recht schnell auf jene zeitliche Ebene, auf der die im Traum erlebten Gefühle einmal entstanden sind. Auf diese Weise wird der Zugang zu den im Traumgeschehen versteckten primären Verletzungen Schritt für Schritt eröffnet, um sie durch deren Wiederbelebung der Aufarbeitung und Auflösung zuzuführen. Einer »Deutung« des Traums bedarf es dazu nicht.

Den direktesten therapeutischen Zugang zum primären traumatischen Geschehen finden wir über jene Träume, die der Patient in einem fortgeschrittenen regressiven Zustand in einer Therapiesitzung träumt. Es kommt gelegentlich vor, daß Patienten, die sich einem sehr frühen traumatischen Geschehen nähern, spontan in einen traumreichen Halbschlaf absinken, oft schon zu Beginn einer Sitzung. Nicht alle diese Träume werden später erinnert; aber diejenigen, die erinnert werden, sprechen eine von der traumatischen Situation so deutlich artikulierte Sprache, daß der Träumer oft noch unter dem Erzählen voll in die Wahrnehmung des traumatischen Geschehens hineingleitet.

Als Beispiel teile ich hier vier Träume mit, die ein Patient in dieser Reihenfolge innerhalb einer Sitzung geträumt und erzählt hat. Die bearbeiteten traumatischen Situationen sind wohl für jedermann mit Händen zu greifen.

Der Patient ist 35 Jahre alt. Er leidet an einer schweren Depression mit ausgeprägten Konzentrationsstörungen, großen Entscheidungsschwierigkeiten, Kontaktproblemen und rezidivierender Innenohrsymptomatik (Hörminderung und Tinnitus).

Protokoll
Ich war die ganze Sitzung über tief weggesackt mit vielen Träumen und wenig direkter Körperwahrnehmung.
1.Traum: Ich schwimme neben einem sinkenden Schiff im Wasser. Das Schiff beginnt unterzugehen, und ich denke noch, daß ich vom Schiff wegschwimmen muß, da mich sonst der Strudel in die Tiefe zieht. Doch ich schwimme nicht weg

und werde in die Tiefe gezogen. Ich nehme schwach mein Grauen wahr und so etwas wie Todesangst. Trümmer treffen im Strudel auf meinen Kopf und bleiben darin stecken. Ich denke, jetzt werde ich gleich bewußtlos. Nach der Sitzung ist mir noch schwach in Erinnerung, daß ich selbst das Sinken des Schiffs ausgelöst habe.

2. Traum: Ich sehe mich in einem sehr engen Schacht oder Kamin, durch den ich mit dem Kopf voran gleite. Das Schachtende sehe ich wie zwei große Klappen oder Lippen. Das Ganze empfinde ich, als würde es neben mir stattfinden. Ich fühle Verwirrung beim Durchgleiten. Wolfgang sagt im Traum so etwas wie: »Jetzt gibt es eine Stockung (oder Unterbrechung), naja, so was soll's ja geben.« Ich empfinde den Ton in der Stimme als abwertend.

3. Traum: Ich befinde mich auf der Straße. Auf dieser liegt auch ein nasser Mantel, der fast wie Haut aussieht. Ich denke im Traum, ich muß diesen Mantel anziehen und in die Röhre, die ich neben mir sehe, zurückkriechen. Ich muß mich beeilen, weil ich sehe, wie die Ausdehnung des Mundes dieser Röhre zurückgeht.

4. Traum: Ich nehme wie von weit weg eine Frau wahr, sehe ihre Schenkel. Ich denke im Traum: Nimmt sie mich? Nimmt sie mich nicht? Ich bin unsicher. Gleichzeitig zu diesem Gedanken denke ich, daß ich nicht weiß, was ich beruflich will. Ich habe zu beiden Sachen das gleiche Gefühl von Ungewißheit.

Gegen Ende der Sitzung wird mir wieder alles zu lang. Ich übertrage zuerst auf die Sitzung und will rausgehen. Als ich mich genauer darauf einlasse, geht die Vorstellung des Rausgehens über in den Wunsch, daß ich genommen werde und mit meinem Bauch über andere Menschen geführt werde. Ich habe sehr starke Leeregefühle in der Bauchgegend.

München, den 10. Oktober 1988

B) Fallbeispiel: Blendung

Um den therapeutischen Umgang mit Symptomen und Träumen in der TBT noch etwas deutlicher werden zu lassen, berichte ich im folgenden in einer etwas verkürzten Form von einem psychosomatischen Erinnerungs-Symptom, an dem ich selbst gelitten habe, und von dessen glücklicher Auflösung in einer Therapiesitzung und der ihr folgenden Zeit:

Während meiner Lehranalyse in der Ausbildungszeit zum Psychoanalytiker empfand ich zu Beginn jeder Sitzung, wenn ich mich auf die Couch legte und meine Augen schloß, eine starke Blendung, die mehrere Minuten lang anhielt. Eine seit meinem 14. Lebensjahr bekannte sehr geringe Kurzsichtigkeit, die nur beim Autofahren mit einer Brille korrigiert werden muß, hat mich zeitlebens wesentlich weniger gestört als eine übergroße Lichtempfindlichkeit, die mich an hellen Sonnentagen zum Tragen einer Sonnenbrille zwang. Während der Lehranalyse traten wiederholt Träume auf, in denen eine blendende Helle in irgend einer Verbindung mit Bergwandern, mit dem Durchwandern von unterirdischen Gängen oder von

*Treppenhäusern stand. Obwohl ich den Blendungseffekt und meine allgemeine
Lichtempfindlichkeit in den Analysesitzungen wiederholt ansprach und meine
Träume regelmäßig erzählte, konnte weder ein zwischenmenschlicher noch ein
innerseelischer Konflikt ausgemacht werden, der einer analytischen Deutung und
Bearbeitung zugänglich gewesen wäre. Erst mehr als 10 Jahre später, als ich mich
vorübergehend sehr intensiv mit der stärker körperbezogenen Primärtherapie
ARTHUR JANOVS beschäftigte, der die TBT bedeutende Anregungen verdankt, führte
ein für mich charakteristischer Traum zu einer überraschenden Lösung:*

*Bei einer Bergwanderung durchkletterte ich wieder einmal einen engen Kamin,
was mir aber zunächst viel Freude bereitete. Doch dann verengte sich der Kamin
an einer Abknickung, so daß ich mich nur mit äußerster Anstrengung durch einen
engen Felsspalt zwängen konnte. Das war mit großer Angst verbunden. Als sich
der Gang plötzlich weitete, stand ich mit Skiern im Eingang einer Höhle auf einem
schneebedeckten Berg, der senkrecht vor mir abfiel. Ich wußte, daß ich den Berg
hinunterfahren mußte. Die Sonne lag gleißend hell auf der Schneedecke. Vor
schmerzhafter Blendung konnte ich die Abfahrt nicht erkennen, aber ich ahnte
unter mir einen schier bodenlosen Abgrund. Panische Angst ergriff mich. Von der
vorausgegangenen Anstrengung völlig erschöpft und in Schweiß gebadet, wachte
ich mit heftigem Herzklopfen auf.*

*In der auf diesen Traum folgenden Therapiesitzung versuchte ich, die Traumbil-
der und die damit verbundenen Gefühle so intensiv wie nur möglich an mich
heranzulassen, mich von ihnen geradezu überschwemmen zu lassen. Sofort stellte
sich der im Traum erlebte Angstzustand wieder ein. Ich fiel in einen mir inzwischen
gut bekannten Schwebezustand zwischen Wachbewußtsein und spontaner, Körper
und Geist ergreifender Erinnerung, in dem ich den letzten Abschnitt meiner Geburt
wiedererlebte - vor allem die gewaltigen Anstrengungen in dem viel zu engen und
durch die falsche Lagerung meiner Mutter abgeknickten Geburtskanal, und jenen
Augenblick, als mich die Hebamme nach meinem Austritt aus der Lebenspforte an
den Füßen hochhob und ich, mit dem Kopf nach unten, auf das von der Julisonne
grell beschienene weiße Bettlaken schaute. Vor der ungewohnten Helligkeit schloß
ich die Augen und geriet vor dem Unbekannten, vor dem Abgrund unter mir, in
Panik.*

*Der zu Beginn der Analysesitzungen regelmäßig auftretende Blendungseffekt,
mit dem weder ich selbst noch mein Lehranalytiker etwas hatten anfangen können,
blieb nach diesem Erlebnis aus. Meine lästige Lichtempfindlichkeit besserte sich
von diesem Augenblick an kontinuierlich, so daß ich heute auch bei hellem Son-
nenschein auf die Sonnenbrille verzichten kann.*

C) Sensible Phasen und Organreaktionen

Das geschilderte Beispiel macht den Zusammenhang zwischen dem primären Trauma (Blendung bei der Geburt), der Symptom-auslösenden Situation (starke Sonneneinstrahlung) und den beiden Bindegliedern, dem Symptom (extrem hohe Lichtempfindlichkeit), den Träumen und der zu Beginn der Therapiesitzungen sich ankündigenden spontanen Regression (Blendungseffekte) deutlich. Es gibt uns aber auch einen kleinen Hinweis darauf, wie die von der Schädigung betroffenen Organe reagieren: Der Prozeß der Aufdeckung und des Wiedererlebens führt zu einer Sensibilisierung der geschädigten Organe, durch die Heilungsprozesse angestoßen werden, die bis zur völligen Ausheilung führen können, soweit nicht inzwischen irreparable Schäden eingetreten sind. Patienten berichten immer wieder, sie hätten nach solchen Erlebnissen das Empfinden, die betroffenen Organe seien plötzlich »offen« und damit für therapeutische Maßnahmen zugänglich, die zuvor wirkungslos geblieben waren. Wir haben in der TBT in der Tat die Erfahrung gemacht, daß nicht nur »Säen und Ernten«, sondern auch »Helfen und Heilen« »ihre Zeit haben«.

Ob organtherapeutische Maßnahmen ergriffen werden und welche, hängt natürlich von den betroffenen Organen und der Art ihrer Schädigung ab. Es dürfte aber wohl klar sein, daß unter den dargestellten Voraussetzungen nur solche Therapien zur Anwendung kommen sollten, die die bereits angestoßene Selbstheilungstendenz des Organismus unterstützen und weiter fördern. Der therapeutische Erfolg hängt deshalb u.a. daran, ob es Patient und Therapeut in aufmerksamer Zusammenarbeit gelingt, mit dem im Heilungsprozeß befindlichen leiblich-seelisch-geistigen Gefüge mitzudenken und es dabei zu begleiten.

D) Das Schicksal der Biologischen Programme

Biologische Programme, die in ihrem Ablauf gestört wurden oder gar ganz ausgefallen sind, erlöschen nicht einfach. Ihre Wirkung ist ähnlich dem, was die Biologen »Fehlprägung« nennen. Genauer gesagt: Die unzureichende Beantwortung bzw. Erfüllung dessen, was ein Biologisches Programm verlangt, bzw. sein gestörter Ablauf, hinterläßt eine Bedürfnisspannung, die, je nach Gewicht und Bedeutung der betroffenen Programme, sehr massiv sein und ein ganzes Leben lang anhalten kann.

Gestörte Biologische Programme drängen aufgrund der anhaltenden Bedürfnisspannung auf nachträgliche Erfüllung. Diese Tatsache erklärt letztlich erst jenes Phänomen, mit dem jede Neurose, Psychose und psychosomatische Erkrankung zu tun hat: den »Wiederholungszwang«. Vom lebensgeschichtlichen Zusammenhang her gesehen ist der Wiederholungszwang natürlich ein Anachronismus, denn ich kann als Erwachsener nur sehr beschränkt nachholen, was mir in der Kindheit gefehlt hat; und ich kann den Ablauf meiner Geburt, mit den vielleicht massiven Störungen der mit ihr verbundenen Biologischen Programme, nicht nachträglich korrigieren. Es gibt nur die eine Möglichkeit: ich muß die »neurotische Hoffnung« (JANOV) auf »Korrektur« und *endliche* »Erfüllung« *endgültig* aufgeben. Aber genau das ist leichter gesagt als getan - und genau dagegen wehren sich fast alle Betroffenen vehement.

Das ist der eigentliche Grund, warum sich so viele Menschen voll Angst und zugleich voll Hoffnung mit ihrer *Zukunft* beschäftigen statt mit ihrer *Gegenwart*. Aufgrund der stehengebliebenen Bedürfnisspannung erscheint ihnen die Gegenwart grundsätzlich als unbefriedigend. Eine *Erlösung* wird allenfalls von der *Zukunft* erwartet. Betrachtet man jedoch die Angst- und Hoffnungs-Inhalte genauer, so stellt sich heraus, daß es sich in Wirklichkeit um *Zukunfts-Projektionen* von Erlebnisinhalten handelt, die aus der *unerledigten Vergangenheit* mitgeschleppt werden, von denen die Betroffenen meinen, sie um keinen Preis loslassen zu können.

Noch einmal: Die Bedürfnisspannungen, die auf der unzureichenden Erfüllung bzw. dem fehlerhaften Ablauf lebenswichtiger, lebenserhaltender Biologischer Programme beruhen, hören nicht einfach auf. Sie wandeln sich im Laufe des Lebens unter dem Einfluß der Verdrängung in eine allgemeine Bedürftigkeit und Unzufriedenheit um, ohne daß der Betroffene, aufgrund der massiven Verdrängung, noch sagen könnte, wo es denn eigentlich konkret fehlt. Aber selbst wenn das in einem langsamen Erkenntnisprozeß herauszubringen wäre, würde die intellektuelle Einsicht, daß es sich um dieses oder jenes Manko in der lebensgeschichtlichen Vergangenheit handelt, recht wenig nützen, jedenfalls sehr viel weniger, als wir, die wir uns so gern auf unsere Einsichtsfähigkeit berufen und darauf aufbauen möchten, wahrhaben wollen. Die Störungen und Ausfälle sind nämlich seinerzeit ganz und gar *sinnenhaft* als lebensbedrohlich erlebt worden, und *das sitzt tief im Lebensgefühl verankert*. Gibt es überhaupt eine reale Hoffnung auf eine Lösung?

Der Prozeß der die Leib-Seele-Geist-Einheit des Menschen umfassenden Wiedererinnerung auf dem Wege der Regression bewegt die von Störungen und Ausfällen betroffenen Biologischen Programme in ganz charakteristischer Weise. Diese Bewegung vollzieht sich in drei Stufen, die zeitlich nicht scharf voneinander zu trennen sind, inhaltlich jedoch einander logisch folgen.

Stufe 1: Der Patient erlebt die Biologischen Programme in der Weise, wie sie in der Vergangeheit falsch oder unvollkommen abgelaufen bzw. ganz ausgefallen sind: z.B. die Korrumpierung Biologischer Programme beim Geburtsgeschehen, etwa durch die schmerzhafte und Angst erzeugende Einklemmung des Kopfes über längere Zeit, eine Strangulation durch die Nabelschnur mit vorübergehender Unterbrechung der Blutzufuhr, Sauerstoffmangel u.a.m. Die das Wiedererleben begleitenden und beantwortenden Gefühle sind die Gefühle von damals: Angst, Panik, Entsetzen, Wut, Haß usw.

Stufe 2: Der Patient erlebt die Biologischen Programme aus der Perspektive des engagierten und betroffenen Beobachters seiner selbst: er spürt und erkennt auf dem Hintergrund der falschen Abläufe, wie es denn eigentlich hätte sein müssen. Die das Erleben begleitenden und beantwortenden Gefühle sind besonders geprägt von persönlicher Betroffenheit (»Das bin ich, das ist meine Geschichte!«), Schmerz, Hilflosigkeit und Traurigkeit, an die sich der lösende Akt des Trauerns anfügen muß.

Stufe 3: Wir bleiben beim Beispiel »Geburt«: Der Patient erlebt die Biologischen Programme auf der dritten Stufe so, als würden sie sich für sein gegenwärtiges Erleben reaktivieren, so als würden sie sich ihm für eine korrogierende Antwort neu anbieten. Das geschieht, deutlich wahrnehmbar, nicht aus der illusorischen Vorstellung heraus, man könne noch einmal, und nun in der vorprogrammierten Weise, lustvoll geboren und der traumatische Geburtsablauf dadurch ungeschehen gemacht werden. Die Art des Wiedererlebens auf dieser dritten Stufe wird wie eine Art Aufforderung empfunden, auf die erfolgte Geburt so zu antworten, wie es das in richtiger Weise empfundene Biologische Programm erfodert: mit den zugehörigen positiven Gefühlen der Lebensfreude, des Lebensmuts, der Liebe, des Humors, der Zärtlichkeit usw.

Es wäre nun allerdings falsch anzunehmen, die Entwicklung über die drei genannten Stufen hinweg sei ein rein geistiger oder innerpsychischer Vorgang. Nein, sie läuft ganz intensiv gerade auch auf der körperlichen Ebene ab. Der Patient fühlt sich auch körperlich so schlecht, so mißhandelt, wie er sich bei seiner Geburt tatsächlich gefühlt hat (Stufe 1); er nimmt sich bis in seine Gliedmaßen und seine Bewegungen hinein im Zwiespalt wahr zwischen dem, wie es wirklich war, und dem, wie es eigentlich hätte sein müssen (Stufe 2); er nimmt schließlich seine Körper-Seele-Geist-Einheit und ihre Funktionen so wahr, als wäre alles »nach Programm« verlaufen (Stufe 3). Das bedeutet Einheit, Ganzheit und Harmonie, Identität mit sich selbst und mit der eigenen Lebensgeschichte.

Der Fall »Daniela« könnte den falschen Verdacht erwecken, die TBT verstehe sich als kathartische Therapiemethode. Solche raschen und überraschenden Erfolge, die den Eindruck einer Katharsis hinterlassen könnten, sind eigentlich nur bei Kindern möglich, und auch da beiweitem nicht bei allen.

E) Handhabung der Übertragung

In der Tiefenpsychologischen Basis-Therapie spielt die Übertragung eine mindestens ebenso große Rolle wie in der klassischen Form der Psychoanalyse. Ihre Handhabung ist jedoch unterschiedlich, in gewissem Umfang auch die Aufgabe, die ihr im therapeutischen Prozeß zufällt.

Zur Aufarbeitung primärer präödipaler Traumata ist das Wiedererleben des traumatischen Geschehens auf der richtigen zeitlichen Ebene unbedingt erforderlich. Dazu kann eine über längere Zeit sich hinziehende Übertragung auf den Therapeuten nicht dienlich sein, weil sie den Patienten zu lange auf der falschen zeitlichen Ebene festhält und an das falsche Objekt fixiert und dadurch die Regression erschwert.

Deshalb bemühen wir uns darum, im Umgang mit der Übertragung auf den Therapeuten die regressiven Momente der Gefühle möglichst schnell herauszuarbeiten und die therapeutische Regression dann dort anzusetzen. Das gelingt in den meisten Fällen innerhalb einer einzigen Sitzung. In der TBT stellt also die Übertragung weniger ein zentrales Therapeutikum dar, sondern eher einen Einstieg in den regressiven Prozeß.

Das bedeutet aber nun nicht, daß das in der therapeutischen Regression sich allmählich entwickelnde gefühlsmäßige Wiedererleben primärer Traumata übertragungsfrei verliefe. Solange ein Trauma nicht voll erfaßt und aufgearbeitet ist, befindet sich der Patient in einem labilen Dauerzustand von Übertragung. *Das Problem liegt nur darin, daß der Therapeut dafür nicht das richtige Objekt ist.*

Innerhalb der therapeutischen Regression bietet die rezeptive Musiktherapie ein geradezu ideales Übertragungsobjekt. Jede der etwa zweieinhalbstündigen Therapiesitzungen beginnt deshalb mit einer ca. 30minütigen Musik, die der Patient nicht konzertmäßig hört, sondern quasi »durch sich hindurchlaufen läßt«. Wir verwenden dazu nur solche Musik, die aufgrund ihrer klaren Strukturen wie ein faßbares Du empfunden werden kann, also hauptsächlich Musik des Spätbarock, der frühen Klassik, der Klassik und, mit besonders sorgfältiger Auswahl, auch der Romantik. Es gehört mit zu dem eine jede Sitzung abschließenden Gespräch, daß der Patient sich auch dazu äußert, welche Phantasien, Vorstellungen und Gefühle er auf die Musik gerichtet hat. Dabei ist es immer wieder faszinierend mitzuerleben, in wie kurzer Zeit die Patienten von diesem Übertragungsobjekt spontan den Zugang zu ihren primären Objekten finden.

Das Wiedererleben primärer Traumata, die als lebensbedrohlich empfunden worden sind, und das Zulassen aller damit verbundenen Gefühle setzt ein Maß an Ich-Stärke voraus, die das betroffene Kind seinerzeit nicht besaß und nicht mehr entwickeln konnte und die der psychosomatisch Kranke erst allmählich entwickeln muß. Zur Nachentwicklung und Festigung seiner unreifen und instabilen Ich-Strukturen bedarf er solcher Übertragungsobjekte, an denen er sich orientieren und strukturieren kann. Dazu bietet die TBT folgende Möglichkeiten an:

1. An erster Stelle steht die erwähnte rezeptive Musik-Therapie. Die klaren Strukturen dieser Musik und ihre gut nacherlebbaren Spannungsabläufe und Lösungen bieten ein Du an, das Verläßlichkeit ausstrahlt, Halt bietet und zu positivem Gefühlsaustausch anregt.

2. Die Therapiesitzungen finden, mit wenigen Ausnahmen, in Kleingruppen bis zu maximal 8 Patienten statt. Während des größten Teils der Sitzung nehmen die Patienten voneinander kaum Notiz, außer daß sie sich in der Regression von Geräuschen oder verbalen Äußerungen der Mitpatienten anregen lassen. Für die Ich-Entwicklung ist besonders das gemeinsame etwa halbstündige Schlußgespräch wichtig, weil hier jeder sich dem andern im zusammenfassenden Bericht über sein Erleben mitteilt und dadurch das Erlebte in die gegenwärtige Kommunikation einbindet.

3. Es gehört zum Therapiekonzept der TBT, daß jeder Patient im Jahr mindestens einmal an einem gruppentherapeutischen Marathon teilnimmt. Im Verlauf solcher Gruppensitzungen, an denen bis zu 15 Patienten teilnehmen können, kommt es immer wieder bei einzelnen Patienten zu Spontanregressionen. Der geschlossene Teilnehmerkreis fördert dabei ganz besonders das Wiedererleben von pränatalen und perinatalen Szenen. Das Hauptgewicht liegt aber auf der gegenwärtigen kommunikativen Ebene, auf der Begegnung der Patienten miteinander und mit ihrem Therapeuten, wobei sich jeder für den andern als »Vertreter des Realitätsprinzips« zu erweisen versucht.

Die gruppentherapeutischen Marathons sind der Ort, an dem die neu entdeckten und entwickelten Möglichkeiten, sein Leben zu leben und im Miteinander zu gestalten, auf der Gegenwartsebene ausprobiert, konkretisiert und weiter entfaltet werden können und müssen. Bei diesem unter den Augen aller Beteiligten offen verlaufenden Prozeß würde das Pokerface eines aus Übertragungsgründen sich distanziert zurückhaltenden Therapeuten ungemein stören, ja lächerlich wirken. Hier ist der Therapeut als lebendige Person mit allen seinen Ecken und Kanten, hier ist er als partnerschaftliches Du gefordert.

Erfahrungen mit ZILGREI*

Eine wirksame orthopädische Schmerzbehandlung entwickelt sich zum erfolgreichen psychosomatischen Therapieverfahren

ZILGREI - Hoffnung aufgrund alter Erfahrungen

Meine Damen und Herren,

ZILGREI geht die meisten Menschen etwas an. Die wenigsten aber können mit diesem Wort etwas anfangen, haben es wahrscheinlich noch nie gehört. ZILGREI ist der Name für eine äußerst wirksame Schmerzbehandlung, die aus Italien kommt und im November 1982 erstmals in Deutschland vorgestellt wurde. Seit Anfang 1983 gibt es bei uns die ersten in dieser Selbstbehandlungsmethode ausgebildeten Therapeuten. Ich war bei dem ersten Ausbildungskurs dabei. Seitdem habe ich sehr wichtige Erfahrungen mit ZILGREI gemacht und bin mit daran beteiligt, dieses therapeutische System weiterzuentwickeln, besonders auf dem Gebiet der Psychosomatischen Medizin. ZILGREI ist nämlich ein echtes Naturheilverfahren, das den ganzen Menschen nach Leib, Seele und Geist anspricht und die der Menschennatur innewohnenden Selbstheilungskräfte herausfordert, anregt und stärkt - ganz im Sinne der Human-Biologischen Ganzheits-Medizin.

Warum diese Therapie denn eigentlich in Deutschland noch so wenig bekannt ist, werde ich immer wieder erstaunt gefragt. Nun, das hat viele Gründe. Sie hängen zum Teil mit fest eingefahrenen, aber nichtsdestoweniger irrigen Vorstellungen von der Natur orthopädischer Erkrankungen zusammen; zum andern Teil mit unserem Gesundheitssystem, das Unsummen für die Behandlung irreparabler Schäden aufwendet, aber keine Mittel zur Verfügung stellt für Therapieverfahren, die derartige Erkrankungen frühzeitig zu stoppen oder auch ganz zu verhindern in der Lage sind; vielleicht auch mit einer gewissen Ungeschicklichkeit bei der Vermittlung dieser Therapie; nicht zuletzt aber mit einer tiefgreifenden Fehleinstellung gegenüber allem, was wir Therapie nennen.

---

* Vortrag, gehalten am 26. Juli 1988 auf dem Münchner Zentral Symposium »Psyche und Soma« unter dem Titel: »ZILGREI-Selbsttherapien - ein psychosomatisches Therapieverfahren im Bereich der Orthopädie«.

Es war eine sehr leidvolle Geschichte, die der Entdeckung der Grundprinzipien dieses Naturheilverfahrens vorausging. Aber es ist eine sehr hoffnungsvolle Geschichte, die seine weitere Entwicklung und Entfaltung bis zum heutigen Tag begleitet. Sie ist geknüpft an die Namen ZILLO und GREISSING (ZILGREI = ein Kunstwort aus den Anfangssilben beider Namen). Die Geschichte begann damit, daß ADRIANA ZILLO MONTI, eine italienische Hausfrau, von vielerlei schmerzhaften Muskelverspannungen und Gelenkbeschwerden derart heftig geplagt wurde, daß sie sich zeitweilig nicht ohne Rollstuhl bewegen konnte. Sie schreibt selbst: »*Die Schmerzen waren derart, daß ich kaum noch ein normales Leben führen konnte. So unterzog ich mich über Jahre hinweg der Reihe nach allen möglichen und erdenklichen Kuren und Heilmethoden, angefangen bei den herkömmlichen Therapien, die leider bald dazu führten, daß ich wegen Arzneimittelvergiftung in eine Klinik eingeliefert werden mußte... Dann versuchte ich es mit Thermalbädern, Physiotherapie, Akupunktur, Yoga, Mikromassage, Reflextherapie, Autogenem Training und was es sonst noch alles gibt.*« Aber, nach anfänglichen Besserungen, »*kehrten meist die alten Schmerzen zurück*« (Neue Hoffnung: ZILGREI, S. 10). Die Wende bahnte sich an, als sie den amerikanischen Chiropraktiker und Doktor der Orthopädie, HANS GREISSING, der in Mailand praktizierte, aufsuchte und die bei ihm erlernten Körperbewegungen und Haltungen mit einer aus ihren Yoga-Übungen stammenden Tiefatmung verband. Die Schmerzen ließen sehr schnell und merklich nach, die Beweglichkeit nahm zu. Das war die Geburtsstunde der ZILGREI-Methode: die Entdeckung einer wirksamen Therapie, die auf der Kombination von drei Grundprinzipien beruht.

Das erste ist das »Grundprinzip der Gegenseite«; es bedeutet, daß die während der Therapie durchgeführten Bewegungen bzw. eingenommenen Körperhaltungen jeweils der Schmerz auslösenden oder verstärkenden Bewegung oder Haltung genau entgegengesetzt liegen. Das zweite Grundprinzip beruht auf einer bestimmten Art der Tiefatmung, der »ZILGREI-dynamogenen Atmung«. Bei der Durchführung der einzelnen Therapien werden die Bewegungen und Haltungen in bestimmter Weise mit der ZILGREI-dynamogenen Atmung synchronisiert.

Die Wirkungen der ZILGREI-Therapie beruhen also weder auf Magie noch auf Einbildung. Verwunderlich ist nur, daß es einer so leidvollen Geschichte und der Zufallsentdeckung einer Hausfrau bedurfte, um zwei Elemente, die für sich allein längst bekannt waren, miteinander zu einer solch wirksamen Therapie zu vereinen und damit ein ganzes Bündel von »wissenschaftlich anerkannten« Methoden infrage zu stellen. Oder doch nicht so ganz verwunderlich? Wie ist es denn um die ganzheitstherapeutische Ausbildung und Einstellung unserer Orthopäden bestellt?!

In der Folgezeit (Frau ZILLO wurde von ihrem Leiden völlig befreit!) haben Frau ZILLO und DR. GREISSING gemeinsam aus dieser Entdeckung ein umfangreiches therapeutisches System entwickelt, dessen Einzeltherapien mitsamt ihren Varianten mittlerweile in die Tausende gehen.

Mit den beiden genannten Grundprinzipien und einem dritten, dem »Grundprinzip der Zielvorgabe«, und mit den drei Wirkmechanismen, die ihnen zugrunde liegen, werden wir uns in den nächsten Kapiteln beschäftigen.

Bevor wir uns aber den mehr theoretischen Fragen zuwenden, möchte ich Ihnen mitteilen, auf welche Weise Sie, über den engen Rahmen dieses Vortrags hinaus, sich praktisch mit dem System der ZILGREI-Selbsttherapien beschäftigen können:

1. Es gibt ein sehr gutes Buch zur Einführung in die ZILGREI-Methode. Anhand detaillierter Zeichnungen und genauer Beschreibungen kann man sich die Grundlagen dieses therapeutischen Systems und eine Reihe von Selbsttherapien erarbeiten. Das ist allerdings der mühsamste Weg, ZILGREI zu erlernen, und nicht jeder kommt damit zurecht. (Adriana Zillo/Hans Greissing, Neue Hoffnung: ZILGREI. Mosaik Verlag, München).

2. Seit kurzem gibt es ein Büchlein aus meiner eigenen Feder mit dem Titel: ZILGREI - aktiv gegen den Schmerz (Verlag Ganzheitliche Gesundheit, 7277 Wildberg).

3. ZILGREI kann man in Kursen erlernen, die von ZILGREI-Therapeuten und -Lehrern angeboten werden. Sie führen in die Grundlagen dieses therapeutischen Systems ein und machen mit den wichtigsten Einzeltherapien bekannt. Im Zusammenhang mit solchen Kursen lassen sich die Anregungen der beiden genannten Bücher natürlich wesentlich besser nutzen.

4. Ältere Menschen und solche Patienten, die schon länger an ihren Beschwerden leiden, sollten sich besser direkt in die Praxis eines ausgebildeten ZILGREI-Therapeuten begeben, der die notwendigen Tests durchführen, Röntgenbilder lesen und die spezifischen Therapien aussuchen und vermitteln kann. Eine Liste der in Deutschland und in Österreich ausgebildeten und zugelassenen ZILGREI-Therapeuten und -Lehrer erhalten Sie auf Anfrage über folgende Anschrift: Familie Greissing, Wallgrabenstraße 6, 6970 Lauda-Königshofen, Telefon (09343) 18 48.

5. In komplizierteren Fällen, z.B. zur Behandlung von Skoliosen, kann es ratsam sein, eine Praxis mit angeschlossener Unterkunftsmöglichkeit oder ein Kurheim aufzusuchen, um dort unter ständiger Kontrolle die notwendigen Therapien zu erlernen und deren Wirkung täglich zu testen. In den meisten Fällen dürfte ein Aufenthalt von zwei Wochen dazu ausreichen. Leider gibt es bisher - außer unserem eigenen Gesundheitszentrum - nur sehr wenige Häuser, in denen ZILGREI-Therapie »stationär« durchgeführt wird.

6. In den letzten Jahren hat sich eine neue Anwendungsmöglichkeit der ZILGREI-Methode überraschend positiv weiterentwickelt: als Entspannungs- und Schmerztherapie bei der Geburtshilfe. ZILGREI ermöglicht durch seinen ausgeprägt entspannenden Effekt eine Beschleunigung des Geburtsvorgangs, und durch die erhebliche Schmerz-Reduktion den Verzicht auf schädliche Schmerzmittel - ein Segen für die Mutter und ganz besonders auch für ihr Kind! (In der genannten Therapeutenliste sind auch die nach der ZILGREI-Methode arbeitenden Hebammen aufgeführt).

7. Zu guter Letzt darf ich darauf hinweisen, daß sich das »Gesundheitszentrum Haus Margeritenhof« mit seinen beiden Einrichtungen, dem Therapiezentrum und dem privaten Gästehaus, speziell mit der ZILGREI-Therapie befaßt. Auf der therapeutischen Seite ist die Weiterentwicklung der psychosomatischen Aspekte der ZILGREI-Therapie eine Spezialität unseres Hauses. Darüber werden Sie in diesem Vortrag noch einiges erfahren. Man kann in unserem Gesundheitszentrum aber auch schlicht und einfach Einführungskurse in die Grundlagen dieses therapeutischen Systems besuchen.

1. ZILGREI in der Orthopädie

Kaum jemand würde wohl auf die absurde Idee kommen zu meinen, eine Fastenkur wirke sich nur auf den Magen und auf den Darm aus, weil der Speisebrei diese Organe passiert. Wer je eine Fastenkur gemacht hat, weiß, wie tief sie in den Gesamtorganismus eingreift und die Psyche beeinflußt. Bei der ZILGREI-Therapie ist das nicht anders. Sie auf ihre orthopädischen Wirkungen beschränken zu wollen, wäre genauso absurd. Das haben ADRIANA ZILLO und HANS GREISSING von Anfang an auch nicht getan. Aber selbstverständlich standen und stehen bei ihnen beiden die orthopädischen Aspekte im Vordergrund. Schließlich war Frau ZILLO ein »orthopädischer Fall«, und DR. HANS GREISSING ist Orthopäde und Chiropraktiker. Auch wir befassen uns an erster Stelle und überwiegend mit den orthopädischen Aspekten.

Das so erstaunlich andere an ZILGREI ist in erster Linie nicht die Überschreitung von Fachgrenzen, sondern die Einfachheit, die Simplizität der therapeutischen Schritte, deren geradezu verblüffende Wirkung und die unglaublich große Indikationsbreite. Sie reicht von Kopf-, Nacken-, Schulter- und Rückenschmerzen über Tennisarm, Ischias und Lumbago bis hin zu Gelenk- und Wirbelsäulenschäden. Sie umfaßt die Behandlung von Arthrosen und Skoliosen ebenso wie die des (scheinbar) kürzeren Beins.

GREISSING führt eine große Anzahl von Verspannungen, Schmerzen und Blockaden in unserer Muskulatur und die damit in Verbindung stehenden Gelenkveränderungen auf die in unserer Zivilisation übliche einseitige Belastung des Skeletts zurück. Er nennt das »Monolateralismus«. Auch der Begriff »scheinbar kürzeres Bein« geht auf GREISSING zurück. Es ist immer wieder frappierend, bei den von GREISSING entwickelten Tests feststellen zu können, daß Linkshänder, die durch unsere Zivilisation zur Beidhändigkeit geradezu gezwungen sind, sehr viel seltener ein (scheinbar) kürzeres Bein aufweisen als Rechtshänder (bei Linkshändern, wenn überhaupt, dann eher das linke, bei Rechtshändern fast immer das rechte Bein). Besonders verblüffend aber ist die Tatsache, daß solch ein »scheinbar kürzeres Bein« oft in wenigen Minuten durch eine ZILGREI-Selbsttherapie korrigiert werden kann. Dazu folgender Fall:

Wenige Tage nach meinem ersten ZILGREI-Ausbildungskurs erzähle ich Freunden von der ZILGREI-Therapie, unter anderem vom »scheinbar kürzeren Bein« und seiner Behandlung. H. berichtet, daß sein rechtes Bein kürzer sei und er deshalb Einlagen und erhöhte Schuhsohlen tragen müsse. Sie seien ihm verschrieben worden, weil er wegen des kürzeren Beins ständig Schmerzen im Becken und in der unteren Wirbelsäule gehabt habe. Die Schmerzen seien zwar kaum weniger geworden, er müsse Einlagen und Sohlenaufdoppelung aber trotzdem beibehalten, weil es sonst noch schlimmer werden könnte. Mit einem speziellen ZILGREI-Test messe ich die Beinlänge und die Beckenstellung nach: das rechte Bein ist gut 2 cm kürzer. Ich bringe H. eine Selbsttherapie bei. Sie dauert nur wenige Minuten. Die Kontrolluntersuchung ergibt: es fehlt jetzt nur noch ein halber Zentimeter. H. wiederholt die Therapie. Die Kontrolle ergibt: beide Beine sind jetzt gleich lang! H. merkt sich die Therapie; er wendet sie in der nächsten Zeit täglich einmal an. Er trägt wieder normale Schuhe. Die Schmerzen in Becken und Wirbelsäule sind verschwunden - auch heute noch, nach fast 6 Jahren.

Drei Jahre später. Ein anderes, fast ebenso häufiges orthopädisches Krankheitsbild:

Der Patient D., Mitte 40, leidet an einer Skoliose, die mit schmerzhaften Verspannungen der Rückenmuskulatur verbunden ist. Er macht in unserem Hause eine vierzehntägige ZILGREI-Kur, bei der er die für ihn infrage kommenden Selbsttherapien erlernt. Diese führt er danach dreimal täglich zu Hause durch. Sie nehmen immer nur wenige Minuten in Anspruch. Ein Jahr später erfahre ich: eine Röntgen-Kontrollaufnahme hat ergeben, daß die Skoliose nicht mehr nachweisbar ist. Die Wirbelsäule hat sich normalisiert, die Verspannungen haben sich aufgelöst.

Man kann also mit ZILGREI eine Skoliose erfolgreich behandeln. Man muß sich natürlich darüber im klaren sein, daß der Erfolg, je nach dem Alter des Patienten, ein anderes Gesicht hat. So ist es z.B. bei Kindern vor der Pubertät in sehr vielen Fällen möglich, die Verbiegungen und Drehungen der Wirbelsäule völlig zurückzubilden. Von der Pubertät an nimmt die Rückbildungsfähigkeit jedoch langsam ab. Es gibt allerdings nicht wenige Patienten, bei denen mit dieser therapeutischen Methode noch mit über 60 Jahren erstaunliche anatomische Veränderungen zu erzielen sind. Aber selbst in jenen Fällen, in denen eine nicht mehr zu korrigierende Fixierung der Wirbelsäule und des übrigen Skeletts eingetreten ist, kann man aus gutem Grund von einem »großen Erfolg« der ZILGREI-Therapie sprechen, weil sich die Patienten durch die regelmäßige Anwendung der entsprechenden Selbsttherapien schmerzfrei halten und deshalb auf nebenwirkungsreiche Schmerzmittel völlig verzichten können. *ZILGREI ist in erster Linie eine äußerst erfolgreiche Schmerz-Therapie!*

Schmerzen sind Alarmsignale, die gerade dann gehäuft und besonders heftig auftreten, wenn es unübersehbar geworden ist, daß wir mit der Natur in uns und außer uns nicht mehr in Einklang leben. Unsere Wirbelsäule z.B. ist von Natur aus nicht dazu konstruiert, daß wir den ganzen Tag über auf einem Stuhl vor der Schreibmaschine oder dem Bildschirm sitzen, hinter einem Verkaufsstand stehen oder mit unseren Füßen die Pedale eines Autos bedienen. Wir haben uns in unserer Zivilisation ein Welt zurechtgezimmert, die unseren Organismus einseitig belastet (Monolateralismus). Schmerzhafte Muskelverspannungen der vielfältigsten Art, Wirbelsäulenschäden, Beckenschiefstellungen (Ursache des scheinbar kürzeren Beins!) und degenerative Gelenkveränderungen sind die Folge.

Die einzelnen ZILGREI-Therapien entspannen und machen beweglich; sie unterdrücken die Schmerzen nicht, sondern lösen sie auf; sie verbessern die Körperhaltung und steigern das Wohlbefinden. Und sie beugen wirksam unkorrigierbaren Dauerschäden vor. Doch bei all der überraschenden und eindrucksvollen Wirkung ist ZILGREI eine überaus sanfte Therapie-Methode. Niemals wird Gewalt angewendet, niemals löst eine Therapie Schmerz aus. Wenn sich bereits vorhandene Schmerzen verstärken, ist das in der Regel ein Hinweis darauf, daß man etwas falsch gemacht hat.

Es ist in erster Linie der sanften Entspannung und der damit verbundenen Schmerzreduktion zu verdanken, daß sich ZILGREI so hervorragend bewährt bei der Behandlung recht problematischer Erkrankungen wie Querschnittslähmung, Multiple Sklerose, Chronische Polyarthritis und Bechterew. Natürlich kann man diese Erkrankungen mit ZILGREI nicht heilen. Die Menschen, die daran leiden, sind jedoch vielfach auf physiotherapeutische Behandlungen, z.B. auf heilgymnastische Übungen, angewiesen. Es ist aber eine nicht zu widerlegende Tatsache, daß die gezielten ZILGREI-Therapien weniger anstrengen und gleichzeitig eine größere Wirkung haben: deutliche Schmerzverringerung, zunehmende Beweglichkeit und Sensibilität, sowie eine erheblich verbesserte Lebensqualität.

2. Der arterio-venöse Wirkmechanismus und das Prinzip der Gegenseite

Wer seit längerer Zeit an Bewegungseinschränkungen irgendwelcher Art leidet, wird die Erfahrung gemacht haben, daß ihm immer wieder geraten wurde, gegen die Einschränkung dadurch anzugehen, daß er die blockierte Bewegung bis zur Grenze des Möglichen durchführt und dadurch den vorhandenen Bewegungsspielraum voll ausnutzt und erhält, evtl. sogar noch erweitert. Er wird dann aber auch festgestellt haben, daß das ziemlich wirkungslos geblieben ist. Wenn die Blockaden zusätzlich mit Schmerzen verbunden sind, wie das meist der Fall ist, wird er die bittere Erfahrung gemacht haben, daß die der Beweglichkeits-Erhaltung dienenden Übungen den vorhandenen Schmerz noch verstärken und damit die Spontaneität der Bewegungen und sogar auch den Bewegungsspielraum selbst weiter einschränken. Ja, und was dann? Dann wird zu Schmerzmitteln gegriffen und schließlich Cortison gespritzt - mit all den bekannten Nebenwirkungen und Folgen!

Um die erstaunlichen Wirkungen der ZILGREI-Methode verstehen zu können, muß man sich einmal den Teufelskreis vor Augen führen, der für Schmerzen in den Geweben unseres Körpers so typisch ist:

Schmerz läßt ein Gewebe reflexartig verkrampfen. Verkrampftes Gewebe ist starr, es schnürt die Durchblutung ab. Sauerstoffbeladenes Blut wird in unzureichender Menge in das Gewebe hineintransportiert; die Schlacken können nicht vollständig abtransportiert werden, so daß es zu (sauren) Rückständen im Gewebe kommt. Sauerstoffmangel und Rückstände: beides erzeugt Schmerz. Und Schmerz läßt ein Gewebe reflexartig verkrampfen. Damit hat sich der fatale Kreislauf geschlossen.

ZILGREI dringt mit seinen drei therapeutischen Grundprinzipien in diesen circulus vitiosus ein und bricht ihn in äußerst sanfter und wirkungsvoller Weise auf.

Die in der ZILGREI-Therapie geforderten Körperhaltungen und Bewegungen gehen jeweils vom »Prinzip der Gegenseite« aus. Das bedeutet: es wird nicht versucht, durch eine zusätzliche *Be*lastung, sondern durch konsequente *Ent*lastung des schmerzenden Gewebes eine Schmerzbefreiung zu erzielen. Das »Prinzip der Gegenseite« mit seinen ZILGREI-spezifischen Haltungen und Bewegungen bewirkt nämlich, daß das von Schmerzen geplagte und verkrampfte Gewebe in eine Position gebracht wird, in der es so weit entlastet ist, daß es das Angebot von sauerstoffbeladenem Blut wieder besser aufnehmen und Schlacken besser abtransportieren kann.

ZILGREI ist also vom Ansatz her keine neue Art von Gymnastik, kein »übendes Verfahren«, sondern eine »heilende Therapie«!

Das »Prinzip der Gegenseite« ist die therapeutische Konsequenz, die sich aus Lage und Verlauf unserer Arterien und Venen ergibt, oder anders ausgedrückt: Das Prinzip der Gegenseite stellt die therapeutische Antwort dar auf den »arterio-venösen Wirkmechanismus«. Was ist damit gemeint?

Wir müssen uns daran erinnern, daß unsere größeren Blutgefäße, die Arterien, die unsere Muskulatur mit energiereichem und sauerstoffhaltigem Blut versorgen, und unsere Venen, die das reduzierte Blut mitsamt den Stoffwechselschlacken zurücktransportieren, zwischen den Muskelpaketen verlaufen. Wenn es zu größeren Verspannungen in der Muskulatur kommt, werden die Gefäße eingeengt, im

Extremfall sogar abgedrückt. Zunächst ist dann der venöse Rückfluß unterbunden. Die im Gewebe verbleibenden Schlacken rufen »rheumatische« Schmerzen hervor. In dem Maße, wie auch die arterielle Blutzufuhr eingeschränkt wird, kommt es durch Sauerstoff- und Nährstoffmangel zur Schmerzverstärkung.

Genau das aber ist der Effekt, der zwangsläufig eintritt, wenn man bei einer blockierten und schmerzenden Bewegung »übend« gegen die Blockade anzugehen versucht, um auf diese Weise den Bewegungsradius zu erhalten oder gar zu erweitern. Man strapaziert den verkrampften Muskel noch weiter und erreicht dadurch nur, daß die Durchblutung noch mehr eingeschränkt wird. Was aber erreicht werden muß, ist eine *Entkrampfung* der Muskulatur, damit sie die eingeengten Gefäße freigibt und sich die Blutversorgung bessert. Mit anderen Worten: *der negative »arterio-venöse Wirkmechanismus« muß in einen positiven verwandelt werden.*

Das geschieht durch das Prinzip der Gegenseite:

Nachdem ich festgestellt habe, welche Bewegung blockiert ist, welche Bewegung Schmerzen hervorruft oder bereits vorhandene Schmerzen verstärkt, bewege ich den schmerzenden Körperteil, den Arm, das Bein, den Kopf, den Rumpf, in exakt die entgegengesetzte Richtung, damit sich die verspannte Muskulatur erholen kann. Wichtig ist, daß bei der entlastenden Bewegung die Bewegungsebene genau eingehalten wird. Ich darf nicht irgend eine schmerzfreie Bewegung oder Haltung suchen, sondern muß die verspannte Muskulatur dadurch maximal lockern, daß ich die antagonistischen Muskeln leicht anspanne. Eine schmerzhafte oder blockierte Bewegung auf der Sagittalebene darf also nur auf der Sagittalebene, eine solche auf der Frontalebene nur durch eine entgegengesetzte Neigung auf der Frontalebene, eine schmerzhafte Drehung auf der Horizontalebene nur durch eine Drehung in der entgegengesetzten Richtung beantwortet werden. Eine Vermischung der Bewegungsebenen kann den therapeutischen Effekt unter Umständen völlig außer Kraft setzen oder den Schmerz sogar noch verstärken.

3. Der neuro-muskuläre Wirkmechanismus und das Prinzip der ZILGREI-dynamogenen Atmung

Der (positive) arterio-venöse Wirkmechanismus und seine therapeutische Realisierung durch das Prinzip der Gegenseite bilden die grundlegende Voraussetzung für die Schmerz und Blockade auflösende Wirkung der ZILGREI-Therapien. Die Einnahme der muskulär entlastenden Haltungen nach dem Prinzip der Gegenseite bewirkt jedoch allein kaum eine nachhaltige Schmerzreduktion. Die tritt erst dann in einem überzeugenden Maße ein, wenn der arterio-venöse Wirkmechanismus mit dem neuro-muskulären Wirkmechanismus, wenn das Prinzip der Gegenseite mit dem Prinzip der ZILGREI-dynamogenen Atmung gekoppelt wird.

Daß unsere Atmung sehr eng mit unserer Gesundheit verbunden ist, daß eine gezielte Atemtherapie sehr tief in alle organischen Funktionen und darüber hinaus in unseren seelischen Haushalt eingreift, wurde uns durch die fundierten und wissenschaftlich dokumentierten Untersuchungen von Dr.med. Johannes Ludwig Schmitt vermittelt. Ich möchte hier an sein immer noch grundlegendes Buch »Atemheilkunst« erinnern, das die Essenz seines Lebenswerkes beinhaltet. Gegenüber den sehr detaillierten Untersuchungen und den differenzierten atemtherapeutischen Anweisungen Schmitts nimmt sich die »ZILGREI-dynamogene Atmung« in ihrer schlichten Einfachheit zunächst recht bescheiden aus. Das kann zu einem Fehlurteil, besser: zu einem Fehl-*Vor*urteil, verleiten. Man muß sich unbedingt davor hüten, aufgrund eines solchen Vergleichs die atemtherapeutischen Möglichkeiten der ZILGREI-dynamogenen Atmung und den ihrer Wirkung zugrunde liegenden neuro-muskulären Wirkmechanismus zu unterschätzen, sondern sie unbedingt an sich selbst erleben, bevor man sich zu einem Urteil entschließt.

Darüber hinaus ist es sehr wichtig zu bedenken, daß es sich bei ZILGREI um ein System von Selbsttherapien handelt, die jedermann zu Hause allein durchführen kann. Voraussetzung zum Erfolg eines solchen Verfahrens ist aber eine einfache, unkomplizierte Handhabung, die jedem schnell »in Fleisch und Blut übergeht«. Das ist bei ZILGREI der Fall, besonders wenn man sich nicht allein an dem genannten ZILGREI-Buch orientiert, sondern die Grundlagen dieser Therapie in einem gut geleiteten Kurs erlernt hat.

Für die ZILGREI-dynamogene Atmung gilt in ähnlicher Weise das, was wir über das Prinzip der Gegenseite gesagt haben: für sich allein genommen erzielt auch sie nicht die überzeugende Wirkung, die ZILGREI erst durch die Kombination der beiden Wirkmechanismen und deren praktische Umsetzung in den beiden therapeutischen Prinzipien erreicht.

Was aber ist »ZILGREI-dynamogene Atmung«? Rein atemtechnisch gesehen handelt es sich um eine Tiefatmung, um die konsequente Zwerchfellatmung (Bauchatmung), die in einem ganz bestimmten Rhythmus durchgeführt wird. Wir bleiben zunächst beim äußeren Ablauf:

Die ZILGREI-dynamogene Atmung besteht aus 2 Phasen, die in jeweils 2 Stufen (Takte) unterteilt sind. Die Einatmungsphase (Phase 1) besteht aus einer tiefen Einatmung in den Bauch, zu der der Bauch bewußt nach außen gewölbt und das Zwerchfell angespannt wird, so daß sich die Lunge maximal mit Luft füllen kann (Stufe/Takt 1). Die Luft wird dann 5 Sekunden lang angehalten (Stufe/Takt 2). Die Ausatmungsphase (Phase 2) beginnt mit einer kräftigen Entleerung der Lunge, bei der die Bauchmuskeln eingezogen werden (Stufe/Takt 3). Ihr folgt eine Pause von 5 Sekunden, in der die Lunge leer bleibt (Stufe/Takt 4). Das ist das Modell der »Standard-Atmung«, zu der es eine Reihe von Varianten gibt, die hier nicht besprochen werden können.

Zur Durchführung der einzelnen Therapien werden Atmung und Bewegung miteinander kombiniert. Auch hier teile ich nur die Grundform mit, zu der es eine Reihe von Varianten gibt:

Man beginnt mit einer tiefen Einatmung, der man aber keine Pause folgen läßt, sondern sofort wieder - langsam und ruhig - ausatmet. Während dieser Ausatmung, mit ihr exakt synchronisiert, erfolgt die therapeutisch erforderliche Bewegung in jene Richtung, die der symptomauslösenden genau entgegengesetzt liegt. In dieser Stellung verharrend atmet man drei ganze Atemzyklen durch - drei Ausatmungen mit Pause und drei Einatmungen mit Pause. Nach der letzten Ausatmung (das ist insgesamt die fünfte) und der zugehörigen Pause bewegt man sich während der nachfolgenden Einatmung in die Ausgangsposition zurück und atmet, ohne Pause, noch einigemale ruhig und tief durch.

Diese Art der Tiefatmung zieht eine Anzahl von Folgen nach sich, die wir uns kurz anschauen müssen. Wir bleiben zunächst beim Vorgang der Ein- bzw. Ausatmung selbst:

Die tiefe Einatmung mit Vorwölbung des Bauches und Absenkung des Zwerchfells führt zu einer maximalen Entfaltung des Lungengewebes. Zwischen dem Sauerstoffangebot in den Alveolen (Ventilation) und der Durchblutung der Alveolarsepten (Perfusion), in denen der Gasaustausch stattfindet, kommt es zu einem optimalen Gleichgewicht. Dadurch wird die mit Sauerstoff beladene Blutmenge erhöht. Die tiefe Aus- und Einatmung schafft im Bauchraum sich rhythmisch verändernde Druckverhältnisse, die sich günstig auf die Bauchorgane auswirken, besonders auf Darm und Nieren. Oft kommt es dadurch innerhalb von nur ein oder zwei Tagen zu vermehrten Ausscheidungen mit deutlich reinigender Wirkung und spontaner Normalisierung des Stuhlgangs bei vorher bestehender Obstipation. In der gesamten Wirbelsäule aber, ausgehend von der Brustwirbelsäule, kommt es zu lösenden Mikrobewegungen, da sich bei der tiefen Einatmung die Lordosen und Kyphosen leicht verstärken, bei der Ausatmung aber wieder abflachen. Gleichzeitig wird an den Ein- und Austrittsstellen der Nervenbahnen ein leichter Reiz ausgeübt, der im Sinne einer Reiztherapie den gesamten Organismus stimuliert.

Besonders verblüffend ist die Wirkung auf die Muskulatur, auf den Muskeltonus. Bei der tiefen Einatmung kommt es zu einer Abschwächung, bei der Ausatmung zu einer deutlichen Steigerung des Muskeltonus. Die Wirkung können Sie sich an einem eindrucksvollen Experiment selbst demonstrieren: Wenn jemand einen Arm seitlich anhebt und Ihrem Versuch, den Arm herunterzudrücken, Widerstand zu leisten versucht, so wird ihm das nicht gelingen, wenn er dabei einatmet oder die Luft anhält. Wenn er dabei jedoch ausatmet, so werden Sie große Mühe haben, seinen Widerstand zu überwinden. Die Bezeichnung der ZILGREI-Atmung als »dynamogen«, »Kraft erzeugend«, ist also wirklich gerechtfertigt.

Das Experiment macht deutlich, daß die tiefe Ein- und Ausatmung die Kräfteverhältnisse in der Muskulatur rhythmisch verändert, so daß es zu einer Art »Pumpeffekt« kommt. Der wiederum wirkt sich auf die Durchblutung des Gewebes aus. Da nämlich Arterien und Venen zwischen den Muskelsträngen verlaufen, werden sie von diesem Pumpeffekt mit betroffen: die Versorgung des Gewebes mit sauerstoffreichem Blut und der Abtransport von Schlacken werden angeregt und beschleunigt. Es ist sehr wahrscheinlich, daß die bei den ZILGREI-Therapien auftretende deutliche Schmerzreduktion unter anderem, möglicherweise sogar überwiegend, auf diesen Pumpeffekt zurückzuführen ist.

Wenn wir uns jetzt nach dem Sinn der Pausen nach der Ein- und der Ausatmung fragen, müssen wir einen Punkt ansprechen, der uns in einer etwas anderen Perspektive im fünften Kapitel noch ausführlicher beschäftigen wird: die Schwierigkeiten beim Erlernen der Tiefatmung. Die meisten Menschen unseres Kulturkreises, jedenfalls die Erwachsenen, atmen gewöhnlich viel zu flach. Wenn man sie zur Tiefatmung anzuregen versucht, atmen sie in die Schultern statt in den Bauch. Und wenn es schließlich gelingt, ihnen die Bauchatmung beizubringen, entwickeln sie das Gefühl, nicht genug Luft zu bekommen, atmen deshalb immer tiefer und immer schneller und entwickeln auf diese Weise ein »nervöses Atemsyndrom« mit Hyperventilationstetanie. Das wird durch das strikte Einhalten der jeweiligen Pausen von je 5 Sekunden praktisch ausgeschlossen.

Da wir es in den ZILGREI-Kursen sehr viel auch mit älteren Menschen zu tun haben, die oft über viele Jahrzehnte hinweg mit einer falschen Atmung gelebt und mit dem Wiedererlernen der uns ursprünglich angeborenen Zwerchfell-Atmung einige Mühe haben und deshalb zur Ausbildung eines »nervösen Atemsyndroms« neigen, wirkt sich bei ihnen das strikte Einhalten der Pausen hilfreich und beruhigend aus. Das ist ein ganz wichtiger Nebeneffekt der Pausen, aber es ist nicht ihr eigentlicher Sinn.

Man kann vier weitere Punkte nennen, bei denen die Pausen eine besonders wichtige Rolle spielen:

1. Durch die Pause nach der tiefen Einatmung wird die Zeit für den Gasaustausch verlängert. Wie groß der Gewinn dabei sein könnte, ist immer noch umstritten. Wir rechnen mit einer, wenn auch nur schwachen, positiven Wirkung.

2. Durch die Pause nach der Ausatmung kommt es zu einer vorübergehenden leichten »Sauerstoffnot«, auf die der Organismus mit einer nachfolgenden Vertiefung der Atmung reagiert. Dieser Effekt ist seit langem bekannt und wird in der ZILGREI-dynamogenen Atmung auch bewußt mit angestrebt.

3. Durch die ruhige, tiefe Aus- und Einatmung mit den anschließenden Pausen kommt es zu einer spürbaren Verstärkung der so wichtigen Mikrobewegungen der Wirbelsäule, die der Patient nach kurzer Zeit auch selbst wahrzunehmen in der

Lage ist. Diese Bewegungen brauchen Zeit. Wenn die Atmung zu rasch abläuft, bleiben die Mikrobewegungen zu flach.

4. Die wichtigste Wirkung aber dürfte wohl darin bestehen, daß der muskuläre »Pumpeffekt«, die rhythmische Veränderung des Muskeltonus mit ihren durchblutungsfördernden Folgen, erheblich verstärkt wird.

4. Der bio-kybernetische Wirkmechanismus und das Grundprinzip der Zielvorgabe

In den beiden nächsten Kapiteln überschreiten wir in einigen Punkten den Rahmen dessen, was ZILLO und GREISSING in ihrem Buch »Neue Hoffnung« beschrieben haben. Der Begriff »Kybernetik« wird von den beiden Autoren sehr wohl verwendet, grundsätzlich auch im selben Sinn, wie ich das tue. Man kann auch unschwer nachweisen, daß die im folgenden von mir abgehandelten Gesichtspunkte dem Ansatz nach vorhanden sind. Es wäre also töricht, hier auf eine Differenz zu spekulieren. Vielmehr geht es mir darum, auf der gemeinsamen Grundlage einen Beitrag zu leisten, der die Sicht des ganzheitstherapeutisch orientierten Orthopäden und Chiropraktikers aus der Erfahrung des ganzheitstherapeutisch orientierten Psychotherapeuten und Psychosomatikers ergänzt. »Kybernos« bedeutet »Steuermann«, und »Bios« heißt »Leben«. Damit ist jede uns bekannte Art und Form von Leben gemeint. Was wir im folgenden vom Menschen beschreiben, gilt entsprechend auch für Tiere und Pflanzen.

Wenn wir von den Selbstheilungskräften des bio-kybernetischen Systems sprechen, so wollen wir damit ausdrücken, daß die Steuerungsfunktionen unseres Gesamtorganismus, unseres Körpers, unserer Psyche und unseres Geistes, darauf ausgerichtet sind, unser Leben als Menschen in jeder Hinsicht zu erhalten, die physische, psychische und geistige Weiterentwicklung und Reifung sicherzustellen, unser Leben vor äußeren und inneren Bedrohungen und Gefährdungen zu schützen und eingetretene Schäden, soweit als möglich, sofort zu beheben.

Seit einigen Jahren ist die medizinische Forschung zunehmend mit solchen Vorgängen in den Zellen beschäftigt, die auf der molekularen Ebene in Bewegung gesetzt werden, wenn Schäden, z.B. durch ultraviolette Strahlen, in den Zellen entstanden sind. Diese Selbstheilungskräfte, die wir normalerweise ebensowenig wahrnehmen wie die Schädigungen selbst, funktionieren jedoch nur so lange, wie ein Gleichgewicht besteht zwischen der Schädigung einerseits und den Selbstheilungskräften unseres bio-kybernetischen Systems andererseits.

Von »Krankheit« müssen wir also dann sprechen, wenn die Schädigungen das Vermögen unseres bio-kybernetischen Systems, nämlich die Selbstheilungskräfte unseres Körpers, unserer Psyche und unseres Geistes, übersteigt, das Gleichgewicht empfindlich gestört wird oder, im Extremfall, das ganze System zusammenbricht. Dieser Zusammenbruch ist niemals eine rein körperliche, niemals eine nur psychische, niemals eine ausschließlich geistige Angelegenheit. Immer betrifft er den ganzen Menschen nach Leib, Seele und Geist.

Die unter Medizinern wie unter Laien immer noch weit verbreitete mechanistische Vorstellung, Krankheiten seien in etwa mit Schäden an einem Auto vergleichbar, die es in einer guten Reparaturwerkstatt (sprich: Krankenhaus!) zu reparieren (sprich: behandeln!) gälte, entspricht nicht der menschlichen Lebenswirklichkeit!

Krankheit ist kein reparaturbedürftiger Schaden im mechanistischen Sinne. Kranksein betrifft mich als ganzen Menschen; es ist meine Existenzform nach einer Schädigung, die mich betroffen hat. Und dazu gehört unlösbar, daß die Steuerungsfunktionen meines Gesamtorganismus, die meines Körpers, meiner Psyche und meines Geistes, darauf ausgerichtet sind, diese meine gegenwärtige, aus ihrem Gleichgewicht geratene Existenzform zu ändern, sie wieder ins Gleichgewicht zu bringen. Das geschieht dadurch, daß mein bio-kybernetisches System die mir zur Verfügung stehenden Selbstheilungs- und Selbsterneuerungskräfte in Bewegung setzt.

Aus dieser Sicht kann »Therapie« nur bedeuten, das Warum und das Wie dieser aus ihrer gesunden Ruhelage gekommenen Existenz zu erkennen, die Sebstheilungs- und Selbsterneuerungskräfte wahrzunehmen, zu aktivieren und in ihrer Tätigkeit zu unterstützen. Dazu ist uns mit ZILGREI ein sehr brauchbares Instrument an die Hand gegeben - zunächst einmal auf dem Gebiet der Orthopädie, aber auch weit darüber hinaus, wie wir noch sehen werden.

Wenn wir uns aus diesem Blickwinkel mit ZILGREI befassen, stoßen wir bald auf Ähnlichkeiten von ZILGREI mit dem Autogenen Training nach I.H.Schultz. In der Tat, die Verwandtschaft zwischen diesen beiden Therapieverfahren ist unverkennbar. Die Erfahrungen in meiner Praxis haben mir allerdings gezeigt, daß das System der ZILGREI-Selbsttherapien dem Autogenen Training in mehrfacher Hinsicht überlegen ist. Deshalb bin ich der Meinung, daß ZILGREI das Autogene Training in absehbarer Zeit ablösen könnte und sollte.

Beiden Verfahren gemeinsam ist, daß sie zunächst eine gezielte muskuläre Entspannung anstreben, und zwar auf dem Weg über eine Zielvorgabe. Gemeinsam ist ihnen, daß sie über die gezielt muskuläre Entspannung letztlich eine den ganzen Organismus ergreifende und auch die Psyche erfassende Entspannung erzielen wollen. Beide wollen eine Verbesserung der Durchblutung erreichen. Beim Autogenen Training heißt die Zielvorgabe »Schwere«. Damit wird das Ergebnis der angestrebten muskulären Entspannung in der Vorstellung des Patienten vorweggenommen und zur Ausführung dem »bio-kybernetischen System« anheimgegeben. Ganz ähnlich bei ZILGREI. Die Zielvorgabe heißt hier »Deblockierung und Schmerzfreiheit«. Sie braucht nicht, wie im Autogenen Training, auf dem Wege der Selbstsuggestion ausformuliert zu werden, weil sie ja von vornherein das grundsätzliche und für die einzelne Therapie konkret angestrebte Motiv darstellt. Was für den ZILGREI-Patienten eine Selbstverständlichkeit bedeutet, nämlich eine Entspannung bestimmter Muskelpartien anzustreben, erscheint dem Patienten im Autogenen Training nicht auf Anhieb so selbstverständlich.

Beiden Therapien gemeinsam ist auch das Phänomen der Generalisierung, das man in besonderer Weise als »bio-kybernetisches Merkmal« betrachten darf. Beim Autogenen Training tritt die Generalisierung z.b. in der Weise zutage, daß die Selbstsuggestion die Zielvorgabe »Schwere« nur für einen Arm ausformuliert, daß aber bei ein wenig Übung die Entspannung sich auf den anderen Arm, bald auch auf den ganzen Körper ausdehnt. Ähnliche, z.T. noch weitreichendere Generalisierungen konnte ich bei ZILGREI beobachten. Hier ein Fallbeispiel, das für sich selbst spricht:

Ich bin gerade von meinem ersten ZILGREI-Ausbildungskurs nach München zurückgekehrt, als ich erfahre, daß L. gestürzt ist. Sie ist mit voller Wucht mit dem rechten Fuß gegen den Türpfosten gerutscht. Bluterguß! Der Fuß ist dick geschwollen, er schmerzt und klopft. Er paßt in keinen Schuh mehr. Wir machen einen Test. Aber die Zehen lassen sich weder anheben noch krümmen. Prinzip der Gegenseite? Es gibt keine schmerzfreie Gegenseite! Die Zehen sind so angeschwollen und schmerzhaft verspannt, daß sie sich nicht einmal millimeterweise heben oder senken lassen. Wir können nur auf den Generalisierungseffekt hoffen. Wir versuchen eine ZILGREI-Therapie mit dem Namen »Wanderfalke« mit dem anderen, dem linken Fuß, wobei L. die Zehen dort leicht einkrallt. Das Ergebnis: die Zehen des rechten, des verletzten Fußes lassen sich jetzt etwas anheben. Jetzt machen wir am verletzten Fuß selbst weiter. Nach vier oder fünf weiteren Therapien schwillt der Fuß so weit ab, daß L. wenigstens ihre Gummistiefel anziehen und laufen kann. Sie wiederholt später die Therapien noch einmal. Am nächsten Morgen die große Überraschung: auch der Bluterguß ist verschwunden - restlos resorbiert!

Zum Abschluß dieses Kapitels hier noch einige Gedanken dazu, warum, ich ZILGREI dem Autogenen Training gegenüber für überlegen halten muß:

1. ZILGREI ist in Aufbau und Anwendung sehr viel konkreter als das Autogene Training. Die schmerzenden Verspannungen und Blockaden werden durch Tests lokalisiert und mit gezielten Therapien beantwortet.

2. ZILGREI kommt dem Bedürfnis nach einer konkreten Vorstellung von dem, was bei der Therapie geschieht, entgegen, auch wenn tatsächlich sehr viel mehr geschieht als das, worauf sich die Vorstellungen des Patienten beschränken. Der Einsatz von Selbstsuggestionen ist nicht nur überflüssig, er könnte u.U. sogar das Gefühl von Richtigkeit und Selbstverständlichkeit stören.

3. Durch die Konkretheit der Therapien und ihrer praktischen Durchführung ist ZILGREI leicht zu erlernen und zu behalten.

4. Obwohl ZILGREI so konkret ansetzt, hat es, besonders durch die Verbindung mit der Tiefatmung, eine intensive Wirkung auf den Gesamtorganismus. (Über die psychosomatische Wirkung werden wir im folgenden Kapitel noch einiges nachzutragen haben.)

5. Bei ZILGREI stellen sich die therapeutischen Erfolge sehr rasch ein. Sie sind auch für den Patienten sehr gut kontrollierbar.

6. ZILGREI versagt nur bei sehr wenigen Menschen. Paradoxe Wirkungen, wie sie beim Autogenen Training immer wieder beobachtet werden (zunehmende *Ver*spannung statt *Ent*spannung) sind bei ZILGREI extrem selten. Schmerzverstärkungen gehen fast immer auf konkrete Fehler zurück, die sich korrigieren lassen. Es gibt auch nur sehr wenige Kontraindikationen (z.B. hochgradige Osteoporose, fortgeschrittene Knochen-TB, Plasmozytom, allgemeine hochgradige Hinfälligkeit).

7. ZILGREI macht einfach mehr Spaß als das Autogene Training, besonders wenn man es in Gruppen oder mit dem Partner zusammen und unter gegenseitiger Kontrolle ausführt. Es wird sehr viel weniger leicht »aufgegeben« als das Autogene Training. Das sollte man nicht unterschätzen!

5. ZILGREI in der Psychosomatischen Medizin

Als HANS GREISSING auf einer Rheuma-Tagung Anfang November 1982 in Bad Salzschlirf die ZILGREI-Therapie in Deutschland vorstellte, leuchtete mir sofort ein, warum sie wirken konnte, ja wirksam sein mußte. Ich arbeitete bereits seit 1963 mit tiefenpsychologisch orientierten Regressionsmethoden, bei denen ich die physiologische Zwerchfell-Atmung gezielt als Therapeutikum benutzte, um verdrängte Angst-Inhalte wieder erlebbar zu machen und psychosomatische Erkrankungen zu behandeln. Mein Entschluß, die erste in Deutschland angebotene Ausbildungsmöglichkeit in der ZILGREI-Therapie wahrzunehmen, stand sofort fest, weil mir klar war, daß diese Art der Schmerz- und Blockade-Therapie sich hervorragend zur Behandlung psychosomatischer Erkrankungen eignen mußte, die mit muskulären Verspannungen einhergehen. Der erste Kurs fand dann Anfang 1983 in Leonberg statt. Seitdem setze ich ZILGREI bei der Behandlung psychosomatischer Erkrankungen ein, wenn das indiziert ist. Meine anfänglichen Erwartungen sind nicht enttäuscht, sie sind sogar noch übertroffen worden.

Bevor ich darauf eingehe, muß ich auf ein Problem aufmerksam machen, das von jedem, der mit ZILGREI arbeitet, dringend beachtet werden muß. Ich habe mich damals dieserhalb sofort in einem Schreiben an den Wissenschaftlichen Beirat der Deutschen ZILGREI-Gesellschaft gewandt, aus dem ich hier zitiere:

»Es geht um die Tatsache, daß einige Patienten erhebliche Schwierigkeiten haben, die auf der physiologischen Zwerchfell-Atmung aufbauende ZILGREI-dynamogene Atmung zu erlernen.

Jedem Laien ist die Tatsache bekannt, daß er bei Schreck unwillkürlich die Luft anhält und bei fortdauernder Angst Probleme mit seiner Atmung bekommt. Es ist nicht ganz abwegig, wenn auch die Problematik verkürzt darstellend, wenn man unter atemtechnischen Gesichtspunkten eine Neurose einmal als physiologisch manifestierten Dauerschreck betrachtet. Nun ist niemand von uns unter den gegebenen zivilisatorischen und gesellschaftlichen Voraussetzungen ganz frei von neurotischen Ängsten - auch der nicht, der sich subjektiv als angstfrei, vielleicht sogar als mutig erlebt. Es ist deshalb für mich keine Überraschung, daß praktisch jeder Erwachsene in unserer Zivilisation die uns ursprünglich angeborene Zwerchfell-Atmung erst wieder erlernen muß, wenn er sich mit der ZILGREI-Therapie beschäftigt, es sei denn, er habe, z.B. durch Singübungen, Yoga-Kurse o.ä., die Bauchatmung bereits wieder erlernt.

Die weit über die rein physiologisch erklärbare Schmerzreduktion hinausragende psychische und psychosomatische Wirkung der ZILGREI-Therapien führe ich z.t. darauf zurück, daß die angstbedingte Reduzierung der Atmung durch die ZILGREI-dynamogene Atmung aufgehoben werden kann und mit der physiologischen Reaktivierung der Muskeln und Gelenke zugleich eine psychische Reaktivierung des Patienten einsetzt.

Ein ZILGREI-Therapeut wird sich selbstverständlich darum bemühen wollen, auch einem solchen Patienten die ZILGREI-dynamogene Atmung geduldig zu erklären und mit ihm einzuüben, der dabei anfänglich erhebliche Schwierigkeiten zeigt. Ich möchte in diesem Zusammenhang jedoch auf ein Problem aufmerksam machen, das meiner Erfahrung nach gar nicht so selten auftritt und wegen seines Gewichts größter Aufmerksamkeit bedarf. Unter jenen Patienten nämlich, die erhebliche Schwierigkeiten mit dem Wiedererlernen der physiologischen Zwerchfell-Atmung haben, befinden sich häufig Menschen, die an einer manifesten oder - noch!- latenten Psychose leiden. An diese Möglichkeit sollte man vor allem dann denken, wenn die Atemprobleme bei noch jüngeren Menschen auftreten und mit einer allgemeinen Verspannung einhergehen. Aus der ihnen selbst meist nicht bewußten Sorge heraus, sie könnten von ihren verdrängten und u.a. durch Atem-Reduzierung unter Kontrolle gehaltenen Ängsten überschwemmt werden, wehren sich solche Patienten unbewußt gegen ein Wiedererlernen der physiologischen Zwerchfell-Atmung. Natürlich werden sie in den wenigsten Fällen sagen, sie möchten nicht so atmen, sondern sie könnten es einfach nicht. Und dabei sind sie subjektiv durchaus ehrlich, weil eine vom Unbewußten gesteuerte Abwehrstrategie den Angstdurchbruch zu verhindern sucht. Setzt man einen solchen Patienten jedoch unter sanften Druck, der allein schon durch die Konkurrenzsituation einer

*Gruppe gegeben sein kann, so kann es bereits anläßlich relativ weniger »richtiger«
Atemzüge zu auffälligen Reaktionen kommen, z.b. zu Angst- oder Aggressions-
Durchbrüchen, die der Ungeschulte kaum auffangen kann und deren Schwere und
Langzeitwirkung leicht unterschätzt werden. Ich kenne Fälle, wo durch nur wenige
atemtherapeutische Übungen (z.b. beim »Rebirthing« und bei der Janovschen
»Primär-Therapie«) ein psychotischer Schub ausgelöst wurde, der einen längeren
Aufenthalt in einer psychiatrischen Klinik erforderte. Und ich erinnere mich auch,
daß zwei Kollegen, die nicht psychotherapeutisch, sondern in einer Allgemeinpra-
xis tätig sind, meine Beobachtung aus ihrer eigenen Erfahrung heraus bestätigten,
als ich in Leonberg auf dieses Problem aufmerksam machte.«*

Zu diesem Brief eine kleine Nachbemerkung:

Heute, fünf Jahre nach Abfassung dieses Briefes, muß ich feststellen, daß ich
kaum einen ZILGREI-Kurs in Erinnerung habe, bei dem nicht wenigstens einer der
Teilnehmer schwerwiegendere Probleme mit der Atmung hatte. In jedem Fall aber
war es möglich, die Schwierigkeiten zu überwinden. Zukünftige ZILGREI-Therapeuten und -Lehrer sollten in ihrer Ausbildung unbedingt auf diese Probleme aufmerksam gemacht werden. Sie müssen wissen, wie sie damit umzugehen haben.

Wenn wir uns nun mit dem Einsatz der ZILGREI-Therapie im Rahmen der Psychosomatischen Medizin beschäftigen, müssen wir zwei verschiedene Arten von
psychosomatischen Symptomen unterscheiden, bei denen Muskelverspannungen
eine Rolle spielen können. Da nämlich die Ursachen in beiden Symptomreihen verschieden sind, fallen dabei der ZILGREI-Therapie und dem ZILGREI-Therapeuten
auch verschiedene Rollen zu.

A) Ausdruckssymptome. Ihnen liegt ein ungelöster zwischenmenschlicher und
innerseelischer Konflikt zugrunde (immer beides zugleich!). Es ist möglich, daß
solche Konflikte erst relativ kurze Zeit bestehen. In der Regel haben jedoch auch
ganz gegenwärtig ablaufende Konflikte eine lange Vorgeschichte, und die zugehörigen Ausdruckssymptome haben sich bereits fest etabliert.

Die Konflikte selbst sind den Patienten meist nicht einmal bewußt; die Symptome sind dann die einzigen faßbaren Manifestationen des Konflikts. Oft läßt sich
aber aus den muskulären Verspannungen direkt ablesen, welcher Art der Konflikt
ist. So kann sich z.B. verdrängte und festgehaltene Wut in Muskelverspannungen
im Bereich der Arme oder/und im Schultergürtel einen körperlichen Ausdruck
suchen. Dem andern »sitzt die Angst im Nacken«, der dritte »geht unter einer
schweren Last«, den vierten »tragen die Beine nicht mehr«, und wem »etwas an die
Nieren geht«, klagt meist auch über schmerzhafte Verspannungen in der Lendenwirbelsäule.

Selbstverständlich gehe ich davon aus, daß der Psychosomatiker ein Ausdruckssymptom auf Anhieb erkennt, was man von einem nicht speziell dazu ausgebildeten ZILGREI-Therapeuten so natürlich nicht erwarten kann. Für ihn und seinen

Patienten ist es in erster Linie wichtig, daß er genau sieht, wann er an seine Grenzen stößt, und daß er sich dann zur Konsultation eines Psychosomatikers bereit findet, evtl. auch seinen Patienten an diesen weiterverweist.

B) Erinnerunssymptome. Dieser Begriff besagt, daß Symptome dieser Art eine direkte körperliche Erinnerung an ein erlittenes Trauma darstellen, in ganz ähnlicher Weise, wie etwa eine schmerzende Narbe eine direkte Erinnerung an einen erlittenen Unfall ist. Die bei dieser Art von Symptomen auftretenden Spannungen und Schmerzen lassen sich am besten mit Phantomschmerzen vergleichen, die nach Amputationen auftreten und die Vorstellung vermitteln, die amputierte Gliedmaße sei noch vorhanden und die Ursache des Schmerzes. Erinnerungssymptome sind für den damit nicht direkt befaßten Therapeuten meist nicht zu erkennen. Ihre Ursachen liegen gewöhnlich sehr weit zurück, vielfach bis zur Geburt oder sogar noch davor. Daß es sich um Symptome einer schweren psychosomatischen Störung handelt, ist für den nicht entsprechend geschulten Therapeuten allein schon deswegen kaum zu durchschauen, weil diese Symptome in der Regel als »bloß somatisch« imponieren. Der psychische Anteil der Erkrankung ist entweder völlig verdrängt, oder er erscheint als selbständige psychische Störung, die scheinbar keinen Zusammenhang mit der körperlichen Symptomatik hat.

Mancher ZILGREI-Therapeut hat gewiß schon die Symptome einer solchen Erkrankung behandelt, vielleicht sogar mit einigem Erfolg, ohne die eigentliche Erkrankung erkannt und ihrer Wurzel nach aufgelöst zu haben. Daß es sich um einen tiefer sitzenden Schaden handelt, kann man vielleicht dann erahnen, wenn es zu scheinbar unmotivierten Rückfällen kommt. Noch häufiger treten Symptomwechsel auf, die für jemanden, der nicht sehr gründlich psychosomatisch geschult ist, besonders schwer zu erkennen sind. Die behandelten Symptome bleiben in dem Fall stumm, dafür treten dann aber plötzlich ganz neue Symptome auf, die für eine andersartige, selbständige Erkrankung gehalten werden.

Hier nun einige Erkrankungen, bei denen die ZILGREI-Therapie im Rahmen der ursächlichen psychosomatischen Behandlung mit eingesetzt werden sollte. Die Krankheitssymptome stellen in allen genannten Fällen eine direkte Trauma-Erinnerung dar. Die Schädigungen gehen zum Teil bis vor die Geburt zurück, zum Teil sind sie bei der Geburt selbst oder kurz danach entstanden, auch wenn der Ausbruch der manifesten Erkrankung erst Jahrzehnte danach erfolgt ist:

Die meisten Skoliosen; viele Zervikobrachialsyndrome; bestimmte Formen der Hüftgelenksluxation; bestimmte Formen der Kiel- und der Trichterbrust; spontaner Hörsturz, Morbus Menière und Tinnitus; bestimmte Formen von Kopfschmerz, Migräne und Epilepsie u.a.m.

Die Kombination von tiefenpsychologisch und körperlich orientierter Psychotherapie mit ZILGREI kann bei diesen Erkrankungen in vielen Fällen erfolgreich sein.

Selbstverständlich gibt es auch viele Erkrankungen, die auf ein gegenwärtiges traumatisches Geschehen zurückgehen, wie z.B. ein Schleudertrauma aufgrund eines Autounfalls. Die Entwicklung kann dabei ganz ähnlich verlaufen wie in den oben genannten Fällen, wo die Schädigung sehr früh im Leben eingetreten war: auf der anatomisch-physiologischen Ebene ist nach einer orthopädischen Behandlung kein Schaden mehr nachweisbar. Trotzdem dauert der Schmerz unter Umständen noch jahrelang an, oder er tritt nach einem symptomfreien Intervall plötzlich wieder auf. Oft wird dann von Gutachtern, vielleicht aus versicherungsrechtlichen Gründen, behauptet, daß kein Zusammenhang mit dem Unfall bestehe. Das ist dann nur insofern richtig, als kein äußerer Schaden am Skelett und in der Muskulatur mehr nachweisbar ist. Tatsächlich aber handelt es sich um ein Erinnerungssymptom mit muskulärer Verspannung, in der der erlebte Schock und die damit verbundene massive Angst festgehalten werden. Auch dieses Erinnerungssymptom kann durch eine Kombination von Psychotherapie und ZILGREI aufgelöst werden.

Überlegung: ZILGREI in der Gesundheitsvorsorge

Eine wie wichtige Rolle ZILGREI in der Gesundheitsvorsorge spielen kann und deshalb auch spielen sollte, geht wohl recht deutlich aus den vorangegangenen Kapiteln hervor. Hier einige praktische Hinweise dazu. Beginnen wir mit dem Erlernen der Therapien:

In vielen Fällen wird es genügen, ZILGREI-Kurse ambulant zu besuchen. Für ältere Patienten und in komplizierten Fällen ist der Aufenthalt in einem Institut, das gleichzeitig Unterkunftsmöglichkeiten bietet, anzuraten. Aber nur in extremen Ausnahmefällen wird das eine Klinik oder ein Sanatorium sein müssen. Ein Haus, in dem sich der Patient wie ein privater Feriengast frei bewegen kann, ist vorzuziehen. Bei ZILGREI-Kursen und -Behandlungen ist ein aufwendiger Personal-Apparat nämlich nicht nur überflüssig, sondern sogar hinderlich. ZILGREI ist ja ein System von *Selbsttherapien*. Das Erlernen und die Durchführung von Selbsttherapien setzt *Selbstverantwortung* voraus, regt sie gleichzeitig aber auch an und stärkt sie systematisch. Jede Art von Betreuung, die dem Patienten einen Teil der Verantwortung abnimmt oder ihn gar in eine passive »Patienten«-Rolle drängt, ist deshalb schädlich und unbedingt zu vermeiden.

Auch die Behandlungskosten sind in einem außerklinischen Betrieb mit Sicherheit niedriger. Da ZILGREI-Kurse in Gruppen durchgeführt werden können, lassen sich die Kursgebühren durchaus attraktiv gestalten. Teure Medikamente wie Cortison und Schmerzmittel fallen sowieso fort.

Und die Nachwirkungen? Wer ZILGREI erlernt hat und zu Hause anwendet, hat deutlich weniger Neigung, bei »rheumatischen« Beschwerden und andersartigen

Verspannungen sofort den Arzt aufzusuchen oder sich gar eine Kur verschreiben zu lassen. Was aber wohl das Wichtigste ist: Wer sich daran gewöhnt, regelmäßig ZILGREI zu machen, beugt schweren Dauerschäden vor!

ZILGREI nützt jedem, und jeder kann es erlernen.

ZILGREI ist durchschaubar und für jedermann verständlich.

ZILGREI ist nicht zu schwierig für Kinder unter 8 und nicht zu anstrengend für Ältere über 80 Jahre.

ZILGREI ist wegen seiner konkreten Anwendungsmöglichkeiten leicht zu behalten.

ZILGREI ist einfach für Menschen, die zu lernen, das Erlernte auszuprobieren und für sich selbst Verantwortung zu übernehmen bereit sind.

Aber:

ZILGREI ist zu kompliziert für Menschen, die es gewöhnt sind, ihre Verantwortung zusammen mit dem Krankenschein an der Praxistür abzugeben;

die sich lieber vom Therapeuten bedienen lassen, als selber aktiv zu werden;

die es vorziehen, stundenlang im Wartezimmer auf das erlösende »Der-Nächste-Bitte!« zu hoffen,

als sich am Tage wenige Minuten lang mit sich selber zu beschäftigen.

ZILGREI in der Psychosomatischen Medizin*

Lieber Dr. Greissing, liebe Frau Rogers, verehrte Kolleginnen und Kollegen, meine Damen und Herren,

ich spreche zu Ihnen über das Thema: ZILGREI in der Psychosomatischen Medizin, wozu ich Ihnen anschließend einen Video-Film zeige, der aus einer Material-sammlung für einen großen Video-Dokumentarfilm über das gleiche Thema ent-nommen ist.

Bitte haben Sie Verständnis dafür, daß ich das Thema nicht in freiem Vortrag abhandle, sondern mich an mein vorbereitetes Manuskript halte. Die folgenden Darlegungen sind so grundsätzlicher und, wie ich vermute, für die meisten von Ihnen so überraschend neuer Art, daß es um der Sache willen sorgfältiger und abwägender Formulierungen bedarf. Hinzu kommt, daß ich dabei Perspektiven und Konsequenzen ansprechen muß, die vielleicht nicht jedem hier im Saal schmecken werden. Da ist es wichtig, eine Kontrolle darüber zu haben, was genau gesagt wurde und wie es gesagt wurde.

Als HANS GREISSING auf einer Rheuma-Fachtagung Anfang November 1982 in Bad Salzschlirf, wo ich als Referent tätig war, die ZILGREI-Therapie erstmals in Deutschland vorstellte, leuchtete mir spontan ein, warum sie wirken konnte, ja wirksam sein mußte. Ich arbeitete seit 1963 mit psychoanalytisch orientierten Regressionsmethoden, bei denen ich die physiologische Zwerchfell-Atmung gezielt als Therapeutikum einsetzte, um verdrängte Angst-Inhalte wieder erlebbar zu machen und psychosomatische Erkrankungen zu behandeln. Mein Entschluß, die erste in Deutschland angebotene Ausbildungsmöglichkeit in der ZILGREI-Thera-pie wahrzunehmen, stand sofort fest. Mir war klar, daß diese Art der Schmerz- und Blockade-Therapie sich hervorragend in das psychotherapeutische Konzept einfü-gen würde und für die Behandlung solcher psychosomatischer Erkrankungen eig-nen müßte, die mit muskulären Verspannungen einhergehen.

Der erste Kurs fand dann Anfang 1983 in Leonberg unter der Leitung von HANS GREISSING statt. Seitdem setze ich ZILGREI bei der Behandlung psychosomati-scher Erkrankungen ein, wenn das indiziert ist. Meine anfänglichen positiven Erwartungen sind nicht enttäuscht, sie sind eher noch übertroffen worden.

Wir gehen zunächst aus von dem Begriff »Bio-Kybernetik«, der für eine Psy-chosomatische Medizin, die sich im Sinne der Human-Biologischen Ganzheits-

---

* Vortrag, gehalten am 30. September 1989 auf der 2. Deutschen ZILGREI-Tagung in Bad Mer-gentheim (mit Video-Dokumentarfilm).

Medizin begreift, von grundlegender Bedeutung ist und von mir im wesentlichen im selben Sinne verwendet wird wie bei ZILLO und GREISSING in ihrem Buch »Neue Hoffnung, ZILGREI«.

Der Begriff »Bio-Kybernetik« bedeutet im Kontext der Naturheilkunde, daß die Steuerungsfunktionen unseres Organismus und unserer Psyche darauf ausgerichtet sind, unser Leben als Menschen in jeder Hinsicht zu erhalten und eingetretene Schäden, soweit überhaupt möglich, sofort zu beheben. Unsere Medizin ist mit den »Repair-Mechanismen« auf der zellulären Ebene seit einigen Jahren zunehmend beschäftigt. Das System der bio-kybernetisch gesteuerten Selbsterhaltungs- und Selbstheilungskräfte schließt jedoch nicht nur Krankheiten und Verletzungen ein, sondern ebenso das bloße Überleben unter schlimmsten äußeren und inneren Bedrohungen und Gefährdungen, wie auch die psychische und physische Weiterentwicklung und die menschliche Reifung. Hinsichtlich der uns überkommenen Vorstellungen von Krankheit und Heilung hat das erhebliche Konsequenzen:

Die unter Medizinern wie unter den Laien weit verbreitete Vorstellung, Krankheiten seien in etwa mit Schäden an einem Auto vergleichbar, die es in einer guten Reparaturwerkstatt (sprich: Krankenhaus!) von einem tüchtigen Mechaniker (sprich: Arzt!) zu reparieren (sprich: behandeln!) gälte, hat sich als nicht haltbar erwiesen. Krankheit ist kein reparaturbedürftiger Schaden im mechanistischen Sinne. Krankheit - das bin ich selbst, das ist meine gegenwärtige Existenzform. Dazu aber gehört unlösbar, daß die Steuerungsfunktionen meines Organismus und meiner Psyche, mein »kybernetisches System«, darauf ausgerichtet sind, diese meine gegenwärtige Existenzform zu ändern. Und sie tun das, indem sie meine Selbstheilungs- und Selbsterneuerungskräfte in Bewegung setzen.

Aus dieser Sicht kann »Therapie« nur bedeuten, das Warum und das Wie dieser aus ihrer gesunden Ruhelage gekommenen Existenz zu erkennen und die aktivierten Selbstheilungs- und Selbsterneuerungskräfte wahrzunehmen und in ihrer Tätigkeit zu unterstützen.

Dazu ist uns mit dem System der ZILGREI-Selbsttherapien ein sehr brauchbares Instrument an die Hand gegeben - zunächst einmal auf dem Gebiet der Orthopädie, aber auch weit darüber hinaus, wie wir im folgenden sehen werden.

Um verstehen zu können, was »Bio-Kybernetik« im Bereich der Psychosomatischen Medizin bedeutet und wie dementsprechend die Selbstheilungskräfte zu erkennen und zu aktivieren sind, müssen wir uns zunächst etwas ausführlicher mit den tiefsten Ursachen, mit der Ätiolologie derjenigen psychosomatischen Erkrankungen befassen, die zu muskulären Verspannungen und zu Skelettveränderungen führen.

Dazu mache ich Sie zunächst mit einem Tatbestand bekannt, der vielen Forschern auf den Gebieten der Embryologie, der Fötologie, der Gynäkologie, der Pädiatrie und der pränatalen und perinatalen Psychologie inzwischen geläufig, den

Praktikern auf diesen Gebieten der Medizin bislang jedoch nur vereinzelt bekannt, den Medizinern anderer Fachrichtungen, einschließlich der Orthopädie, meist noch völlig unbekannt ist: Es geht um die Tatsache, daß Embryos, Föten, Neugeborene, Säuglinge und Kleinkinder ein äußerst exaktes Gespür haben für das, was für sie in ihrem jeweiligen Entwicklungsstadium notwendig und richtig ist, und daß sie zutiefst beunruhigt, verletzt und unter Umständen schwerwiegend und dauerhaft geschädigt werden, wenn den erwarteten Lebensbedingungen, Entwicklungsbedingungen und konkreten Abläufen etwas massiv zuwider läuft. Weil die erwarteten Lebens- und Entwicklungsbedingungen und die entsprechenden Abläufe Teil unseres genetischen Codes sind, bezeichne ich sie als »Biologische Programme«.

Wir betrachten die Biologischen Programme, die die erwarteten wechselseitigen Verhaltensweisen und Handlungsabläufe zwischen Mutter, Kind und Umwelt regeln sollen, als diejenigen kritischen Punkte, an denen durch Ausfälle und durch eingreifende Störungen massive Ängste und psychophysische Schäden entstehen, die in erster Linie für spätere neurotische, psychotische und psychosomatische Entwicklungen verantwortlich zu machen sind. Jeder Eingriff, auch dann, wenn er objektiv gesehen lebensrettend ist, bedeutet für das zu gebärende Kind eine tödliche Bedrohung. Das gilt schon für den Dammschnitt der Mutter, erst recht natürlich für die Verwendung von Saugglocke und Zange. Skalpell und andere medizinische Geräte sind nun einmal in unserem genetischen Code nicht enthalten!

Jede Störung eines Biologischen Programms, jede Entwicklungsstörung, gleich welcher Ursache, wird vom Embryo/Fötus/Neonatus/Säugling registriert, als bedrohlich empfunden und mit Angst oder gar Panik beantwortet und blockiert in irgendeiner Weise den weiteren vorprogrammierten Entwicklungsfluß. Jeder Ausfall eines Biologischen Programms führt zu entsprechenden Ausfällen in der psychophysischen Gesamtentwicklung. Wenn Embryo, Fötus, Säugling und Kleinkind trotzdem überleben, so vollbringen sie eine enorme Leistung: sie »vergessen« das Trauma, sie verdrängen es, kapseln es gegenüber ihrem übrigen Leben ab, handeln sich dafür aber eine Neurose, eine Psychose oder eine psychosomatische Erkrankung ein. Und warum diese Art der Reaktion?

Wir sollten uns zunächst darüber im klaren sein, daß noch Ungeborene, daß Säuglinge und Kleinkinder schwerwiegende Störungen ihrer Biologischen Programme aufgrund der noch äußerst mangelhaften Entwicklung ihrer eigenständigen Persönlichkeit und der daran geknüpften Schmerztoleranz nicht bewältigen, nicht verarbeiten können. Sie reagieren mit Panik, mit Todesangst, mit der sie aber nicht weiterleben können. Die totale Bedrohung wird in gleicher Weise physisch wie psychisch empfunden und bedeutet äußerste Lebensgefahr. Nicht was wir Erwachsenen für das Kind als zumutbar betrachten, sondern ausschließlich die von den Biologischen Programmen des Kindes selbst bestimmten Gefühle entscheiden darüber, was für sein Weiterleben als Bedrohung zu betrachten ist!

Um in einer solchen Situation überhaupt überleben zu können, hat uns die Natur das »gnädige Vergessen«, die Verdrängung mit auf den Lebensweg gegeben. Sie umfaßt, wenn sie gelingt, nicht nur den psychischen Anteil, also Angst und Schrecken, sondern auch eine wesentliche Seite der körperlichen Schädigung selbst, nämlich den körperlichen Schmerz und die ihm zugrunde liegenden Verspannungen.

Aber was verdrängt wurde, das ist nicht einfach weg, ist nicht gelöscht. Im Gegenteil: gerade diejenigen Ereignisse, die uns geschädigt, die uns in Lebensgefahr gebracht haben, sind in unserem Gehirn und, wie bestimmte Vorgänge bei der Wiedererinnerung vermuten lassen, auf irgendeine Weise direkt in den von der Schädigung betroffenen Zellen und ihren Nachkommen, bzw. in den ihre Proliferation steuernden Gehirnzentren gespeichert.

Die Speicherung für eine Zeit, in der dem Menschen im Verlauf seiner Entwicklung eine größere Ich-Stärke zur Verarbeitung der noch ungelösten Probleme aus seiner Frühzeit zugewachsen ist, erscheint mir als eine sehr sinnvolle Einrichtung der Natur. Ich persönlich verstehe sie als die uns ins Leben mitgegebene notwendige Ergänzung zur lebensrettenden Verdrängung, nämlich als die Chance, an unserem Lebensbeginn entstandene, das ganze weitere Leben beeinträchtigende Schädigungen doch noch aufarbeiten und uns dadurch von ihren Hinterlassenschaften befreien zu können.

»Hinterlassenschaften« - was ist damit gemeint? Nun, es gibt keine perfekt funktionierende Verdrängung, vielmehr herrscht zwischen Verdrängung und spontan aufkeimender Wiedererinnerung ein labiles Gleichgewicht. Schwerwiegende Schädigungen, die verdrängt werden mußten, um das Überleben zu sichern, belasten nämlich den ganzen Menschen, seinen gesamten Organismus ebenso wie seine Psyche.

Auf dem Weg über psychische und physische Symptome wie psychomotorische Unruhe, Schlaflosigkeit, unklare Bauchschmerzen, besonders im Nabelbereich, generalisierte und fluktuierende Verspannungen in der Muskulatur, manifest gewordene Skelettschäden, Arthrosen usw., aber auch in unseren Träumen, besonders in Alpträumen, drängen die verdrängten Inhalte immer wieder, und im Lauf der Lebensgeschichte zunehmend, in das gegenwärtige Leben ein und bieten sich dadurch der Aufarbeitung an. Versuche, der beginnenden Aufweichung der Verdrängung entgegenzusteuern, können zu erhöhtem Schlafbedürfnis, zu Trägheit, Interessenlosigkeit und Wahrnehmungsverlust, aber auch zu Zigaretten-, Alkohol-, Medikamenten- und Drogenmißbrauch führen.

An dieser Stelle muß unsere Medizin kritisch befragt werden, ob sie sich eigentlich darüber im klaren ist, daß ein Großteil der verschriebenen Medikamente, besonders natürlich aller Psychopharmaka und der Schmerzmittel, dazu dient, in Bewegung geratene Wiedererinnerung unverarbeiteter Früh-Traumata chemisch zu unterdrücken und damit die Chance der Aufarbeitung endgültig zunichte zu machen? Aus diesem Blickwinkel gesehen bietet die Medizin den Patienten jenes Schema neuer Verdrängung an, auf das der von Erinnerungsschmerzen Geplagte dann, wenn die verschriebenen Unterdrückungspharmaka nicht mehr helfen, mit den Mitteln der chemischen Unterdrückung *seiner eigenen Wahl*, eben mit Nikotin-, Alkohol- und Drogen-Abusus, zurückgreift und die Warnungen seiner Ärzte letztlich nicht versteht, gar nicht verstehen kann!

Wenn wir an dieser Stelle zurückfragen, was denn Bio-Kybernetik, was Selbstheilungs- und Selbsterneuerungstendenz in der Psychosomatischen Medizin bedeuten, so können wir die Antwort mit den dynamischen Begriffen »Traumatisierung«, »Verdrängung«, »spontane Wiedererinnerung in der Symptomatik und im Traumgeschehen« und letztlich mit dem Begriff »Heilung durch gezielte Wiedererinnerung und Aufarbeitung der primären Schädigung in der therapeutischen Regression« umschreiben.

Wie das vor sich geht? Ich hatte eingangs erwähnt, daß mir die Wirksamkeit von ZILGREI wegen des Einsatzes der Tiefatmung spontan einleuchtete, weil ich seit vielen Jahren die Zwerchfell-Tiefatmung in der analytisch-psychosomatischen Regressionstherapie als Therapeutikum einsetzte und heute noch damit arbeite. Das möchte ich kurz erklären.

Wer einen Schreck bekommt, hält automatisch die Luft an. Wer Angst hat, atmet nur flach und einatmungsbetont. Das ist relativ unabhängig vom Bewußtsein der Angst. Veranlaßt man einen Menschen, der seine Angst mit der Atmung festhält, die Einatmung zu vertiefen und intensiver auszuatmen, so kann man ihn in beträchtliche Schwierigkeiten bringen, weil er sich gegen die Freisetzung seiner Angst sofort zu wehren beginnt - meist übrigens mit dem subjektiv ehrlichen Argument, er könne nicht so tief atmen. Bei der ZILGREI-dynamogenen Atmung ist der angstauslösende Effekt durch die Pausen nach der Aus- und der Einatmung erheblich gemildert. Trotzdem konnte ich in fast allen Kursen beobachten, daß zumindest ein Teilnehmer größere Schwierigkeiten mit der Tiefatmung hatte. Dem fachkundigen Therapeuten fällt die latente Angst sofort auf. Diese Probleme sind jedoch mit Ruhe, Geduld und Geschick fast immer zu überwinden. Problematisch kann es eigentlich nur werden, wenn Druck ausgeübt wird. Und wenn die Atemprobleme bei jungen Menschen zu beobachten sind. Denn dann muß man u.U. mit einer latenten Psychose rechnen, die durch eine erzwungene Tiefatmung zum Ausbruch gebracht werden könnte. Ich habe mich vor einigen Jahren dieserhalb brieflich an die DZG gewandt und auf die Problematik aufmerksam gemacht.

Nun, der mit körperbezogener Psychotherapie arbeitende Psychosomatiker will die latenten Ängste seiner Patienten mobilisieren, weil er damit in die Lage kommt, einen entscheidenden Zugang zu den tiefsten Erkrankungsursachen zu bahnen. Die frei werdenden Ängste sind nämlich spezifisch, d.h. sie sind mit konkreten Ereignissen verknüpft, die zu einem bestimmten Zeitpunkt der Lebensgeschichte geschehen sind und so schwerwiegend, so lebensbedrohlich waren, daß sie nicht verarbeitet werden konnten, sondern verdrängt werden mußten.

Wir bezeichnen solche ursächlichen Geschehnisse zur Unterscheidung von den meist erst sehr viel später auftretenden Symptomen als »primär«, und es ist das Ziel der Therapie, die durch die Verdrängung aufgerichtete Sperre mit der Regression zu durchbrechen und die unverarbeiteten primären Schädigungen erlebnisfähig zu machen und der lösenden Verarbeitung zuzuführen. Erst dann nämlich sind die verschiedenen psychosomatischen Symptome, die vielerlei Verspannungen und Handicaps wirklich mit dauerhaftem Erfolg therapierbar.

Wenn wir uns nun mit dem Einsatz von ZILGREI im Rahmen der Psychosomatischen Medizin beschäftigen, müssen wir zwei verschiedene Arten von psychosomatischen Symptomen, bei denen Muskelverspannungen eine Rolle spielen können, grundsätzlich unterscheiden. Da nämlich die Ursachen der beiden Symptomreihen verschieden sind, fallen dabei der ZILGREI-Therapie und dem ZILGREI-Therapeuten auch verschiedene Rollen zu.

A) Ausdruckssymptome. Ihnen liegt ein ungelöster zwischenmenschlicher und innerseelischer Konflikt zugrunde (immer beides zugleich!). Es ist möglich, daß solche Konflikte erst relativ kurze Zeit bestehen. In der Regel haben jedoch auch ganz gegenwärtig ablaufende Konflikte eine lange Vorgeschichte, und die zugehörigen Ausdruckssymptome haben sich bereits fest etabliert.

Die Konflikte selbst sind den Patienten oft nicht einmal bewußt. Die Symptome sind dann die einzigen faßbaren Manifestationen des Konfliktgeschehens. Oft läßt sich aber aus den muskulären Verspannungen direkt ablesen, welcher Art der Konflikt ist. So kann sich z.B. verdrängte, ungelebte Wut in Muskelverspannungen im Bereich der Arme und im Schultergürtel ihren körperlichen Ausdruck suchen. Dem anderen »sitzt die Angst im Nacken«, der dritte »geht unter einer schweren Last gebeugt«, der nächste »zerbricht sich den Kopf«, ein anderer »hält den Nacken steif«, einen weiteren »tragen die Beine nicht mehr«, und wem »etwas an die Nieren geht«, klagt meist auch über schmerzhafte Verspannungen in der Lendenwirbelsäule. Der Volksmund hat ein ganzes Arsenal solcher »Diagnosen« zur Verfügung, die sich auf Ausdruckssymptome beziehen.

Patienten, die an derartigen Symptomen leiden, rühren, wenn sie ZILGREI machen und die Symptome aufzulösen beginnen, auf zweierlei Art an ihre verborgenen Konflikte: einmal durch die Tiefatmung, mit der sie einen Teil der versteckten Angst freisetzen, zum andern durch die Beseitigung der Symptome selbst, weil sie dadurch den Konflikten den zwar vielsagenden, aber doch non-verbalen Ausdruck entziehen. Beides zusammen bewirkt, daß der innere Druck vorübergehend ansteigt und den versteckten Konflikt dem Bewußtsein näher bringt.

Ein guter ZILGREI-Therapeut muß das wahrnehmen und adäquat darauf reagieren können, sonst läßt er seinen Patienten gerade in dem Augenblick im Stich, wo ihn dieser besonders dringend braucht.

Eine Kollegin erzählte mir, daß einer ihrer Patienten, ein junger Mann, in einem ihrer ZILGREI-Kurse ganz unvermittelt begonnen habe, über seinen Vater zu schimpfen. Damals war ihr noch nicht klar, daß der Wutausbruch in einem direkten Zusammenhang mit seinen muskulären Verspannungen und der erfolgreich angewandten Therapie stand. Sie hat aber insofern nicht falsch darauf reagiert, als sie sich den Ausbruch mit freundlicher Gelassenheit anhörte und den Patienten weder zu beruhigen versuchte, noch seinem Ausbruch Widerstand entgegensetze. Ihr fiel aber auf, daß die Therapie nach dieser Episode besonders erfolgreich weiterlief.

Der Einsatz der ZILGREI-Therapie bei Ausdruckssymptomen im Rahmen der Psychosomatischen Medizin läßt sich aus den geschilderten Beobachtungen unschwer ableiten. Selbstverständlich gehe ich davon aus, daß der Psychosomatiker ein Ausdruckssymptom sofort erkennt, was man von einem nicht speziell dazu ausgebildeten ZILGREI-Therapeuten so natürlich nicht erwarten kann. Für ihn ist es im Umgang mit seinen Patienten in erster Linie wichtig, daß er spürt und erkennt, wann er an seine Grenzen stößt, und daß er sich dann zur Konsultation eines Psychosomatikers bereit findet, eventuell auch seinen Patienten an diesen weiterverweist.

Es wäre nun allerdings ein völliger Irrweg, wenn der Psychosomatiker den Patienten direkt auf den Ausdruckscharakter seiner Symptome ansprechen und gezielt psychotherapeutisch intervenieren würde. Es ist in jedem Falle völlig richtig, die Symptome zunächst mit ZILGREI anzugehen. Man muß den Patienten grundsätzlich dort abholen, wo er steht. Erst wenn die ZILGREI-dynamogene Atmung ihre Wirkung tut und die symptomatische Behandlung zu greifen beginnt, wird der Patient die offene therapeutische Atmosphäre von sich aus zu nutzen versuchen, ins Gespräch zu kommen. Seine dann zunehmende Unruhe und das damit verbundene Bedürfnis, diese Unruhe zu verbalisieren, bietet den Ansatz dazu, den verborgenen Konflikt gezielter anzusprechen und im Zusammenhang mit der ZILGREI-Behandlung auch gesprächs-psychotherapeutisch zu bearbeiten.

Aufgrund meiner bald siebenjährigen praktischen Erfahrung mit ZILGREI halte ich es allerdings für notwendig, daß zukünftige ZILGREI-Therapeuten im Rahmen ihrer Ausbildung auch auf diesen Aspekt ihrer Aufgabe vorbereitet werden.

B) Erinnerungssymptome. Der Begriff besagt, daß Symptome dieser Art eine direkte körperliche Erinnerung an ein erlittenes Trauma darstellen, in ganz ähnlicher Weise, wie etwa eine empfindliche Narbe eine direkte Körpererinnerung an einen erlittenen Unfall ist. Die bei dieser Art von Symptomen auftretenden Spannungen und Schmerzen lassen sich am besten mit Phantomschmerzen vergleichen, die nach Amputationen auftreten und die Vorstellung vermitteln, die amputierte Gliedmaße sei noch vorhanden und die Ursache des Schmerzes.

Erinnerungssymptome sind für den damit nicht direkt befaßten Therapeuten meist nicht zu erkennen, leider auch nicht für viele Psychotherapeuten und Psychosomatiker, die die entsprechenden konkreten Hinweise ihrer Patienten oft nicht wortwörtlich ernst nehmen, sondern sie symbolisch umdeuten. Die primären Ursachen dieser Symptome liegen gewöhnlich sehr weit zurück, vielfach bei der Geburt oder sogar noch davor. Daß es sich um Symptome einer schweren psychosomatischen Störung handelt, ist für den darauf nicht spezialisierten Therapeuten allein schon deswegen kaum zu durchschauen, weil sie in der Regel als »bloß somatisch« imponieren. Der psychische Aspekt der Erkrankung ist meist völlig verdrängt, oder er erscheint als selbständige psychische Störung, die scheinbar keinen Zusammenhang mit der körperlichen Symptomatik hat.

Mancher ZILGREI-Therapeut hat gewiß schon Symptome einer solchen Krankheit behandelt, vielleicht sogar mit gewissem Erfolg, ohne die eigentliche Problematik zu Gesicht bekommen zu haben. Daß es sich bei den behandelten Symptomen um einen tiefer sitzenden Schaden handelt, kann man vielleicht dann erahnen, wenn sich die Symptome gegenüber der Behandlung mit ZILGREI als resistent erweisen, oder wenn es, was häufiger vorkommt, zu scheinbar unmotivierten Rückfällen kommt.

Gar nicht so selten treten auch Symptomwechsel auf, die für den nicht gründlich psychosomatisch geschulten Therapeuten so gut wie überhaupt nicht zu erkennen sind. In solchen Fällen scheint die Therapie erfolgreich verlaufen zu sein; die behandelten Symptome sind verschwunden und bleiben auch über längere Zeit stumm. Der Patient hat allerdings inzwischen seinen Arzt gewechselt, weil plötzlich eine Erkrankung ganz anderer Art aufgetreten ist, die in keinen Zusammenhang mit der mit ZILGREI behandelten Symptomatik gebracht wird. Auf diese Weise kann sich eine Erkrankung an die andere reihen, und der Patient bewegt sich im Kreis um sein eigentliches Problem herum, das unerkannt und ungelöst bleibt.

Hier nun einige Erkrankungen, bei denen die ZILGREI-Therapie im Rahmen der ursächlichen psychosomatischen Behandlung unbedingt mit eingesetzt werden sollte. Die Krankheitssymptome stellen in allen hier genannten Fällen eine direkte Körpererinnerung an ein erlittenes primäres Trauma dar. Die erfolgten Schädigungen gehen zum Teil auf das Geburtsgeschehen zurück, zum Teil sind sie bereits davor, zum anderen Teil kurz danach entstanden - auch wenn der Ausbruch der manifesten Erkrankung erst sehr viel später, eventuell erst Jahrzehnte danach erfolgt ist:

Aus dem orthopädischen Bereich gehören dazu die meisten Skoliosen, viele Zervikobrachialsyndrome, bestimmte Formen von Hüftgelenksdeformationen, bestimmte Formen von Kiel- und Trichterbrust, soweit diese nicht rachitischen

Ursprungs sind, vermutlich der weitaus größte Teil aller Arthrosen, Morbus Scheuermann, bestimmte Formen von Kopfschmerz und Migräne, persistierende und fluktuierende Muskelverspannungen u.a.m. Außerhalb des engeren orthopädischen Bereichs möchte ich noch gewisse Formen der Epilepsie nennen und die in den HNO-Bereich fallende Krankheits-Trias »idiopathischer« Hörsturz, Morbus Menière und Tinnitus.

Die Kombination von tiefenpsychologisch orientierter, körperbezogener psychosomatischer Therapie mit ZILGREI kann bei den genannten Erkrankungen in vielen Fällen erfolgreich sein. Dazu im Video-Film mehr!

Die Qualifikation eines Krankheitsgeschehens als »primär« gegenüber der gegenwärtigen symptomatischen Manifestation bedeutet nicht unbedingt, daß das schädigende Ereignis gleich ein ganzes Leben lang zurückliegt, wohl aber, daß die diagnostizierte gegenwärtige Erkrankung gegenüber der »primären« Schädigung eine Folgeerscheinung, also »sekundär« ist und daß zwischen primärer Ursache und sekundärer Erscheinungsform, zwischen Trauma und Symptomatik, eine massive Verdrängung stattgefunden hat, die aufgehoben werden muß, um das Trauma selbst verarbeiten und die mehr oder weniger unverständliche gegenwärtige Symptomatik endgültig auflösen zu können. Dazu ein gar nicht so seltenes Beispiel aus jüngerer Zeit:

Vor wenigen Jahren kam eine Frau zu mir zur ZILGREI-Behandlung, die mehr als ein Jahr zuvor durch einen Auffahrunfall, bei dem sie das »Opfer« gewesen war, ein Schleudertrauma in der Halswirbelsäule erlitten hatte. Auch die Brustwirbelsäule war in Mitleidenschaft gezogen. Die Behandlung im Unfallkrankenhaus war erfolgreich gewesen. Aber nach einem längeren symptomfreien Intervall waren sehr lästige Symptome wieder aufgetreten: Schmerzen im Kopf, Schmerzen und Verspannungen im Bereich der HWS und der BWS, Nackensteife und erhebliche Bewegungseinschränkungen. Da röntgenologisch keine anatomischen Veränderungen mehr nachweisbar waren, weigerte sich die gegnerische Versicherung, eine neuerliche orthopädische und physiotherapeutische Behandlung zu bezahlen. Und hinter vorgehaltener Hand mag man die Patientin wohl für überempfindlich oder gar für »hysterisch« gehalten haben. Ob man dasselbe abwertende Urteil wohl auch bei den Spätfolgen von Vergewaltigungen und Geiselnahme und Folterungen gewagt hätte, möchte ich doch bezweifeln.

Aus psychosomatischer Sicht handelt es sich bei den Spätfolgen des Schleudertraumas ebenso wie bei denen von Vergewaltigungen, Geiselnahme und ähnlich gelagerten Fällen fast immer um Erinnerungs-Symptome, in denen der erlebte und verdrängte psychophysische Schock und die panikartige Angst festgehalten werden.

In dem beschriebenen Fall eines Schleudertraumas konnte die Symptomatik von der Patientin endgültig aufgegeben werden, als das traumatische Geschehen emo-

tional voll wiedererlebt und danach die zurückgekehrte Symptomatik mit ZIL-
GREI-Therapie aufgelöst wurde. Wichtig war dabei die Reihenfolge: die psycho-
somatische Therapie mußte unbedingt mit der Aufdeckung des verdrängten Trau-
mas begonnen werden, um ZILGREI in richtiger Weise funktional, d.h. als lösende
Antwort auf das traumatische Geschehen, einsetzen zu können. Diese der Logik
von Verdrängung und psychophysischer Wiedererinnerung folgende therapeutische
Sequenz muß beim Einsatz von ZILGREI im Rahmen der Psychosomatischen
Medizin unbedingt beachtet werden, wenn man Erfolg haben will.

Meine Damen und Herren, soweit Sie mit ZILGREI praktisch befaßt sind, werden Sie vielleicht ahnen können, daß sich mit dem Einsatz dieser Methode eine
ganz neue therapeutische Dimension eröffnet - sowohl für ZILGREI selbst, als
auch für die Psychosomatische Medizin insgesamt. Ich will Ihnen das ganz kurz an
der Behandlung der Krankheits-Trias »idiopathischer« Hörsturz, Morbus Menière
und Tinnitus zu erläutern versuchen.

Von der Ätiologie dieser Erkrankungen, von denen es heute offiziell immer
noch heißt, daß ihre letzte Ursache unbekannt sei, wurde ich bereits vor Jahren
ganz unvorbereitet überrascht, als ich wiederholt bei Patienten während ihres
Geburtserlebens in der Regression spontane Hörstürze, Tinnitus und gelegentlich
auch massive Drehschwindel miterlebte, die dann nach Beendigung des traumatischen Geburtserlebens wieder abklangen. Mir wurde bald klar, daß die beim späteren Erwachsenen ausbrechenden manifesten Innenohrerkrankungen, die mit dieser
Symptomatik verbunden sind, späte Folgeerscheinungen einer vorübergehenden
primären Schädigung des Innenohrs während des Geburtsvorgangs darstellen.

Die auf therapeutischem Wege in der Regression hergestellte emotionale Verbindung zwischen der primären Schädigung während der Geburt und der gegenwärtigen symptomauslösenden Situation, meist eine an die Geburtssituation erinnernde, als lebensbedrohlich empfundene Streßsituation, wurde von den Patienten
als in der Weise lösend erfahren, daß der gegenwärtigen Symptomatik der Boden
entzogen wurde. Zu einer rundherum befriedigenden therapeutischen Gesamtkon-
zeption kam es, als ich in Ergänzung zur Regressionstherapie bestimmte ZILGREI-
Therapien einsetzte und einige spezifische ZILGREI-Konzepte dafür neu entwikkelte. Dazu verweise ich auf den folgenden Video-Film und darf Sie darüber hinaus aufmerksam machen auf mein soeben erschienenes kleines Buch über die Psychosomatik dieser Krankheits-Trias mit dem Titel: »Streik im Innenohr«.

Text zum Videofilm

Meine Damen und Herren,

was ich Ihnen in dem vorausgegangenen Vortrag dargelegt habe und Ihnen in diesem Videofilm anschaulich machen möchte, dürfte wohl den meisten von Ihnen neu, vielleicht auch ein wenig provozierend erscheinen. Ich darf Ihnen aber versichern, daß es sich um Vorgänge und Erkenntnisse handelt, die sehr umfangreich dokumentiert sind.

Es ist nicht ganz leicht für mich, Sie einerseits ausreichend zu informieren, andererseits aber den gesetzten Zeitrahmen nicht zu sprengen. Um beide legitimen Aspekte miteinander in Einklang zu bringen, habe ich den Weg gewählt, meinen Vortragstext so weit verkürzt vorzutragen, daß das aus einer riesigen Materialsammlung zusammengeschnittene Filmmaterial gerade noch geeignet ist, Ihnen wenigstens einen kurzen Einblick in die psychosomatische Arbeit mit ZILGREI und die dadurch eröffneten Möglichkeiten zu gestatten.

Im ersten Teil des Films, der Sie hoffentlich nicht allzu sehr schockiert, zeige ich Ihnen Aufnahmen aus Regressionstherapien. Der größte Teil wurde mit fest installierten Schwarz-Weiß-Kameras bei nur schwacher Beleuchtung aufgenommen, was die mangelhafte Bildqualität erklärt.

Die gezeigten Patienten befinden sich übrigens nicht, wie Sie vielleicht meinen könnten, in Hypnose. Die Regression in vorgeburtliche und frühe nachgeburtliche Zustände sowie in das Geburtsgeschehen selbst kommt ohne Verlust der Gegenwartsorientierung, allein durch die Konzentration auf psychosomatische Symptome, z.B. auf vorhandene muskuläre Verspannungen und Schmerzen, zustande.

Ich informiere Sie während der einzelnen Filmszenen jeweils kurz über die gegenwärtige Symptomatik, derentwegen der Patient die Therapie begonnen hat, sowie über die ursächliche primäre Problematik.

Im zweiten Teil werden wir uns dann kurz mit einigen grundsätzlichen Überlegungen und mit den Besonderheiten des Einsatzes von ZILGREI bei der Behandlung von psychosomatischen Erkrankungen dieser Art beschäftigen. Übrigens: alle gezeigten Symptome gehören der Gruppe der Erinnerungssymptome an, die Ihnen am wenigsten bekannt sein dürften - sicher nicht als orthopädische Probleme, wohl aber als solche der Psychosomatik.

Die Patientin ist 53 Jahre alt. Sie wird seit Jahren erfolglos wegen rezidivierender Ischialgien, Lumbalgien, Coxarthrose und Zervikobrachialsyndrom orthopädisch und physiotherapeutisch behandelt. Sie kam auf Empfehlung ihres Bruders, der in unserem Therapiezentrum erfolgreich wegen einer Skoliose behandelt worden war, um einen zweiwöchigen ZILGREI-Kurs zu absolvieren. Im Kurs stellten sich sofort erhebliche Atemprobleme ein, und nachts kam es zu alptraum-

artigen Durchbrüchen ihrer primären Geburtsproblematik, die mit einer vorübergehenden Verstärkung der ihr so wohlbekannten Körperschmerzen verbunden waren.

Wir sehen sie hier bei dem Versuch, sich aus einer prekären Geburtslage - sie
hing über längere Zeit mit ihrem Gesäß fest - zu befreien. Dieser Befreiungsver-
such aus einer von ihr als äußerst bedrohlich und schmerzhaft empfundenen Lage
ist geprägt von Angst, Verzweiflung, großem Schmerz und energischem Kampf -
eben jenen Eigenschaften, die ihr ganzes weiteres Leben geprägt haben.

Die Patientin hatte übrigens beim Durchtritt durch das kleine Becken eine Quetschung des rechten Ohrs erlitten, bei der das Innenohr in Mitleidenschaft gezogen
worden war. Als Spätfolge davon leidet sie seit Jahren an wechselnd starkem Tinnitus. Letztlich war es wohl in erster Linie diese Symptomatik, die sie veranlaßte,
bei uns eine psychosomatische Behandlung zu beginnen.

Der Patient ist 46 Jahre alt. Er leidet neben beträchtlichen Kommunikations-
und Konzentrationsstörungen an schwerwiegenden generalisierten Muskelverspannungen, Gonarthrose, Skoliose, Zervikobrachialsyndrom und Schwerhörigkeit
sowie an kaum erträglichen Bauchschmerzen, die ihn besonders nachts und am
Morgen beim Aufwachen überfallen. Seine Symptomatik geht im wesentlichen auf
ein pränatales, ein vorgeburtliches Trauma zurück. Er konnte sich im letzten
Schwangerschaftsmonat nicht in die biologisch programmierte Geburtslage drehen.

Die Aufnahmen zeigen, wie er in der Regression die äußerst anstrengenden,
jedoch frustran bleibenden Versuche, sich in die richtige Geburtslage zu drehen,
wiederholt: er versucht es durch extreme Beugung, durch Überstreckung der Wirbelsäule, rechts herum und links herum, und schließlich möchte er zwischen seinen
Beinen hindurchkommen - vergeblich. Der Patient kam schließlich als Bek-
kenendlage (»Steißlage«) zur Welt.

Das hier an zwei Patienten kurz gezeigte psychosomatische Symptom, das in
der Regression spontan auftauchte, wird als »Arc de circle«, Zirkelbogen,
bezeichnet und wurde früher als Symptom des »großen hysterischen Anfalls«
gewertet und mit unerfüllter Sexualität in Verbindung gebracht. Das ist allerdings
pure Phantasie. In Wirklichkeit geht es auf ein sehr frühes postnatales Trauma
zurück und taucht so extrem besonders bei solchen Menschen auf, bei denen in
den ersten Wochen nach der Geburt ein starker Mangel an Körperberührung zu
beklagen ist. Das waren z.B. Kinder, die, statt im richtigen Moment auf den Arm
genommen zu werden, brav im Kinderbett oder gar im Brutkasten liegen mußten.

Der Patient ist 55 Jahre alt. Diagnose: Hörsturz, Tinnitus, Morbus Menière. Er
kam in unser Therapiezentrum, um sich wegen der seit zwei Jahren anhaltenden
Einschränkung seines Gehörs und sehr lauter Ohrgeräusche behandeln zu lassen.

Die primären Probleme sind sowohl pränataler wie auch perinataler Art. Die
Mutter hatte im 6. Schwangerschaftsmonat einen sehr schweren Fahrradunfall
erlitten, von dem der Fötus beträchtlich in Mitleidenschaft gezogen worden war.

Neben Verrenkungen und Überdehnungen in den Kniegelenken und beträchtlichen Verspannungen der gesamten Muskulatur hatte sich der Fötus in seiner Nabelschnur verstrickt, wodurch die Blutzufuhr zum Gehirn und zum Innenohr vorübergehend eingeschränkt war. Im Geburtsverlauf war es obendrein zu einer Quetschung des Kopfes gekommen, besonders rechtsseitig.

Übrigens sind das die hauptsächlichen Ursachen von späterem Hörsturz, Tinnitus und Morbus Menière: nämlich Durchblutungsstörungen des Innenohrs infolge von Quetschungen des Kopfes im Ohrbereich und/oder durch Nabelschnur-Umwicklungen um den Hals.

In den ersten Bildern sehen wir, wie der Fötus nach dem Unfall auf den gestörten Herzschlag der verletzten Mutter horcht, dann, wie er ruckartig hoch geht und seine Beine anzieht. Das ist ein Teil seines Wiedererlebens der Unfallsituation selbst. Danach ist er jammernd mit seinen verletzten Knien beschäftigt. Und hier schließlich versucht er, sich die Nabelschnur vom Hals zu reißen.

Während ich Ihnen noch einige Ausschnitte aus Therapien mit spontanen Bewegungen zeige, die auf pränatale oder perinatale Probleme zurückgehen, die ich aber jetzt nicht kommentieren will, möchte ich kurz einige Konsequenzen aus meinen therapeutischen Erfahrungen ziehen, und zwar sowohl für die Orthopädie insgesamt, wie auch für die Bedeutung und die praktische Anwendung von ZILGREI:

Wir haben uns wie selbstverständlich daran gewöhnt, bei Gelenkdeformationen, soweit sie nicht rheumatischer Art sind, bei Arthrosen und bei Wirbelsäulenveränderungen zu unterstellen, daß es sich um zivilisationsbedingte Abnutzungserscheinungen handelt, die nicht oder doch kaum korrigierbar sind. Im Wissen darum, - und das kann man wissen, wenn man bereit ist, es zur Kenntnis zu nehmen! - wie viele Menschen gerade in unserer Kultur unaufgelöste pränatale und perinatale Traumata mit sich herumtragen, die tagtäglich, vor allem nächtlich, schmerzhafte Bewegungsimpulse auslösen, sollten wir uns ernsthaft fragen, ob wir unseren Orthopäden nicht dringend anraten müssen, sich mit dieser Problematik gründlich auseinanderzusetzen. Das Problem »Abnutzung« stellt sich jedenfalls völlig neu! Die auf unaufgelösten muskulären Dauerspannungen primärer Art beruhenden Abnutzungserscheinungen dürften doch wohl das Hauptproblem und damit erst der Wegbereiter für die zivilisationsbedingten Abnutzungserscheinungen unseres gegenwärtigen Lebens darstellen.

Die noch viel zu wenig bekannten Erkenntnisse der pränatalen und perinatalen Psychologie und Medizin sind vielleicht, neben der Genforschung und deren mögliche praktische Umsetzung, die entscheidende Herausforderung an eine zukünftige Medizin!

Aufgrund einer sehr persönlichen Erfahrung stellt sich mir auch die Frage nach der Ätiologie und damit nach der Behandlung der »Adoleszenten-Kyphose«, also nach »Morbus Scheuermann«, völlig neu. Ich bin nämlich ein Betroffener!

Während meiner eigenen Regressionstherapie erlebte ich, daß ich wegen der allzu großen Enge im Leib meiner Mutter einer extremem Dorsalflexion mit erheblichem Druck auf die Brustwirbelsäule über längere Zeit ausgesetzt war. Wie das bei pränatalen und perinatalen Schädigungen oft der Fall ist, brach die gespeicherte Information in der krisenhaften Schwellensituation der Pubertät durch und führte zu beträchtlichen Verspannungen der beiden vorderen Stränge der Spinalmuskulatur, was sich besonders nachts bemerkbar machte. Die mit Morbus Scheuermann verbundenen entzündlichen Prozesse halte ich der muskulären Erinnerung gegenüber für eine Folgeerscheinung.

Ich habe bis einschließlich 1982 unter ganz erheblichen Rückenschmerzen gelitten und deshalb Jahr für Jahr Massagen verschrieben bekommen - zeitweise bis zu 120 pro Jahr. Seit ich mich seit 1983 selbst mit ZILGREI behandle, habe ich auf jegliche Massage verzichten können und bin weitgehend schmerzfrei!

Die mir verschriebenen gymnastischen Übungen hatten darauf abgezielt, die geschwächten hinteren Muskelstränge der Wirbelsäule zu stärken. Ich bekam aber immer wieder deutlich zu spüren, daß sich durch diese Übungen die vorderen Muskelstränge nur noch stärker verkrampften.

Erst durch die regelmäßige Anwendung der ZILGREI-Selbsttherapie »Blaukehlchen«, die ich überwiegend in der Antsyncon-Fassung durchführe, ist es möglich geworden, durch die leichte Dorsal-Flexion die Vorderstränge zu lockern und durch den leichten Druck bei Auflage der Stirn gegen die Wand gleichzeitig die hinteren Muskelstränge so weit zu entlasten, daß es in allen vier Strängen zu einer verbesserten Durchblutung, zu einer Verbesserung der Ernährungssituation und dadurch zum Aufbau der geschwächten Muskulatur kommt.

Meine Damen und Herren, wenn Sie von mir immer wieder hören, daß viele Erkrankungen, die in den Bereich der Orthopädie fallen, ihrer Wurzel nach auf pränatale und perinatale Schädigungen zurückgehen, werden Sie sicher verstehen, daß ich der Anwendung von ZILGREI in der Geburtsvorbereitung und während der Geburt eine außerordentlich große Bedeutung zumesse. Jede muskuläre Entspannung der Mutter und jede damit Hand in Hand gehende allgemeine Entspannung wirkt sich aufgrund der gefühlsmäßigen Identität des Fötus mit der Gebärenden für beide segensreich aus. Die Geburt wird dadurch nicht nur leichter, rascher und schmerzfreier verlaufen, sondern auch - und das ist das prophylaktische Interesse des Psychosomatikers - mit weniger folgenschweren Fehlprägungen und Spätschäden belastet sein.

Ich halte es allerdings für dringend notwendig, daß sich die mit ZILGREI arbeitenden Geburtshelfer und Hebammen auch mit der Lösung jenes Problems befassen, das Müttern und Föten von einer egoistischen und kurzsichtigen Medizin auferlegt worden ist und seit ca. 300 Jahren eine völlig unnötige Belastung des Geburtsverlaufs darstellt.

Ich zitiere dazu aus der TZ vom 26. August 1986:

»Die Rückenlage bei gebärenden Frauen ist ein grundlegendes Übel der modernen klinischen Geburtshilfe. Durch die Rückenlage werde der gekrümmte Geburtskanal nach oben gerichtet und erschwere die Geburt, da sie gegen und nicht mit der Schwerkraft erfolge, erklärte der Verhaltensphysiologe Wulf Schiefenhövel vom Max-Planck-Institut für Verhaltensphysiologie in Seewiesen. Langjährige Studien des Gebärverhaltens bei Naturvölkern hätten ergeben, daß gebärende Frauen von sich aus grundsätzlich eine vertikale Körperhaltung wie sitzen, stehen, hocken oder knien einnehmen. In dieser Stellung arbeite die Uterus-Muskulatur effektiver und die Geburt verlaufe rascher und weniger schmerzhaft. Die Rückenlage nannte Schiefenhövel die ›zweitdümmste Gebärposition nach dem Kopfstand‹.«

Kürzlich wurde mir berichtet, daß eine Türkin, die zur Entbindung in einer Münchner Klinik war, immer wieder von ihrem Bett aufsprang und in die Hocke ging, um ihr Kind zur Welt zu bringen. Sie war nur mit äußerster Mühe auf dem Bett zu halten, um dort ihr Kind liegend zu gebären.

In der mit analytischen Regressionsmethoden arbeitenden psychosomatischen Therapie, wie ich sie besonders bei solchen Erkrankungen anwende, die mit Erinnerungssymptomen einhergehen, ist der Einsatz von ZILGREI inzwischen ein voll integrierter Bestandteil des therapeutischen Verfahrens geworden. »Integriert« besagt, daß ZILGREI nicht einfach zur Regressionsmethode hinzuaddiert wird, sondern sich den Bedingungen des psychophysischen Wiedererinnerns einfügen muß. Das hat Auswirkungen

- auf die Auswahl der Therapien
- auf ihre Reihenfolge
- auf die zu beachtende Persönlichkeitsstruktur der Patienten sowie
- auf die Anwendungszeit der ZILGREI-Therapien.

Zu den genannten Punkten einige kurze Bemerkungen:

1. Die zur Anwendung kommende Tiefenpsychologische Basis-Therapie (TBT) hat mit der Aufdeckung von verdrängten Erlebnisinhalten zu tun, die in Muskulatur und Skelett massive Impulse und Schäden hinterlassen haben, die für den betroffenen Patienten nur sehr langsam und gegen großen Widerstand faßbar werden. Nur der mit der Problematik des Patienten und dem Grad seiner Verdrängung vertraute Therapeut kann einigermaßen ermessen, mit welchen Therapien er den Erinnerungsprozeß fördern und eine aus Angst erfolgende neue Verdrängung durch zu frühe Schmerzentlastung des Patienten verhindern kann. Deshalb stehen, jedenfalls in der ersten Zeit der Gesamttherapie, die durch den Therapeuten selbst durchzuführenden ZILGREI-Therapien im Vordergrund, und die vom Patienten durchzuführenden Selbsttherapien bedürfen einer strengen Auswahl und Überwachung.

2. Da die meisten schwerwiegenden Erinnerungssymptome in Muskulatur und Skelett pränatal entstehen, die Geburtsimpulse für das Kind durch die Peristaltik des Uterus, von der Mutter aus gesehen von oben nach unten, für den Fötus aber von unten nach oben, von den Füßen zum Kopf hin verlaufen, ist es ratsam, auch die Auswahl der ZILGREI-Therapien dieser Bewegungsrichtung anzupassen: von der Körperbasis die Wirbelsäule aufwärts zum Kopf. Dabei sind solche Therapien zu bevorzugen, die der Geburtsdynamik folgen, in der die Wirbelsäule die entscheidende Rolle spielt. Im übrigen entspricht das auch der frühen postnatalen Dynamik in der Aufrichtung zum zweibeinigen Lebewesen und folgt gleichzeitig den kompensatorischen Bewegungen bei intrauterin erworbenen Wirbelsäulenschäden, z.B. bei Skoliose.

3. In der Gedichtsammlung »Neue Rezepte vom Wunderdoktor« des unvergessenen Münchner Dichters *Eugen Roth* fand ich ein kleines Gedicht mit dem Titel »*Ausweg*«:

> *Wer krank ist, wird zur Not sich fassen,*
> *Gilts, dies und das zu unterlassen.*
> *Doch meistens zeigt er sich immun,*
> *Heißt es, dagegen was zu tun.*
> *Er wählt den Weg sich, den bequemen,*
> *Was ein- statt was zu unternehmen.*

Es ist ein kaum zu überschätzender Vorteil des ZILGREI-Systems, daß es durch seinen Aufbau auf einer Fülle von Selbsttherapien die Eigenverantwortung des Patienten aktiviert, daß es, um mit *Eugen Roth* zu sprechen, vom »Einnehmen« zum »Unternehmen« hinführt. Das ist nun gerade auch bei der Anwendung von ZILGREI in der Psychosomatischen Medizin wichtig. So sehr ich im letzten Punkt betont habe, daß die vom Therapeuten durchzuführenden Therapien zunächst Vorrang haben, so muß ich doch ebenso eindeutig feststellen, daß das Gewicht im Verlauf der weiteren Therapie sich mehr und mehr auf die Selbsttherapien verlagern muß. Bitte bedenken Sie, daß der weitaus größte Teil jener Patienten, die vorgeburtlich oder während des Geburtsverlaufs geschädigt worden sind, eine depressive Persönlichkeitsstruktur entwickelt haben, die sie immer wieder zur Passivität, zur medizinischen Konsumhaltung, zum »Sich-bedienen-lassen« verführt. Hier bietet ZILGREI im Rahmen der psychosomatischen Therapie das Gegenmittel der Wahl an, das jedoch vom Therapeuten über lange Zeit hinweg ständig kontrolliert werden muß.

4. ZILGREI ist eine Therapie, die man im Rahmen der aufdeckenden psychosomatischen Therapie richtig und falsch anwenden kann. So ist es z.B. falsch, wenn der Patient seine ihm verordneten Selbsttherapien vor der Regressionssitzung durchführt und dadurch evtl. Spannungen vorübergehend abbaut, die zur Aufdekkung seiner primären Schädigung erhalten bleiben müssen. Er wendet ZILGREI richtig an, wenn er einige Zeit nach der Therapiesitzung die aufgedeckten und wiedererlebten Schädigungen mit ZILGREI in auflösender Weise beantwortet.

5. Zum Abschluß zeige ich Ihnen noch einige Therapien, die ich, je nach Indikation, bei Hörsturz, Tinnitus und Morbus Menière anwende. Soweit sie in keinem ZILGREI-Buch bisher zu finden sind, habe ich sie in den letzten zwei Jahren selbst entwickelt. Ich möchte Sie aber ausdrücklich davor warnen, sie aufgrund dieser kurzen Information anzuwenden. Sie basieren nämlich jeweils auf der genauen Kenntnis der primären Schädigung und bleiben deshalb ohne vorausgehende und begleitende Regressionstherapie wirkungslos.

Zusammenfassung:

Der Autor arbeitet seit 1963 mit der Tiefenpsychologischen Basis-Therapie (TBT), einer psychoanalytisch orientierten Regressionsmethode, bei der die physiologische Zwerchfellatmung, ähnlich wie bei ZILGREI, als Therapeutikum eingesetzt wird. Die ZILGREI-Therapie fügt sich nahtlos in das psychosomatische Therapiekonzept ein. Sie ist bei solchen psychosomatischen Erkrankungen besonders indiziert, die mit muskulären Verspannungen und mit Skelettveränderungen verbunden sind.

Sehr viele psychosomatische Erkrankungen, schwere Neurosen und Psychosen, gehen ihrem ätiologischen Kern nach auf pränatale, perinatale und frühe postnatale Traumata zurück, also auf Schädigungen, die vor, während oder kurz nach der Geburt eingetreten sind. Weil die betroffenen Kinder diese aber nicht verarbeiten konnten, wurden sie verdrängt, haben dabei jedoch massive muskuläre Verspannungen und Skelettschäden hinterlassen. Die psychophysische Bewußtwerdung der Traumata und die Auflösung der Symptome wird durch die therapeutische Regression ermöglicht, die u.a. durch eine ruhige Zwerchfell-Tiefatmung erreicht wird.

Eine Reihe von muskulären Verspannungen stellen sich als »Ausdruckssymptome«, schwerwiegendere Verspannungen und Skelettschäden jedoch meist als »Erinnerungssymptome« dar, als direkte Körpererinnerung an erlittene frühe Traumata. Zu den orthopädischen Erkrankungen, deren Ätiologie in so frühe Zeit zurückreicht, sind vor allem die weitaus meisten Skoliosen, sehr viele Zervikobrachialsyndrome, bestimmte Formen von Hüftgelenksdeformationen, Kiel- und Trichterbrust (soweit diese nicht rachitischen Ursprungs sind), sowie allgemein persistierende oder rezidivierende Muskelverspannungen, wo immer diese auftreten, zu zählen.

Dazu gehören aber auch einige Innenohrerkrankungen wie der »idiopathische« Hörsturz, die Menièresche Krankheit und die Ohrgeräusche (Tinnitus). Deren in einem traumatischen Geburtsgeschehen wurzelnde letzte Ursachen hat der Autor in seinem kürzlich erschienenen Buch »Streik im Innenohr« dargelegt und dabei auch den Einsatz von gezielten ZILGREI-Therapien und ZILGREI-Selbsttherapien im Rahmen der psychosomatischen Behandlung dieser Erkrankungen empfohlen.

Bei der psychosomatischen Behandlung aller hier genannten Erkrankungen leistet ZILGREI unschätzbare Dienste, indem es dem Patienten die Funktionalität seiner Symptomatik erfahrbar macht und eine neue und heilsame Antwort auf das primäre traumatische Geschehen ermöglicht. Eine rezidivfreie Ausheilung mit Hilfe der ZILGREI-Therapie ist allerdings erst dann möglich, wenn die primäre traumatische Situation psychisch und physisch durchlebt und verarbeitet worden ist.

Im Video-Film wird gezeigt, wie in der Regressionstherapie pränatale, perinatale und frühe postnatale Traumata, die zu starken muskulären Verspannungen und zu Skelettschäden geführt hatten, psychophysisch erinnert werden.

Aufgrund der dargestellten Abläufe stellt sich die Frage nach den angeblich zivilisationsbedingten »Abnutzungserscheinungen«, nach der Ätiologie und einer wirksamen Behandlung von Arthrosen völlig neu. Ein gründliches Umdenken der Orthopädie erweist sich als dringend notwendig.

Sodann wird der Einsatz von ZILGREI-Therapien erklärt und demonstriert bei generalisierten Muskelverspannungen, bei Hyperlordose der Lendenwirbelsäule und Hyperkyphose der Brustwirbelsäule (z.B. bei Morbus Scheuermann), und bei den Innenohrerkrankungen »idiopathischer« Hörsturz, Morbus Menière und Tinnitus.

Hörsturz, Tinnitus und Morbus Menière als psychosomatische Erinnerungssymptome[*]

Jede tiefenpsychologisch begründete psychosomatische Therapie bewegt sich, wie die klassische Psychoanalyse, von der a-mnesis hin zur ana-mnesis, von der Verdrängung zur Erinnerung.

Auch außerhalb jeder Therapie findet dieser Prozeß immer wieder statt, wenn auch sehr viel unvollkommener und obendrein in seiner Bedeutung meist nicht erkannt oder doch zumindest unterschätzt. Er tritt vornehmlich in psychischen und psychosomatischen Symptombildungen und in Träumen zutage.

Hinsichtlich der psychosomatischen Symptome ist es ratsam, zwischen »*Erinnerungssymptomen*« und »*Ausdruckssymptomen*« grundsätzlich zu unterscheiden, da deren Aufdeckung und Bearbeitung unterschiedliche therapeutische Techniken verlangen.

In der klassischen Psychoanalyse haben wir es überwiegend mit Ausdruckssymptomen zu tun, mit Symptomen, die einen sozialen und zugleich intrapsychischen *Konflikt* sichtbar werden lassen. Sobald wir jedoch Probleme zu bearbeiten haben, deren Ursachen in der pränatalen und perinatalen Zeit unserer Patienten entstanden sind, begegnen wir sehr viel häufiger Symptomen, die eine *direkte psychophysische Erinnerung an erlittene Traumata* darstellen.

Als Beispiel nenne ich hier einige wenige Symptombildungen in der Muskulatur und im Skelett, die häufig auf pränatal oder perinatal erlittene Traumata zurückzuführen sind, auch wenn sie erst Jahre oder gar Jahrzehnte nach der primären Schädigung manifest geworden sind: Die weitaus meisten Skoliosen, Zervikobrachialsyndrome und bestimmte Formen von Hüftgelenksdeformationen; Kiel- und Trichterbrust, Verspannungen der Kaumuskulatur sowie allgemein persistierende Muskelverspannungen, wo immer diese auftreten mögen.

Viele der genannten Skelett- und Muskel-Symptome treten fast regelmäßig bei Patienten auf, die an »idiopathischen« Innenohrerkrankungen leiden, die wir ebenfalls zu den Erinnerungssymptomen rechnen müssen.

»Idiopathischer« Hörsturz, Tinnitus und Morbus Menière sind weit verbreitet. Man rechnet gegenwärtig in der Bundesrepublik mit mehr als 6 Millionen Men-

---

[*] Auszug aus einem Vortrag, gehalten am 17. Juni 1989 in Heidelberg, auf der 1. Arbeitstagung der deutschsprachigen Mitglieder der Internationalen Studiengemeinschaft für pränatale und perinatale Psychologie und Medizin (ISPPM). Erstveröffentlichung in: Ludwig Janus (Hrsg.), Pränatale und Perinatale Erlebnisvorgänge als Kernelemente des Unbewußten - Befunde und Perspektiven. Centaurus Verlag, Pfaffenweiler, 1989.

schen, die gelegentlich, mit mehr als 2 Millionen, die dauernd an Ohrgeräuschen und mehr oder minder starken Einschränkungen des Gehörs leiden.

Von der Entdeckung der Ätiologie dieser Erkrankungen wurde ich selber unvorbereitet überrascht. Außer gelegentlichem kurzzeitigem Pfeifen und Rauschen im linken Ohr leide ich selbst nicht an Tinnitus und habe, wenigstens bisher, keinen Hörsturz erlitten, trotz aller Streßbelastungen. Allerdings habe ich diese Symptome während bestimmter Phasen meines eigenen Geburtserlebens in der Regression sehr deutlich wahrgenommen, ohne daraus zunächst weitergehende Konsequenzen abzuleiten. Das geschah erst, als ich an mehreren Patienten während ihres Geburtserlebens spontane »idiopathische« Hörstürze, Tinnitus und gelegentlich auch massive Drehschwindel miterlebte, die von den Betroffenen selbst als Folge von äußerem Druck auf ein Ohr oder beide Ohren und als Unterbrechung der Blutzufuhr erlebt wurden.

Seither gehe ich davon aus, daß »idiopathischer« Hörsturz, Morbus Menière und Tinnitus ihrer gemeinsamen Ätiologie nach auf perinatale Schädigungen des Innenohrs zurückzuführen sind, bei denen äußerer seitlicher Druck auf den Kopf und Störungen der Durchblutung, z.B. durch den Druck selbst oder auch durch Nabelschnurumwicklungen, eine mehr oder weniger passagere Symptomatik hervorrufen, die nach erfolgter Geburt wieder abklingt.

Die als bedrohlicher Kampf ums Überleben erfahrene Geburt, oft mit Verzweiflung und Resignation, den Vorboten einer späteren Depression, verschwistert, wird zwar um des Überlebens willen in der Regel völlig verdrängt, mit allen ihren bedrohlichen Einzelaspekten jedoch exakt gespeichert.

Im Verlauf des weiteren Lebens kommt es, meist im Zusammenhang mit passageren Symptombildungen, die von beunruhigenden Träumen begleitet sind, zu bruchstückhaften Durchbrüchen des gespeicherten primären Geschehens in die Gegenwart. Sie bleiben für die Betroffenen selbst, für ihre nähere Umgebung und für ihre Ärzte meist unverständlich und rätselhaft, weil ihr Erinnerungscharakter nicht erkannt wird.

Zu einem endgültigen Durchbruch entscheidender Anteile des traumatischen Geburtsgeschehens, nämlich der Innenohrsymptome, kommt es in der Regel durch charakteristische Auslöser: durch »Streßsituationen«, die, vom Patienten im Wiederholungszwang meist selbst hervorgerufen, an den perinatalen Überlebenskampf erinnern.

In den Innenohrsymptomen haben wir also eine echte Erinnerungs-Symptomatik vorliegen, die im Zusammenhang mit den meist recht charakteristischen Träumen, die dem Krankheitsausbruch vorausgegangen sind und ihn begleiten, den Einstieg bilden für die mit Regressionsmethoden und mit psychoanalytisch orientierter Nachentwicklung defizitär gebliebener Ich-Strukturen arbeitende körperbezogene psychosomatische Therapie.

Damit ist erstmals eine die Ätiologie, die Psychogenese, die Pathogenese und die akute Symptomatik umfassende psychosomatische Therapie möglich geworden.

»Psychosomatisch« ist hier in dem Sinne zu verstehen, daß der psychische und der somatische Aspekt des primären Geschehens und der darauf bezogenen therapeutischen Maßnahmen als gleichgewichtig und als unlösbar aufeinander bezogen zu betrachten und zu handhaben sind.

Hinsichtlich der Therapie möchte ich daran erinnern, daß nicht nur im primären traumatischen Geschehen, sondern auch im gegenwärtigen akuten Krankheitsausbruch, der Hörsturz mit einer akuten Ischämie im Innenohr verbunden ist, weshalb Maßnahmen zur Verbesserung der Durchblutung bzw. Sauerstoffversorgung des betroffenen Gewebes unumgänglich sind, um irreparable Schädigungen zu vermeiden. Dazu setzen wir neben ZILGREI-Therapie, Sauerstoff-Mehrschritt-Therapie und ansteigenden Fußbädern (Firma Schiele, Hamburg) gegebenenfalls auch die Ozontherapie ein.

Andererseits muß mit aller Entschiedenheit davor gewarnt werden, sich mit dem vielleicht gelingenden Auffangen der Hörminderung durch eben solche (und andere) die Durchblutung verbessernde Maßnahmen zufrieden zu geben. Da es sich um ein Erinnerungssymptom handelt, kann es jederzeit erneut spontan auftreten bzw. durch äußere belastende Lebenssituationen wiederholt ausgelöst werden, solange der Erinnerungscharakter in der Regressionstherapie nicht aufgearbeitet und aufgelöst worden ist.

Erfahrungsberichte zur Behandlung von Hörsturz, Tinnitus und Morbus Menière

Die »psychosomatische« Krankheits-»Trias« »idiopathischer« Hörsturz, Tinnitus und Morbus Menière

Eine Kurzinformation für Betroffene

Drei Wörter in der Überschrift stehen in Anführungszeichen: »psychosomatisch«, »idiopathisch« und »Trias«. Sie sollen zunächst erklärt werden.

Viele Menschen verstehen den Begriff »psychosomatisch« immer noch so, als handle es sich dabei um Erkrankungen, die zwar körperlich ablaufen, aber seelisch verursacht sind. Die Psychosomatische Medizin orientiert sich heute jedoch mehr an der Feststellung von VIKTOR VON WEIZSÄCKER, daß es keine einzige körperliche Erkrankung gibt, die nicht gleichzeitig seelische Anteile hat, und keine seelische Erkrankung, bei der nicht gleichzeitig körperliche Prozesse ablaufen. Die moderne Psychosomatische Medizin ist eine Ganzheits-Medizin, die sich sehr bewußt um die Einheit und Ganzheit des Menschen bemüht.

Die Bezeichnung »idiopathisch« meint, daß eine Erkrankung keine erkennbaren Ursachen hat, auf die man sie zurückführen könnte. Man kann deshalb auch einfach sagen: »Die Ursachen dieser Erkrankung sind unbekannt«. Natürlich gibt es Hörstürze, die auf nachweisbare Ursachen zurückgeführt werden können, z.B. auf ein Knalltrauma oder auf einen Tumor. Davon soll hier nicht die Rede sein. »Idiopathisch« ist ein Hörsturz, wenn er spontan, ohne erkennbare Ursache auftritt, wenn man zwar eine auslösende Situation beschreiben kann, die jedoch die Eigenart dieser Erkrankung und ihre zunehmende Häufigkeit nicht erklärt.

Wenn die Bezeichnung »idiopathisch« hier in Anführungszeichen gesetzt wird, soll damit zum Ausdruck gebracht werden, daß die Ursachen dieser Erkrankung nunmehr bekannt sind und deshalb erstmals eine auf die Ursachen bezogene, eine wirklich »kausale« Behandlung möglich geworden ist. Im folgenden Informationstext kann das natürlich nur angedeutet, nicht befriedigend ausgeführt werden. Ausführlicheres finden Sie in meinem kleinen Buch »Streik im Innenohr«.

Wenn hier von einer Krankheits-»Trias« die Rede ist, so soll damit ausgesagt werden, daß es sich, der Ursache nach, nicht um drei so verschiedene Erkrankungen handelt, daß sie eine unterschiedliche Therapie erforderten, sondern daß es sich nur um unterschiedliche Symptome handelt, die auf ein gemeinsames ursächliches Geschehen zurückgehen und deshalb auch in gleicher Weise behandelt werden müssen.

Unterschieden sind die drei Erkrankungsformen hauptsächlich im Grad der entstandenen Schädigung - und das sagt nichts über ihre Heilbarkeit aus!

Zu den psychosomatischen Krankheiten im engeren Sinne rechnen wir besonders solche körperlichen Prozesse, bei denen seelische Anteile ganz besonders deutlich hervortreten, aber auch solche, bei denen die Ursachen ihrer Entstehung so früh in der Lebensgeschichte liegen, daß sie einer nur körperlich orientierten Medizin immer noch unlösbare Rätsel aufgeben. Zu dieser zweiten Art gehört die Trias der Innenohrerkrankungen.

Weil sie bei der Behandlung therapeutisch unterschiedlich angegangen werden müssen, ist es notwendig, zwischen zwei verschiedenen Arten von auftretenden Symptomen zu unterscheiden: den Ausdrucks-Symptomen und den Erinnerungs-Symptomen. Zu den psychosomatischen Erkrankungen mit Ausdrucks-Symptomen gehört z.B. die Hautkrankheit »Neurodermitis«, während die Trias der Innenohrerkrankungen mit Erinnerungs-Symptomen einhergeht. Sie gehen ihrer Entstehung nach auf vorgeburtliche und frühe nachgeburtliche Probleme, vor allem aber auf Geburtskomplikationen zurück.

Von der Entdeckung dieser Krankheitsursachen wurde ich ganz unvorbereitet überrascht. Außer gelegentlichem kurzzeitigen Pfeifen und Rauschen in meinem linken Ohr leide ich nicht an Tinnitus und habe, trotz großer Streßbelastungen und gewöhnlich nur kurzer Nachtruhe, keinen Hörsturz erlitten. Ich habe diese Symptome jedoch während bestimmter Phasen meiner Selbsterfahrungs-Therapie beim Wiedererleben meiner Geburt sehr deutlich und intensiv wahrgenommen. Als ich dann bei mehreren meiner Patienten während ihres Geburtserlebens spontane Hörstürze, Tinnitus und Drehschwindel miterlebte, die von den Betroffenen selbst als Folge eines starken Drucks auf den Ohrbereich und als vorübergehende Unterbrechung der Blutzufuhr infolge dieses Drucks oder durch Nabelschnurumwicklungen um den Hals wahrgenommen wurden, leitete ich aus diesen Beobachtungen weitergehende Konsequenzen ab und begann erste Behandlungen mit der Regressionstherapie, die von Anfang an recht überzeugend verliefen.

Von den Patienten, die als Erwachsene erst zu recht später Zeit in ihrem Leben eine dieser drei Krankheitsformen entwickeln, ist die eigene Geburt als sehr bedrohlicher Kampf ums Überleben, oft verbunden mit den Gefühlen von Verzweiflung und Resignation, den Vorboten einer späteren Depression, erlebt worden. Da ein solch bedrohliches Ereignis von dem noch ganz hilflosen Kind nicht verarbeitet werden konnte, wurde es »verdrängt« und zur späteren Aufarbeitung im Gehirn gespeichert.

Im Verlauf des späteren Lebens kommt es dann, meist im zeitlichen Zusammenhang mit beunruhigenden Träumen, zu bruchstückhaften Durchbrüchen des vergangenen Geschehens in die Gegenwart. Zu einem endgültigen Durchbruch wesentlicher Anteile des bedrohlich erlebten Geburtsgeschehens kommt es in der Regel durch ganz charakteristische Auslöser: durch »Streßsituationen« verschiedenster Art, die den Patienten unbewußt an den Überlebenskampf während seiner Geburt erinnern.

Da Erkrankungen des Innenohrs dieser Art ihrem Ursprung nach auf einem vorübergehenden Steckenbleiben im Geburtskanal beruhen, ist fast immer auch die Wirbelsäule der Patienten mit betroffen, vor allem die Lenden- und die Halswirbelsäule. Wir beobachten deshalb neben den bekannten Symptomen im Innenohr (Hörsturz mit Durchblutungsstörungen, Tinnitus, Kopfdruck, evtl. Schwindelgefühle mit Erbrechen) meist noch schmerzhafte Verspannungen in der HWS und der LWS, oft auch in der gesamten Wirbelsäule. Auch diese Symptome sind bereits seit langem bekannt. Aber man hat sie bisher dann entweder für eigene, von den Innenohrerkrankungen unabhängige Erkrankungen gehalten, oder aber, z.B. die Verspannungen in der HWS, für die Ursache der Innenohrsymptome. Da diese verschiedenen Symptome aber zusammengehören, können und müssen sie auch im Zusammenhang miteinander behandelt werden!

Bemerkungen zur Therapiemethode bei der Behandlung von psychosomatischen Erkrankungen im Bereich des Innenohrs

Bei der Trias der Innenohrerkrankungen »Idiopathischer« Hörsturz, Morbus Menière und Tinnitus handelt es sich um die Spätmanifestation von Ischämien im Innenohrbereich, die ihrer Ätiologie nach Teil eines traumatischen Geburtsgeschehens sind (z.B. durch Quetschungen des Kopfes im Ohrbereich, durch Nabelschnurumwicklungen u.ä.) und bei Krankheitsausbruch durch Streßsituationen im Sinne einer »Erinnerungssymptomatik« ausgelöst werden.

Die psychosomatische Behandlung dieser (und einiger anderer) Erkrankungen beruht auf zwei Pfeilern:

1. Den ersten Pfeiler bildet eine Form der Psychoanalyse, die gleichzeitig die Wiedererinnerung und Bearbeitung des primären traumatischen Geschehens sowie eine Veränderung des gegenwärtigen streßbelasteten Lebensstils anstrebt. Da es sich der Ätiologie nach um schwerwiegende Traumata handelt, die nicht ohne weiteres geistig erinnerbar und verbalisierbar sind, muß die klassische Form der Psychoanalyse in Richtung auf eine gezielte Regression erweitert werden. Da die Therapie auf die Aufdeckung und Auflösung massiver verdrängter Traumata abzielt, die einmal die vitale Lebensbasis bedroht haben, sprechen wir bei dieser psychoanalytischen Therapievariante von der »Tiefenpsychologischen Basis-Therapie (TBT)«.

Wichtige Ansätze in dieser Richtung finden sich bereits bei SIGMUND FREUD selbst, bei seinen Schülern RANK und FERENCZI, bei VIKTOR VON WEIZSÄCKER, MICHAEL BALINT, IGOR A. CARUSO und vielen anderen neueren Autoren. Der Rahmen wissenschaftlich anerkannter Methoden wird dabei in keinem Punkt verlassen.

2. In allen Fällen von Innenohrerkrankungen dieser Art liegen zusätzlich chronische Verspannungen der Wirbelsäule, besonders im oberen HWS-Bereich, - oft auch Skoliosen - vor, die an der Mangeldurchblutung kausal beteiligt sind. Diese Symptomatik findet sich im übrigen bei fast allen psychosomatischen Erkrankungen, die auf pränatale und perinatale Traumata zurückgehen. Auch die Atmung ist regelmäßig eingeschränkt: wer latente Ängste festhält, atmet flach und falsch.

Bei der psychosomatischen Behandlung bedarf es deshalb neben der Psychoanalyse einer gezielten Wirbelsäulenbehandlung und atemtherapeutischer Maßnahmen.

Diese Form der psychoanalytischen Therapie macht eine sehr dichte Sitzungsfolge und eine umfassende Verlaufsbeobachtung durch den Therapeuten notwendig. Sie kann deshalb nur mit einer mindestens vierwöchigen, besser sechswöchigen Intensivkur stationär durchgeführt und bei Bedarf mit ein- oder mehrwöchigen Kuren fortgesetzt werden.

Aschau im Chiemgau, im Januar 1990

Nachtrag, Ende März 1990: Die Erfahrungen der letzten Monate haben gezeigt, daß der Therapieerfolg weitgehend *unabhängig* ist vom Alter der Patienten. Die gesamte Therapiedauer muß auf durchschnittlich 8 bis 12 Wochen veranschlagt werden. Sie hängt wesentlich von der Schwere der vorhandenen Depression ab.

Erfahrungsberichte

John H., 53 Jahre, amerikanischer Manager, verheiratet

»Vorgeschichte
Durch meinen Beruf war ich immer sehr viel unterwegs. Ich setzte mich dauernd unter Druck, um ja immer alles »richtig« zu machen. Nach einem zweijährigen stressreichen Aufenthalt in Paris bin ich nach München zurückgekehrt.

Auslösende Situation
Ich stand unter großem Termindruck, hatte zu wenig Mitarbeiter und keine Aussicht, rechtzeitig Hilfe zu bekommen. Bestimmte Arbeiten waren termingebunden. Außerdem standen weitreichende Entscheidungen an; aber ich war durch den großen Druck entscheidungsunfähig geworden. Am 23. Juli 1987 wachte ich gegen Mitternacht mit Schwindel, Übelkeit und Erbrechen auf.

Symptomatik

Ich fühlte einen schrecklichen Druck im rechten Innenohr, hatte wochenlang schwerste Schwindelanfälle, eine beträchtliche Hörminderung und einen entsetzlichen Lärm im rechten Innenohr.

Krankengeschichte und therapeutische Maßnahmen

Der Notarzt hielt die geschilderten Beschwerden für die Symptome einer Lebensmittelvergiftung; meine Hausärztin vermutete ein »exotisches Virus«. Durch diese Fehldiagnosen wurde eine sofortige medizinische Versorgung verhindert. Sie hätte wohl auch wenig Erfolg gehabt. Fünf HNO-Ärzte, die mich innerhalb von zwei Jahren behandelten, gaben der Krankheit den Namen »Morbus Menière«. Über diese Diagnosestellung hinaus waren sie völlig hilflos!

Ein Arzt, den ich durch Freunde kennenlernte, machte mich auf die Arbeit des Psychoanalytikers und Psychotherapeuten WOLFGANG HANS HOLLWEG aufmerksam. Sein Büchlein »Streik im Innenohr« überzeugte mich sofort. Ich unterzog mich einer Therapie nach der Methode der Tiefenpsychologischen Basis-Therapie (TBT). Sie begann mit einer vierwöchigen Kur im Gesundheitszentrum Haus Margeritenhof in Aschau im Chiemgau.

Erfahrungen mit der TBT

In der Regression erfuhr ich mich sehr schnell als Fötus. Meine Mutter hatte, als sie mit mir schwanger war, im sechsten Monat einen schweren Fahrradunfall. Den erlebte ich in allen Einzelheiten wieder. Bei dem Sturz waren u.a. meine Knie in Mitleidenschaft gezogen worden. Mein ganzes Leben lang habe ich Schmerzen in den Knien gehabt! Bei diesem Unfall habe ich im Mutterleib einen Schock erlitten, mich ruckartig gedreht und mich dabei in meiner Nabelschnur verwickelt, die mir den Hals zuzog und die Durchblutung des Gehirns beeinträchtigte. In der Therapie erlebte ich dieses Geschehen körperlich wieder. Das war seelisch mit unglaublichen Todesängsten, totaler Hilflosigkeit und mit Schuldgefühlen verbunden. Ich habe diese Situationen mehrmals wiedererlebt, aber jedesmal mit sich verändernden Gefühlen, Ängsten und Nöten - bis hin zur Geburt. Die habe ich inzwischen fünfmal durchlebt, jedesmal in einem erfreulicheren Zustand.

Veränderungen

Nach bisher neun Wochen Intensivtherapie (zu Beginn vier Wochen, nach einer längeren Pause noch einmal drei, nach einer weiteren Pause zwei Wochen, insgesamt ca. 90 Sitzungen) haben sich »Lärm« und Druck im Innenohr anhaltend ganz beträchtlich vermindert, die Schwindelanfälle haben völlig aufgehört, ebenso die damit verbundenen Ängste.

Meine Wahrnehmungsfähigkeit hat sich wesentlich erweitert, meine Aufmerksamkeit und Konzentrationsfähigkeit hat sich stabilisiert. Ich kann heute stundenlang, ohne abzuschweifen, hellwach bei einem Gespräch oder bei einer Sache bleiben. Mein Entscheidungs- und mein Unterscheidungsvermögen haben sich beträchtlich erhöht. Und was ich ganz besonders erwähnen muß: Ich habe inzwischen tiefsten Respekt entwickelt für das Leben als Ganzes und für seine Intelligenz - schon im Zustand seines Werdens!

Zielvorstellung

Ich werde die Therapie nach meinem bevorstehenden Amerikaaufenthalt fortsetzen - und ich bin nach meinen bisherigen Erfahrungen ganz sicher, daß ich meine völlige Genesung erleben werde.

München, den 17.1.1990

gez.: *John. H.*«

Irmingard S., 57 Jahre, Lehrerin, ledig

Bericht des Therapeuten (Auszug aus »Streik im Innenohr«, Seite 22/23)

»Vor einigen Jahren kam eine Frau zu mir in die Praxis, die an einer so schweren Zwangsneurose litt, daß die dringend notwendige Behandlung von zwei namhaften Psychotherapeuten abgelehnt worden war. Die Patientin erwies sich in der Tat als kaum lebens- und arbeitsfähig. Da ich damals bereits mit der Anwendung von Regressionsmethoden in der Therapie begonnen hatte, entschloß ich mich zur Übernahme der Behandlung, als ich erfuhr, daß sie eine sehr schwere Geburt gehabt hatte (Zangengeburt, Nabelschnurumwicklung u.a.m.), bei der die Mutter starb. Ich berichte im folgenden nur über den Teil der Behandlung, der mit unserem Thema zu tun hat.

Nach einer gewissen Einstimmungszeit, nach der Bearbeitung mehr gegenwartsbezogener, aktueller Probleme und erinnerbarer Vorgänge aus der Kindheit näherte sich die Regressionstherapie allmählich dem traumatischen Geburtsgeschehen. Auffällig war, daß die Patientin jedesmal dann, wenn sie während des Wiedererlebens einer bestimmten Phase der Geburt sich selbst unter Druck setzte oder von außen unter Druck gesetzt glaubte, mit massiven Schwindelgefühlen, starken Kopfschmerzen, Benommenheit, Erbrechen und Ohnmacht reagierte - also mit den Symptomen der Menièreschen Erkrankung...

Nach einer gewissen Zeit der therapeutischen Bearbeitung wurden die...Symptome, die bereits während ihrer Kindheit wiederholt aufgetreten waren und eine panische Angst vor dem Erbrechen hinterlassen hatten,...immer geringer und hörten schließlich ganz auf. Zurück blieb zunächst eine gewisse Innenohrschwerhörigkeit, verbunden mit leichten Ohrgeräuschen, derentwegen sich die Patientin mehrfach untersuchen und testen ließ...

Die Patientin setzte ihre Therapie systematisch fort. Mit der Aufarbeitung des äußerst schweren Geburtserlebens hat sich die Hörfähigkeit, bis auf eine ganz unbedeutende Einschränkung, so wesentlich gebessert, daß sie...ihren Beruf als Lehrerin unbehindert ausüben kann. Die Symptome der Menièreschen Erkrankung traten nie wieder auf.«

Dazu teilt die Patientin heute ergänzend mit:
»Meine Mutter starb bei meiner Geburt 1932. Bis zum Ende meines ersten Lebensjahrs war ich im Säuglingsheim. Mit 20 Jahren trat ich in das Kloster ein, in das meine zwei Jahre ältere Schwester kurz vorher eingetreten war. Ich unterrichtete als Lehrerin an der Volksschule des Klosters, war aber schulisch von meiner Schwester abhängig, da ich mir selbst wenig zutraute. Nachdem ich etwa ein Jahr lang bei Herrn Hollweg eine Psychoanalyse gemacht hatte, trat ich 1973, nach 21 Jahren Klosterleben, aus dem Orden aus und tauschte die Klosterschule mit einer weltlichen Schule, mußte also unabhängig von meiner Schwester meine »Frau« im Beruf stellen.

Obwohl mir die Großstadtverhältnisse in München ganz ungewohnt waren, kam ich in meiner neuen Arbeitsstelle bald erstaunlich gut zurecht. Allerdings litt ich immer wieder unter Depressionen, Zwängen und quälenden Schuldgefühlen und setzte mich im Beruf, leider auch in meiner Therapie, selbst unter Druck.

Eines Tages merkte ich, daß ich nicht mehr die volle Lautstärke beim Fernsehen mitbekam. Mein Gehör wurde unmerklich laufend schlechter. Übelkeit und Schwindel nahmen zu. Auf Anraten des Therapeuten ließ ich mich im Großklinikum Großhadern untersuchen. Es wurde eine Innenohrschwerhörigkeit festgestellt, die unabhängig vom Alter sei und mit einer Durchblutungsstörung zusammenhänge. Der Professor prophezeite mir, daß ich in einem halben Jahr ein Hörgerät tragen müsse.

Da ich als Lehrerin in der Schule tätig war und durch ein Hörgerät meine Berufschancen infrage gestellt sah, unterzog ich mich sofort einer Spezialtherapie bei Herrn Hollweg. Das war im Jahr 1984. Ich trage bis heute noch keinen Hörapparat!

München, den 28. Februar 1990
gez.: *Irmingard S.*«

Axel B., 37 Jahre, ledig

»Vorgeschichte und Symptomatik
Entscheidendes Moment für meinen Entschluß, mich einer Behandlung bei dem Psychoanalytiker und Psychotherapeuten Wolfgang Hans Hollweg zu unterziehen, waren die bereits während meiner Gymnasialzeit auftretenden und mich während

meines Studiums zunehmend belastenden Streßsymptome. Sie traten besonders heftig und störend auf, wenn ich Referate zu halten hatte. Ich bekam Schweißausbrüche, Atemnot, Herzrasen und einen so unangenehmen Druck in den Ohren, daß ich sogar meine eigenen Worte kaum noch hören konnte. Diese Symptome, die mich sehr belasteten, blieben mir unerklärlich, ja rätselhaft.

Auslösende Situation

Nachdem ich mit Hilfe der Therapie mein Studium und das anschließende Referendariat erfolgreich abschließen konnte, begann ich mit einem Promotionsstudium. Dabei setzte ich mich selbst permanent unter einen Zeit- und Leistungsdruck, der objektiv nicht begründet, trotzdem aber mit Schuldgefühlen verbunden war. Er lähmte mich in meiner Arbeitsintensität so erheblich, daß meine Arbeit kaum Fortschritte machte. Der Leistungsdruck erzeugte ein merkwürdiges Symptom: beim Lesen drückte ich ganz unwillkürlich mit dem Kopf in die Richtung des Textes, bis sich Augen und Nacken, teilweise bis in die Ohren hinein, so verkrampften, daß ich dadurch den Textinhalt nicht mehr aufnehmen und verarbeiten konnte. In dieser Zeit traten im Abstand von einem halben Jahr zweimal beträchtliche Hörminderungen auf. Sie waren nicht mit Schmerzen im Innenohr verbunden, doch konnte ich im linken Ohr so gut wie nichts mehr hören, während im rechten Ohr wiederholt ein Pfeifton entstand.

Erfahrungen mit der TBT

Wie erwähnt, hatten sich schon während der Seminararbeiten im vorangegangenen Lehrerstudium die meine Leistungsängste begleitenden Körperreaktionen wie Herzrasen, Atemnot und vorübergehender Innenohrdruck bei entsprechenden Anforderungen eingestellt. Im Verlauf der Therapie war nun zunehmend die Möglichkeit gegeben, die Ursachen der auftretenden Ängste wahrzunehmen, zu bearbeiten und aufzulösen. Im Zusammenhang mit den beiden erwähnten Hörstürzen trat dabei meine Geburt, die sehr traumatisch gewesen war, immer stärker in den Vordergrund.

Da meine Geburt nicht pünktlich in Gang kam, wurden wehentreibende Mittel eingesetzt. Doch der erste Versuch scheiterte. Beim zweiten Versuch ging vorzeitig das Fruchtwasser ab. Das löste in mir ein ganz unangenehmes Schweregefühl und ein angsterzeugendes Engegefühl am ganzen Körper, besonders aber am Kopf aus. Am liebsten hätte ich meinen Kopf mit Gewalt gegen die den Ausgang versperrende Wand gedrückt und ihn vor Verzweiflung dabei zerstört. Doch dazu war ich viel zu schwach.

Einige Sitzungen später erlebte ich, wie ich mit meinem Kopfdrücken die Geburt endlich selbst in Gang zu setzen versuchte. Das löste jedoch in meinem rechten Ohr ein schellendes Geräusch aus. Ich verspürte einen stechenden Schmerz im linken Ohr und merkte, daß ich damit so heftig gegen den verschlossenen Ausgang rieb, daß es davon ganz überempfindlich wurde. Mit der ganzen linken Kopfhälfte versuchte ich, die Sperre wegzudrücken - doch vergeblich! Angst, Verzweiflung und Resignation, die Vorboten meiner späteren Depression, nahmen mich ganz gefangen.

Ich hatte in der Therapie inzwischen gelernt, daß es wichtig war, diese unangenehmen Gefühle zuzulassen und voll wiederzuerleben. Als mir das gelang, kehrte nach etwa einer Woche mein normales Hörvermögen zurück und die Ohrgeräusche verschwanden. Das war vor eineinhalb Jahren. Seither sind meine Ohren symptomfrei.

Trotz dieses Erfolges habe ich meine Therapie fortgesetzt, weil ich die begründete Hoffnung habe, auch meine Depression voll ausheilen und meine Kreativität, die damit verbundene Leistungsfähigkeit und meine Beziehungsfähigkeit noch wesentlich weiter entwickeln zu können.

München, den 8.3.1990
gez.: *Axel B.*«

Jochen S., Arzt, 50 Jahre, verheiratet, 2 Kinder

»Vorgeschichte, auslösende Situation und Symptomatik
Als Arzt in freier Praxis werde ich seit vielen Jahren in meiner aufreibenden Arbeit durch stete intensive Wachsamkeit und Verantwortung von morgens 7 Uhr bis 23 Uhr gefordert. Nachts kommen oft noch Anrufe von Patienten mit starken Schmerzen oder Ängsten, die mich zwingen, rasch tätig zu werden. Der Druck, allen Patienten einigermaßen gerecht zu werden, ist recht groß und belastend.

Im Juni 1989 wurde ich von einer akuten Mittelohrentzündung überrascht, die hartnäckig, trotz Antibiotika, nicht wich. Gleichzeitig bemerkte ich einen ständigen Tinnitus und mäßige Schwerhörigkeit. Nach Beendigung der akuten Otitis media blieben Tinnitus und Schwerhörigkeit zurück.

Da ich von der Problematik der Tinnitusbehandlung meiner Patienten weiß, suchte ich andere, neue Wege. Ich bekam das Buch »Streik im Innenohr« des Psychoanalytikers und Psychotherapeuten Wolfgang H. Hollweg in die Hände und erkannte, daß diese Behandlungsvorstellung für mich die naheliegende und geniale Methode ist, um mich von diesem Leiden zu befreien.

Außerdem spürte ich in mir gelegentlich auftauchende Ängste, die mit depressiven Phasen verbunden sind und die ihren Ursprung in weit zurückliegenden Zeiten und in tiefer Kindheit haben mußten. Somit entschloß ich mich schnell, überzeugt und klar für diese Behandlung mit der Tiefenpsychologischen Basis-Therapie (TBT).

Erfahrungen mit der TBT

Es fiel mir anfangs schwer, mich mit der Regressionstherapie auf mein eigenes Körpergeschehen zu konzentrieren, da ich mich durch Symbolvorstellungen und Träume ablenken ließ. Durch die klare und verständnisvolle Haltung und stete Hinführung von Wolfgang Hollweg kam ich dichter und dichter an meine eigenen Körperwahrnehmungen heran. Ich war überrascht und erstaunt, als ich mich auf der Matte plötzlich als Fötus im Uterus erfuhr, daß ich bereits dort Einsamkeitsphasen, ja Schmerzen von Verlassenheit, von Ängsten, von Trauer, von Resignation in Kälte und Hilflosigkeit erlebte. Diese Erfahrung wiederholte sich und reicherte sich mit immer weiteren Gefühlen an.

Das Nacherleben meines Geburtsvorgangs begann erst gegen Schluß meines Aufenthalts in Aschau. Nur sehr langsam kam ich im Geburtskanal voran und merkte, daß die Wehen meiner Mutter nicht synchron mit meiner eigenen Kraft und Anstrengung kooperierten. Ich zwängte meinen Kopf lange Zeit schmerzhaft durch den Geburtskanal. Der Kopf und das linke Ohr wurden dabei stark gepreßt und gedreht, bis ich endlich ans Tageslicht gelangte.

Ich habe jetzt zwar erst 40 Sitzungen hinter mir, fühle mich aber nicht mehr so tief depressiv und ängstlich. Mein Tinnitus hat sich bis jetzt nur leicht gebessert; die Zeit war einfach zu kurz. Ich konnte mich nur mühsam für 4 Wochen frei machen. Ein Sturmschaden an unserem Haus und eine Erkrankung meines Sohnes nahmen meine Gedanken immer wieder gefangen. Auch dadurch fand ich, wie bereits beschrieben, nur langsam in die Regression hinein. Ich weiß, daß weitere Sitzungen notwendig sind, um in der Tiefe den Schmerz und, daraus ableitend, Klarheit zu erfahren, versäumte Entwicklungen des Lebens nachzuholen, neue in Gang zu setzen und mich auch seelisch zu weiten.

Das ist mir im Nachhinein aufgefallen:
Für meine Patienten bin ich wacher und wahrnehmungsbereiter geworden, und ich begegne dem Leben mit immer mehr Staunen.

Aschau im Chiemgau, den 10.3.1990
gez.: *Jochen S.*«

Ursula v. R., 64 Jahre, Musikwissenschaftlerin, seit 1987 pensioniert

»Vorgeschichte

Als Leiterin der Textredaktion der Deutschen Grammophon Ges. und Herausgeberin mehrerer umfangreicher Text-Bild-Bände war ich mehr als 30 Jahre lang ständig zeitlich wie kräftemäßig mit Arbeit überlastet. Durch kurzfristige Terminplanung, Umfang und Anzahl der Textpublikationen zu Schallplattenaufnahmen, durch schwierige personelle Arbeitsorganisation und qualitative Ansprüche an die

Musik-Essays sah ich mich oftmals mit dem Problem konfrontiert, schier unlösbare Aufgaben lösen zu müssen.

Auslösende Situation
Mitten in der geistig wie physisch außerordentlich anstrengenden Arbeit an der Herausgabe eines umfangreichen Bandes »Die Welt der Symphonie«, die, bei gleichzeitiger Publikation in drei Sprachen, unter großem Zeitdruck stand, erlitt ich 1972 durch einen unerwarteten Todesfall den schwersten Verlust meines Lebens. Ohne mich in meine Trauer einlassen zu können, mußte ich intensiv an der o.g. Publikation weiterarbeiten.

In der Nacht nach dem plötzlichen Todesfall verspannte sich meine Lendenwirbelsäule durch eine spontane Drehung der Wirbelsäule nach rechts, wodurch ich, bis zum Beginn der Therapie in Aschau, nicht länger als wenige Minuten stehen konnte. Während der Arbeit setzten in den folgenden Tagen Ohrenschmerzen ein, wenige Zeit darauf Kopfschmerzen unter der Schädeldecke und ein Ohrenklingen (Tinnitus) - zunächst nur zeitweise, dann andauernd und lauter werdend (Hauptklangbereich auf 6.000 Hz.). Die Kopfschmerzen verstärkten sich seit 1972 mehr und mehr und führten 1976 zu einem Zusammenbruch.

Krankengeschichte und therapeutische Maßnahmen
Seit 1972 bis ca. 1980 war ich in ständiger neurologisch-psychiatrischer Behandlung. Da kein Schmerzmittel gegen die Kopfschmerzen half, bekam ich hohe Dosen von Psychopharmaka. Die Behandlung beim HNO-Arzt blieb erfolglos. Die Neurologin erklärte mir, daß Tinnitus nicht heilbar und deshalb einfach zu akzeptieren sei. Seit ca. 1978 war ich in Behandlung bei einem Heilpraktiker: Sauerstoff-Mehrschritt-Therapie, Ozon-Therapie, Homöopathie, Magnetfeld-Therapie und vor allem Gesprächs-Therapie. Im Laufe der Jahre setzte eine leichte Besserung ein. Bei bevorstehenden Anstrengungen und Anforderungen jedoch traten wieder Verschlechterungen der Symptome ein.

Von diesem Heilpraktiker erhielt ich Mitte Oktober 1989 einen Vorabdruck des Buches »Streik im Innenohr« von Wolfgang H. Hollweg, bei dem ich mich sofort nach der Lektüre des Buches zur Therapie anmeldete, denn viele meiner Verhaltensweisen, Schwierigkeiten und Symptome sind in diesem Buch behandelt. Ich entschloß mich spontan zu einer vierwöchigen Intensivbehandlung mit der Tiefenpsychologischen Basis-Therapie (TBT) bei Wolfgang H. Hollweg in Aschau im Chiemgau.

Im Februar/März setzte ich meine Therapie mit einer zweiwöchigen Kur, im April 1990 noch einmal mit einer dreiwöchigen Kur fort, in die ein fünftägiges gruppentherapeutisches »Marathon« einbezogen war. In diese letzte Behandlungsphase waren außerdem 9 Sitzungen mit der Kognitiv-Energetischen Therapie (KET) integriert, die meinen Entwicklungsprozeß in der TBT stark förderten. Am

Ende dieser drei Wochen konnte ich die Tiefenpsychologische Basis-Therapie (TBT) mit dem »Umkippen« der Biologischen Programme erfolgreich abschließen. Die KET werde ich in einiger Zeit mit gelegentlichen Einzelsitzungen fortsetzen, weil ich sie im Hinblick auf meine persönliche Weiterentwicklung für sehr effektiv halte.

Erfahrungen mit der Tiefenpsychologischen Basis-Therapie (TBT)
Es gelang mir am Anfang der vierwöchigen Intensiv-Therapie ziemlich schnell, in frühe Lebensstadien zu regredieren und wichtige Zusammenhänge aus meiner Lebensgeschichte, z.b. die Beziehungen meiner Eltern zu mir und meine Beziehung zu ihnen, besonders aber die Verletzungen und Schädigungen durch meine außerordentlich schwere Geburt, wiederzuerleben. Geleitet von körperlichen Bewegungen und innerlich wahrgenommenem körperlichen Ausdruck erlebte ich in wechselnder Folge Ereignisse direkt nach meiner Geburt, die Geburt selbst, die Zeugung, Wahrnehmungen von mir als Embryo und Fötus, Wahrnehmungen von mir als eben geborenes Baby. Von meiner Mutter wußte ich, daß meine Geburt wegen meines sehr großen Kopfes äußerst langwierig und schwer war, daß ich nach der Geburt blau gewesen sei und daß es etwa zehn Minuten bis zum Einsetzen der Atmung gedauert habe. Sie seien damals voller Sorge gewesen. Diese Schädigungen - der festgeklemmte Kopf, das Zuschnüren des Halses von der Nabelschnur, das blaue, nicht atmende Baby - standen denn auch für mich im Mittelpunkt der Therapie mit der TBT. Es waren geistig, seelisch wie körperlich äußerst schmerzvolle Vorgänge, die mir mein Unbewußtes zum Wiedererleben freigab.

Gefesselt hat mich die im Verlauf der Therapie immer deutlicher werdende Einsicht in meinen Gesamtorganismus. Ich bin tief bewegt von dem Erkennen, wie wunderbar der Mensch beschaffen ist. So bewundere ich z.B., wie mir, als Baby, die Verdrängungen das Leben gerettet haben. Und ich erlebte, wie mein Unbewußtes die frühen Lebensschädigungen zwar freigab, doch mit welcher Umsicht es dabei vorging, denn es gab immer nur so viel zum Nach-Erleben frei, wie ich jeweils aushalten und in dem gleichzeitig sich vollziehenden Wachstums- und Reifungsprozeß in mein gegenwärtiges Erleben integrieren konnte.

Ich erkannte, daß es möglich ist, auf mehreren Ebenen gleichzeitig bewußt wahrzunehmen: z.B. die Schädigungen und Verletzungen aus der frühesten Lebenszeit, als Ganzes und mit vielen Einzelheiten; die minutiöse Beobachtung dieser Prozesse im Gegenwarts-Bewußtsein; und die Wahrnehmung von Vorgängen bei Mitpatienten, die neben mir im Therapieraum lagen.

Ganz besonders überraschte mich die Entdeckung, daß eine Reihe meiner Lebensschwierigkeiten und Eigenarten und viele meiner Verhaltens- und Reaktionsweisen ihren Ursprung in Fehlprägungen durch die Schädigungen und Verletzungen, durch Störungen und Nichtbeachtung der Biologischen Programme während meiner frühesten Lebenszeit haben. Ich konnte verfolgen, wie sich diese Fehlprägungen mein ganzes Leben lang immer wieder ausgewirkt hatten, aber auch, daß sie durch die TBT *korrigierbar* geworden sind (Wolfgang H. Hollweg bezeichnet das als das »Umkippen der unerfüllten und geschädigten Biologischen Programme zu ihrer genetisch programmierten Norm«).

Alle diese Erfahrungen geben mir ganz neue Ansätze für mein Leben, ebenso für meine Integration in menschlicher Begegnung, wie für mein Bemühen, im Einklang mit mir selbst zu leben. Die TBT ist für mich zu einer Chance geworden, mich mit mir selbst zu konfrontieren, d.h. zu versuchen, mich in mich selbst einzulassen und mir wesentliche Prägungen und Zusammenhänge meiner Lebensgeschichte aufzudecken.

Ergebnisse
Schon nach zweiwöchiger Therapie drehte sich, im Anschluß an eine Sitzung, in der ich starke Verspannungen in meiner Wirbelsäule wahrgenommen und zugelassen hatte, im Halbschlaf meine Lendenwirbelsäule nach links. Die Schwäche in meiner LWS war sofort behoben. Ich merkte das besonders am Morgen, weil ich mich nach vielen Jahren zum erstenmal wieder aus der Rückenlage aufrichten konnte.

Nach etwa drei Wochen Therapie entdeckte ich das Rauschen der Prien; ich konnte das volle Spektrum des rauschenden Wassers wahrnehmen (die Prien ist der kleine Fluß, der, etwa 100 m vom »Haus Margeritenhof« entfernt, dem Chiemsee zufließt). Ich entdeckte zugleich, daß ich wieder mit räumlicher Tiefe hörte. Ich nahm wahr, daß ich wieder plastischer sehen konnte.

Nach insgesamt fast zehnwöchiger Therapie mit insgesamt etwa neunzig Therapie-Sitzungen konnte ich folgende Besserungen feststellen:

A) Im körperlichen Bereich:
Der Tinnitus ist weitgehend beseitig, d.h. meistens »klingt« das Ohr überhaupt nicht mehr. Das Klingen tritt nur noch bei Überanstrengung auf, also wenn ich die Notwendigkeiten und die Bedürfnisse meines Körpers übergehe.
Die Gehörwahrnehmung hat sich merklich verbessert.
Der ständige Druck unter der Schädeldecke und die Kopfschmerzen sind verschwunden.
Die Verspannungen in der Lendenwirbelsäule, im Schultergürtel, in der Halswirbelsäule, im Hinterkopf und im Kieferbereich haben sich aufgelöst.
Die gesamte Halsmuskulatur ist entspannt.
Überempfindlichkeit und Reizung der Haut sind behoben.
Insgesamt fühle ich mich körperlich beweglicher und frischer.

B) Im seelisch-geistigen Bereich:
Depressionen und Stimmungsschwankungen sind nicht mehr vorgekommen.
Gefühle von Einsamkeit und von einer mich früher oft quälenden inneren Iso-
liertheit in Gesellschaft treten nicht mehr auf.
Die körperlichen Entspannungen und Entkrampfungen wirken sich positiv auf
mein Gesamtbefinden aus.
Die Fähigkeit zur bildhaften Vorstellung, die mir lebenslang fehlte, entwickelt
sich fortschreitend.
Mein Erinnerungsvermögen und meine Denk-Fähigkeit und -Schnelligkeit ha-
ben sich deutlich verbessert.
Anstelle einer ständigen Unrast hat sich innere und äußere Ruhe eingestellt -
auch bei intensiver Aktivität.

Erfahrungen mit der Kognitiv-Energetischen Therapie (KET)
Während der letzten Phase der Therapie mit der TBT wurde die Kognitiv-Energetische Therapie (KET) in den therapeutischen Prozeß integriert. TBT- und KET-Sit-
zungen wechselten einander ab. In den insgesamt neun KET-Sitzungen wurden,
unter Anleitung des Therapeuten, Störzentren in meinem Zentralen und Peripheren
Nervensystem und in meinen Organen ausfindig gemacht und übergeordnete Heil-
zentren dagegen aktiviert. Ich war völlig überrascht, daß ich durch die KET in die
Lage versetzt wurde, meine inneren Organe und die steuernden Zentren in meinem
Organismus regelrecht zu *sehen*.
Die Prozesse, die die KET in mir ausgelöst hat, haben sich sehr tiefgreifend in
mir ausgewirkt und den ganzen Heilungs- und Nachreifungsprozeß beschleunigt. In
der äußerst koordinierten Zusammenarbeit mit Wolfgang H. Hollweg, dem Therapeuten, und durch seine erstaunlich intuitive Steuerung und Begleitung in diesen
Prozessen machte ich erste, aber sehr deutliche Erfahrungen mit den Energiezen-
tren in mir. Ich nahm sie in einer Art Hierarchie von über- und untergeordneten
Zentren wahr, die die Heilungs- und Reifungskräfte in mir anregen und fördern.
Durch sie konnte ich meine Atmung, meine Blutzirkulation, meinen Lymphfluß
und meinen Energiefluß sehr viel klarer als bisher wahrnehmen und steuern. Ich
habe den Eindruck, daß sich die KET für mich im Ganzen körperlich-seelisch-gei-
stig sehr harmonisierend ausgewirkt hat.
Mir ist klar geworden, daß die KET eine ideale Ergänzung zur TBT darstellt,
aber auch, daß sie nicht ohne eine stabile Erfahrungsgrundlage in der Tiefenpsychologischen Basis-Therapie angewandt werden sollte, weil sie sich sonst zu einer
»neuro-chirurgischen« Therapie entwickeln könnte, die die Körper-Seele-Geist-
Einheit des Menschen, wie in der klassischen Medizin, leicht aus dem Auge ver-
liert, wie ich bei einem anderen Therapeuten beobachten konnte. Die Art, mit dieser Kognitiv-Energetischen Therapie umzugehen, habe ich dagegen bei meinem

Therapeuten Wolfgang Hans Hollweg als besonders sensibel und verantwortungs-
bewußt erlebt.

Hamburg, den 8. Mai 1990
gez.: *Ursula v. R.*«

Nachwort des Therapeuten: *Woran Therapien scheitern können*

Nicht alle Patienten, die sich wegen eines spontanen (»idiopathischen«) Hör-
sturzes, wegen eines quälenden Tinnitus oder wegen der Menièreschen Erkrankung
in unserem Hause einer psychosomatischen Therapie unterziehen, wissen aus
Bemerkungen ihrer Eltern, daß es bei ihrer Geburt irgend welche Komplikationen
gegeben hat. *In ausnahmslos allen von mir untersuchten und behandelten Fällen
kamen jedoch traumatische, vom Kind körperlich und seelisch als lebensbedrohlich
erlebte Geburtsverläufe ans Tageslicht - in ähnlicher Weise, wie ich sie im »Streik
im Innenohr« beschrieben habe.* Das war so auch bei denjenigen Patienten, die von
meinen Beobachtungen nichts wußten; zum Teil lange vor Erscheinen meines
Büchleins.

Zwei Fragen werden mir immer wieder gestellt:

1. Einige Patienten wissen, daß sie in ihrer Kindheit oder Jugend, oder auch
später noch, eine »Otitis media« (Mittelohr-Entzündung) gehabt haben, das Trom-
melfell durchstochen wurde und Verhärtungen und Verwachsungen aufweist. Sie
fragen, ob vielleicht das die Ursache für die spätere Erkrankung des Innenohrs sein
könnte, und nicht das Geburtsgeschehen, von dem man nichts weiß. Dem muß ich
ein eindeutiges Nein entgegensetzen. Es ist genau umgekehrt: weil das Ohr bereits
unter der Geburt geschädigt wurde, bleibt es bis ins hohe Alter hinein sensibilisiert.
Oft ist eine Mittelohrentzündung die erste faßbare Erkrankung, in der sich das
unverarbeitete Geburtstrauma einen ersten Durchbruch in das spätere Leben bahnt.

Die Medizin kennt die Diagnose »ex juvantibus«, das bedeutet: wenn ein
bestimmtes Mittel hilft, so darf man davon ausgehen, daß auch diejenige Erkrankung tatsächlich vorliegt, gegen die das eingesetzte Mittel spezifisch hilft. In unserem Fall heißt das praktisch: da sich bei der psychosomatischen Aufarbeitung des
traumatischen Geburtsgeschehens auch das Mittelohr, einschließlich der Verhärtungen und Verwachsungen im Bereich des Tommelfells, spontan bessert, dürfen
wir davon ausgehen, daß in diesen Fällen *die Otitis media nicht die Ursache der
Innenohrerkrankung, sondern selber eine Folge des Geburtstraumas* ist.

2. Andere wieder fragen, ob denn jeder Mensch geeignet sei, zu regredieren und
in der Regression eine so frühe Schädigung zu erinnern und aufzuarbeiten. Diese

verständliche und besorgte Frage muß mit einem eindeutigen Ja beantwortet werden. Ja, das kann jeder, denn jeder Mensch regrediert spontan in bestimmten Situationen, z.b. in Träumen, in bestimmten Verhaltensweisen usw. *Wer die spontanen Regressionen ernst nimmt, findet über sie auch den Weg in die therapeutische Regression.* Und das geschieht meist sehr schnell, oft bereits in der ersten Therapiesitzung!

Kurz zusammengefaßt bedeutet das bisher Gesagte: Ausgangspunkt, Weg und Ziel des therapeutischen Vorgehens sind so unzweideutig, daß keine einzige Therapie scheitern muß. Und doch kommt das gelegentlich vor, allerdings *äußerst selten.* Bei der Behandlung von Innenohrerkrankungen bisher erst dreimal. Darüber will ich Ihnen im folgenden berichten, weil die Gründe für das Scheitern so charakteristisch sind, daß jeder von einer Innenohrerkrankung Betroffene, der sich für diese Therapie interessiert, Entscheidendes daraus ablesen kann.

Ein Moment ist allen drei Fällen gemeinsam: die *auffällige Inkonsequenz,* mit der die Therapie seitens der Patienten betrieben wurde. *»Eine Therapie wie diese, die den ganzen Menschen auf allen Ebenen seines Daseins anspricht, erfordert auch den Einsatz des ganzen Menschen...Sie erfordert den Mut, sich der eigenen Lebensgeschichte, der bewußten und der unbewußten Problematik stellen zu wollen. Darin sehe ich das eigentliche Wagnis, das Sie sich zumuten müssen, wenn Sie Erfolg haben wollen.«* So steht es im »Streik im Innenohr«, Seite 106. Wer das Büchlein aufmerksam gelesen hat, dem müßte das eigentlich einleuchten.

Ein Kind, das im Verlauf seiner Geburt eine bis ins Innenohr wirksame Quetschung seines Kopfes oder eine Strangulation durch die Nabelschnur mit (kurzzeitiger) Unterbrechung der Blutzufuhr zum Gehirn erlitten hat, hat *dem Tod ins Angesicht geschaut.* Wer als Erwachsener einen »idiopathischen« Hörsturz erleidet, seine Tage und Nächte mit quälenden Ohrgeräuschen verbringt oder an Morbus Menière erkrankt, ist, ohne daß ihm das sofort bewußt wird, in seinen Symptomen mit den Auswirkungen eines lange zurückliegenden traumatischen Geschehens konfrontiert, in dem es *um Leben und Tod* gegangen ist. Eine Therapie, die dazu entwickelt wurde, diese schwere körperliche und seelische Verletzung aufzuarbeiten, kann nur erfolgreich sein, wenn sich der Patient den lebensbedrohlichen Gefühlen konsequent stellt. Jede Oberflächlichkeit, jedes Ausweichen, jede heimlich gehegte Hoffnung, leichter davonzukommen, stellt den therapeutischen Erfolg infrage. *Diese Therapie funktioniert nach dem »Alles-oder-nichts-Prinzip«!*

Fall 1: Auslösende »Streß«-Situation für einen sich mehrfach wiederholenden Hörsturz mit nachfolgendem Tinnitus war eine geschäftliche und eine damit zusammenhängende familiäre Krise, die von dem Betroffenen, Inhaber eines mittelständischen Betriebes, als existenzgefährdend empfunden wurde. In der Therapie konnte der Patient erkennen, daß er sein Leben lang alle Probleme so empfunden und auf eine Weise zu lösen versucht hat, als gälte es, einen Kampf auf Leben und

Tod zu bestehen. Jede Sachdiskussion artete in kürzester Zeit in einen verbissenen Zweikampf aus, in dem es in erster Linie um das Obsiegen ging. Aus diesen seinen Einsichten zieht der Patient nur wenig Konsequenzen. Er stößt zwar Teile seines Betriebs ab, erwirbt dafür aber neue Teile hinzu und baut in Fernost aus dem Nichts eine neue Produktionsstätte auf. Andere Lösungen, die sich anbieten, die aber das Eingeständnis seiner Lebensproblematik voraussetzen würden, werden nicht einmal ernsthaft erwogen. Der im Geburtsgeschehen vorprogrammierte »Kampf auf Leben und Tod« wird fortgesetzt und im Geschäftsleben mit selbstzerstörerischer Konsequenz ausagiert.

Zwar bemüht sich der Patient darum, etwas mehr Urlaub zu machen und seine alltäglichen Dinge mit etwas mehr Gelassenheit anzugehen, doch ändert das wenig an seiner Grundeinstellung. Das zeigt sich bei der Überlegung, sich evtl. einem Hobby zuzuwenden. Sie endet mit der Feststellung, daß er sich dann mit Sicherheit binnen kürzester Zeit als Vereinsvorsitzender wiederfinden würde.

Der Weg der therapeutischen Regression zu den frühen körperlichen und seelischen Verletzungen führt über eine beträchtliche Steigerung der inneren (»endogenen«) Wahrnehmung des Körpers und der Gefühle. Die Therapie des hier beschriebenen Patienten scheiterte nicht nur an seiner Inkonsequenz gegenüber den auslösenden Streßfaktoren, sondern ebenso daran, daß er aufkommende Schwächegefühle nicht zu akzeptieren bereit war, weder im Alltag, noch in der Therapie. Durch extreme sportliche Leistungen, z.B. beim Skifahren, »mußte« er sich selbst und seiner Umgebung immer wieder beweisen, daß er »total fit« sei. Er war stolz darauf, seinen Körper als Objekt seines Willens zu »beherrschen«. Die Botschaft des geschundenen Körpers und der tief verletzten Seele konnte er auf diese Weise nicht wahr*nehmen* und wollte er nicht wahr*haben*.

Fall 2: Es geht um eine ca. 50jährige Frau. Das Scheitern dieser Therapie empfinde ich als ganz besonders bedauerlich, weil damit eine Chance vertan wurde, meiner Ansicht nach die einzig reelle, einen Weg aus einer sehr schlimmen gesundheitlichen Situation herauszufinden. Die Therapie wurde von der Patientin abgebrochen. Ich empfinde das als geradezu tragisch, nachdem sie bereits in der ersten Therapiesitzung tief in die Regression geraten war und sehr schnell an die entscheidenden traumatischen Ereignisse heran kam.

Es waren hauptsächlich vier Fehleinstellungen, die für das Scheitern der Therapie verantwortlich zu machen sind:

1. Wir gehen heute davon aus, daß mit einer durchschnittlichen Therapiedauer von 8 bis 12 Wochen zu rechnen ist. Sie hängt wesentlich von der Schwere der vorhandenen Depression ab. Sie wird sich natürlich dann verlängern, wenn außer dem traumatischen Geburtsgeschehen noch andere schwerwiegende Verletzungen aufgearbeitet werden müssen. Das war bei dieser Patientin der Fall.

Obwohl ihr nicht bekannt war, daß diese Art der Innenohrerkrankungen mit Geburtskomplikationen zusammenhängen, regredierte die Patientin von der ersten Sitzung an zu ihrem Geburtsgeschehen. *Dabei ist anzumerken, daß die Regression in der TBT nicht gesteuert wird (kein »Rebirthing«!), sondern seitens des Therapeuten bewußt ungezielt in Bewegung gesetzt wird, damit das Unbewußte des Patienten selbst die Steuerung übernimmt.* Es zeigte sich, daß die Geburt außerordentlich dramatisch verlaufen war: Querlage, Zangengeburt, Schädeltrauma, schwere Depression.

Wiedererleben und Durcharbeitung dieser Problematik waren noch nicht abgeschlossen, als sich plötzlich in der Regression ein zweites, mindestens ebenso schweres Trauma ankündigte: Die Patientin hatte als Baby die Bombardierung eines Hauses miterlebt, in dessen Luftschutzkeller sie verschüttet wurde. Dabei hatte sie eine schwere Gehirnerschütterung und eine äußere Ohrverletzung erlitten. Da es sich um dasselbe Ohr handelte, das auch bei der Geburt verletzt worden war, hatten sich beide Ereignisse in ihrem Unbewußten so miteinander verklammert, daß die Bearbeitung des Geburtsgeschehens die Körpererinnerung an das Explosions-Ereignis automatisch nach sich zog. Die Folge war, daß mit einer wesentlichen Verlängerung der Therapie gerechnet werden mußte.

2. Bei vielen Patienten mit Innenohrerkrankungen ist die Neigung zur Selbstisolation, zum Rückzug aus dem öffentlichen Leben, deutlich spürbar. Bei dieser Patientin war das ganz ausgeprägt. Allein schon, um dieser Tendenz entgegenzuwirken, ist die Durchführung der Therapie in Gruppen sehr wichtig. Zur Teilnahme daran war die Patientin jedoch nicht zu bewegen. Sogar vom gemeinsamen Mittagstisch unseres Gästehauses zog sie sich fast ständig zurück. Die vorgebrachten Argumente waren nicht stichhaltig. Ich kann natürlich keinen Menschen zur Einhaltung der therapeutischen Grundregeln zwingen, habe aber aufgrund dieser Erfahrungen beschlossen, in Zukunft in derartigen Fällen von mir aus die Behandlung ggf. abzubrechen.

Die Selbstisolation findet u.a. ihren Ausdruck darin, daß Patienten wenig oder gar nicht dazu bereit sind, sich zu ihrer Erkrankung zu bekennen. Wegen der Erschwerung und der unerwarteten Verlängerung der Therapie durch das Aufkommen des zweiten schweren Traumas hatte ich der Patientin mehrfach angeboten, die Therapie vorübergehend kurzfristig zu unterbrechen. Sie lehnte das mit der Begründung ab, sich in ihrem gegenwärtigen schlechten Zustand nicht den kritischen Augen und Fragen ihrer Verwandtschaft aussetzen zu können. *Grundsätzlich aber gilt: wozu ich mich nicht vor andern bekennen kann, das verstecke ich auch vor mir selbst.*

Übrigens wurde ich nach Abbruch der Therapie vom Ehemann der Patientin kritisch gefragt, warum in der Therapie seiner Frau nicht, wie bei anderen Patienten, eine Pause eingelegt worden sei. Aus dieser Frage muß ich den Schluß ziehen, daß das Versteckspiel auch in der Beziehung der Eheleute untereinander fortgesetzt wurde, sonst hätte der Ehemann ja wohl von den Ängsten und Bedenken seiner Frau Kenntnis gehabt.

3. Die Tiefenpsychologische Basis-Therapie (TBT) ist bei der Behandlung der Innenohrerkrankungen und anderer psychosomatischer Erkrankungen deshalb so erfolgreich, weil sie die tiefsten Ursachen so exakt aufdeckt und deshalb die Wurzeln gezielt angehen und auflösen kann. *Hier stimmt jedes Detail, hier stimmt jeder therapeutische Schritt.* Nichts beruht auf Hoffnungen, Einbildungen oder gar auf Suggestion. Im Gegenteil: »neurotische Hoffnungen« und magische Erwartungen können den Heilungserfolg zumindest verzögern, ggf. sogar zunichte machen.

Im Verlauf der Therapie verließ die Patientin zweimal das Therapiezentrum, um in Begleitung ihres Mannes bei einem anderen Therapeuten Heilung zu suchen, die dann letztlich *an einem Tag* vor sich gehen sollte. *Das waren magische Erwartungen!* Sie haben mir schlagartig deutlich gemacht, daß die Patientin (ebenso ihr Ehemann) von einer grundfalschen Einstellung zum Leben, zu Kranksein und Heilung beherrscht war.

4. Das vierte Moment, das erheblich zum Scheitern der Therapie beitrug, war der ganz stark ausgeprägte »sekundäre Krankheitsgewinn«, der der Patientin in ihrer Familie zuteil wurde. Der bestand zunächst einmal darin, daß sich die Familie ohne Widerstand ihrem Kranksein beugte und dieses in den Mittelpunkt des familiären Geschehens rückte. Dadurch wuchsen der Patientin ungewöhnliche Aufmerksamkeit und Macht zu. Versuche, sie darauf anzusprechen, schlugen fehl. Natürlich entwickelt sich eine solche Haltung ganz unbewußt. Aber die Patientin zeigte sich auch nicht bereit, sich an dieser Stelle selber kritisch zu hinterfragen und vom Therapeuten befragen zu lassen.

Im Zusammenhang mit dem »sekundären Krankheitsgewinn« muß noch eine Strategie erwähnt werden, die mit der Sexualität zu tun hat, jedoch nicht geschlechtsspezifisch ist, d.h. sie ist sowohl bei Männern wie bei Frauen zu beobachten. Um sie verstehen zu können, müssen wir uns daran erinnern, daß nicht nur die sexuelle Begegnung der Geschlechter, sondern *auch die Geburt, wenn sie in richtiger Weise verläuft, ein hoch sexuelles, stark lustbetontes Geschehen ist, und zwar für beide: für die Mutter wie für das Kind.* Daß eine traumatische Geburt für das betroffene Kind dieses lustvolle Erleben in sein Gegenteil verkehrt, hat in vielen Fällen nachhaltige Auswirkungen auf die spätere Sexualität des erwachsenen Menschen: sie bleibt in irgend einer Weise gehemmt, oft sogar angstbesetzt.

Diese Empfindungen sind den betroffenen Patienten natürlich unangenehm, ja peinlich. Der »sekundäre Krankheitsgewinn« besteht dann darin, daß vom Partner »Schonung« auf sexuellem Gebiet gefordert wird mit der Begründung, daß es einem doch so sehr schlecht gehe. Diese Erwartung erfüllt sich fast immer, wird allerdings oft mit der heimlichen oder offen eingestandenen »Untreue« des Partners bezahlt. Selbst in diesem Fall wird eher an der Krankheit festgehalten, als daß das Risiko eingegangen würde, nach einer Gesundung wieder mit den sexuellen Wünschen des Partners konfrontiert zu werden. Dazu muß allerdings bemerkt werden, daß *diese Angst völlig unbegründet* ist. In dem Maße nämlich, wie das traumatische Geburtsgeschehen aufgearbeitet wird, kommt es auch zu einer befriedigenden Nachentwicklung auf dem Gebiet der Sexualität.

Fall 3: Eine Ärztin, Neurologin, scheitert an ihren psychoanalytischen Kenntnissen, die sie dazu benutzt, sich die Katastrophe ihres Geburtsgeschehens und die Schmerzen, die mit der körperlichen und gefühlsmäßigen Erinnerung zwangsläufig verbunden sind, »vom Leibe zu halten«. Sie versucht immer wieder, die Probleme »mit dem Kopf« zu lösen, indem sie die wahrgenommenen Körpererinnerungen nicht so, wie sie sich bemerkbar machen, hinnimmt, sondern sie symbolisch interpretiert und auf diese Weise entschärft. Als ich sie auf diesen trickreichen Umgang mit ihrer lebensgeschichtlichen Wirklichkeit aufmerksam mache, überfällt sie eine große Angst. Statt sich dieser zu stellen und sie mutig aufzuarbeiten, bricht sie die Therapie ab.

Hier zwei Beispiele solcher analytischer Interpretationen:

1. Bereits in der ersten Sitzung gerät die Patientin in eine tiefe Regression, in der sie ihre Zunge immer wieder weit aus dem Mund herausstreckt. Das setzt sich in den nächsten Sitzungen verstärkt fort. Statt die sich steigernde Intensität und die zunehmende Dauer dieses körperlichen Vorgangs und die damit verbundenen Angstgefühle wahrzunehmen und zu akzeptieren, »philosophiert« sie über ihre »Oralität«, ihre »Bedürfnisse am Mund«, die sie immer gehabt habe, und macht damit jede echte Körpererinnerung und Problemlösung zunichte.

2. Nach etwa einer Woche wandern ihre Hände im Zeitlupentempo an ihren Hals. Sie beginnt, mit krallenartigen Fingern am Hals Kratzbewegungen nach unten zur Brust hin auszuführen. Das ist mit starker Angst verbunden. Statt auch diese beginnende Körpererinnerung schlicht und neugierig zu beobachten, zu akzeptieren und den Zusammenhang zwischen Kratzbewegungen und Angst zu erleben, interpretiert sie die Bewegung der Hände so, als wolle sie »sich an den Hals gehen«, also sich mit den eigenen Händen bedrohen. Das, so meint sie, mache ihr Angst.

Was aber lag *wirklich* vor? Die Patientin wurde mit der Nabelschnur um den Hals geboren. Die Strangulation war so stark, daß dabei die Zunge weit aus dem Mund heraustrat. In ihrer panischen Angst hatte sie - vergeblich! - versucht, sich die Nabelschnur mit ihren Fingern vom Hals zu reißen. Das ist ein Vorgang, der gar nicht so selten ist und von dem ich eindrucksvolle Videoaufnahmen gemacht habe. Er ist bei Patienten, die an Innenohrerkrankungen leiden, ziemlich häufig zu beobachten. Im Erinnerungsvorgang der Therapie ist das nicht im geringsten gefährlich. *Im Gegenteil: Das Durchstehen und Aufarbeiten dieser Körpererinnerung hat heilende Wirkung!*

Ich schließe die Sammlung von Erfahrungsberichten bewußt mit diesen drei gescheiterten Therapien ab. Ich glaube nämlich, daß es für jeden, der sich einer Therapie unterziehen will, wichtig ist zu wissen, daß Therapien scheitern können, vor allem aber auch, warum und woran sie scheitern können - und *daß das keineswegs blindes Schicksal ist, dem man hilflos ausgeliefert wäre.*

Die Ursachen der Trias der Innenohrerkrankungen sind bekannt. Sie können mit Hilfe der Tiefenpsychologischen Basis-Therapie (TBT) in Verbindung mit der Kognitiv-Energetischen Therapie (KET) aufgedeckt und aufgearbeitet werden, wenn man beide richtig und konsequent durchführt. *Dazu möchte ich die Leser ermutigen.*

Ätiologie, Kompensation, Dekompensation und Heilung bei »idiopathischen« Innenohrerkrankungen*

Meine sehr verehrten Damen und Herren,

unter dem Titel »Ätiologie, Kompensation, Dekompensation und Heilung bei ›idiopathischen‹ Innenohrerkrankungen« berichte ich Ihnen über die Therapie dieser Erkrankungs-Trias mit der Tiefenpsychologischen Basis-Therapie (TBT).

1. Grundlegende Bemerkungen zur Tiefenpsychologischen Basis-Therapie (TBT)

Der Name dieses sehr weit ausgebauten und differenzierten therapeutischen Verfahrens, über das ich in der kurzen Redezeit nur andeutungsweise berichten kann, sagt in komprimierter Form aus, auf welchen erkenntnistheoretischen Grundlagen es basiert.

a) Die Bezeichnung der TBT als »tiefenpsychologisch« signalisiert, daß die klassische Psychoanalyse den Ausgangspunkt bildet und die Phänomene »Verdrängung«, »Erinnerung», »Übertragung« und »Widerstand« zu ihrem therapeutischen Alltag gehören. Die psychoanalytische Sprachregelung wurde bisher überwiegend noch beibehalten, obwohl der therapeutische Rahmen der klassischen Form der Psychoanalyse in mehrfacher Hinsicht gesprengt wurde. So kann man z.B. die TBT nicht mehr als »Psychotherapie« im eigentlichen Wortsinn bezeichnen, eher als »psychosomatische« Therapie, besser noch als »Human-Biologische Ganzheits-Therapie« im Sinne THURE VON UEXKÜLLS als ein untrennbares Miteinander und Ineinander von Soma, Psyche und Geist im sozialen Kontext.

b) Umfangreiche Studien auf den Gebieten der Embryologie, Fötologie, Gynäkologie und der interdisziplinäre Austausch mit der pränatalen und perinatalen Psychologie sowie mit anderen Disziplinen der humanen Wissenschaften führten 1971 durch HANS GRABER, Bern, IGOR CARUSO, Salzburg, und andere Wissenschaftler zur Gründung der »Internationalen Studiengemeinschaft für pränatale und perinatale Psychologie und Medizin (ISPPM)«. Ich habe die Ehre, diesem Gremium auf Anregung von IGOR CARUSO seit 1972 anzugehören und in ihrem Rah-

---

* Vortrag, gehalten am 17.11.1990, auf dem zweiten Symposium des psychologisch-medizinischen Arbeitskreises in der Deutschen Tinnitus-Liga E.v. in der Klinik Roseneck, Prien am Chiemsee.

men wissenschaftlich und praktisch-therapeutisch mitzuarbeiten. Es ist eine sehr wichtige Erkenntnis dieses neuen Wissenschaftszweiges, daß sehr viele Neurosen, praktisch alle »endogenen« Psychosen und die weitaus meisten »psychosomatischen« und chronischen Erkrankungen teils auf genetische Schäden, noch häufiger auf pränatale, perinatale und frühe postnatale Traumata zurückzuführen sind, die eine massive Bedrohung der Lebens-»Basis« bedeutet haben.

c) »Basis«-Therapie bedeutet dementsprechend nicht eine »basale« Therapie, sondern die therapeutische Sanierung der bedrohten »Lebensbasis« selbst.

Wenn wir im Rahmen der TBT von »psychosomatischen« Erkrankungen sprechen, so ist es, um Mißverständnisse zu vermeiden, äußerst wichtig, das dualistische Klischee von »körperlichen« Erkrankungen, die angeblich »psychische« Ursachen haben, und von »psychischen« Erkrankungen, die auf »körperliche« Prozesse zurückzuführen seien, gründlich zu vergessen. Die TBT geht konsequent davon aus, daß der Mensch, von der Zeugung bis zum Tod, eine untrennbare psycho-physisch-mentale Einheit und Ganzheit ist und daß jedes Trauma ihn immer als ganzen Menschen trifft.

Die klassische Psychoanalyse kennt nur eine Art von »psychosomatischen« Symptomen, nämlich jene, in denen sich ein Konflikt ausdrückt. In der TBT bezeichnen wir diese Symptome deshalb als »Ausdrucks-Symptome«. Durch pränatale, perinatale und frühe postnatale Traumata entstandene Symptome haben jedoch einen direkten Erinnerungscharakter. Sie zeigen unmittelbar an, was damals geschehen ist. Diese Art von Symptomen bezeichnen wir in der TBT deshalb als »Erinnerungs-Symptome«. Die zahlreichen Symptome der Trias der »idiopathischen« Innenohrerkrankungen sind überwiegend den »Erinnerungs-Symptomen« zuzurechnen. Sie sind mit den therapeutischen Techniken der klassischen Psychoanalyse nicht behandelbar. Deshalb wurde in der TBT die therapeutische Technik entscheidend modifiziert.

2. »Idiopathie« und Ätiologie

Unsere Medizin gibt sich ersichtliche Mühe, nach Möglichkeit alle Erkrankungen »kausal« zu behandeln. Auch wenn wir heute und hier einmal die wissenschaftstheoretischen Probleme des überholten mechanistischen Natur- und Weltverständnisses der Medizin außer acht lassen, so ist es doch kein Geheimnis mehr, daß sich der Begriff »kausal« auf irgend ein faßbares Glied einer oft recht langen Kausalkette bezieht und nur selten die »prima causa«, die wir als »Ätiologie« zu bezeichnen pflegen, erfaßt.

Erkrankungen, deren Ätiologie »unbekannt« ist, wo die Forscher noch vor einem ungelösten Rätsel stehen, werden in der Medizin oft verschämt mit dem Ausdruck »idiopathisch« bezeichnet. Bei den Innenohrerkrankungen bilden die

»idiopathischen« Formen den weitaus größten Anteil - wenn man ehrlicherweise darauf verzichtet, die lediglich auslösenden Streßfaktoren aus purer Verlegenheit für die Ursache zu erklären.

Es ist eine ganz wesentliche Erkenntnis solcher Therapeuten, die sich damit beschäftigen, präödipale Traumata aufzudecken, daß »idiopathische« Erkrankungen recht häufig auf pränatale, perinatale und frühe postnatale Traumata zurückzuführen sind. Das hinsichtlich der Trias der »idiopatischen« Innenohrerkrankungen erkannt, erstmals beschrieben und therapeutisch erfolgreich beantwortet zu haben, darf ich mir unbescheidenerweise als Verdienst zurechnen.

Zur Ätiologie der »idiopathischen« Innenohrerkrankungen ist zu bemerken, daß in einigen Fällen pränatale Schäden, in den weitaus meisten Fällen jedoch perinatale Traumata, die »prima causa« bilden. Folgende Momente werden von den betroffenen Patienten immer wieder erkannt und benannt:

a) Querlagen mit erschwerten bzw. vom Geburtshelfer manipulierten Drehungen; Schräglagen.

b) Zu enges Becken der Gebärenden und Quetschungen des kindlichen Kopfes beim Eintritt ins kleine Becken.

c) Verformungen des Schädels als Folge davon.

d) Nabelschnurumwicklungen mit Strangulation; Asphyxie.

e) Zangen- und Vakuum-Geburten.

Und das sind die primären Schäden:

a) Passagere Hörprobleme, die meist nicht diagnostiziert wurden.

b) Passagere Gleichgewichtsstörungen, wenn der äußere Druck auf ein Ohr (oder beide Ohren) besonders stark war, mit entsprechender Tiefenwirkung, oder (und) wenn die Minderversorgung mit O2 entsprechend lange angedauert hat.

c) Stauchungs-Syndrome im Skelett, die sich später als Syndrome an LWS, HWS, Kiefer und Zähnen, sehr häufig aber, meist erst nach der Pubertät, als Skoliose manifestieren und als »rein orthopädisches« Problem verkannt und deshalb falsch behandelt werden.

d) In fast allen Fällen entwickelt sich eine massive Depression, die lange Zeit latent bleiben kann und, wenn sie im Zusammenhang mit einer »idiopathischen« Innenohrerkrankung ausbricht, fälschlicherweise als Folge dieser Erkrankung interpretiert wird. Als Antwort auf die primäre Schädigung ist sie besonders mit den Gefühlen von Hilflosigkeit, Sinnlosigkeit und Verzweiflung verbunden.

3. Verdrängung und Kompensation

Was »Verdrängung« ist und bedeutet, wird verständlich, wenn wir uns einen Augenblick lang in die verzweifelte Lage eines Kindes unter der Geburt versetzen, das einem unerträglichen körperlichen Schmerz ausgesetzt ist und sich dabei total verlassen fühlt, weil sich die Beteiligten um die Probleme der Mutter, kaum aber um seine Belange kümmern. Die Möglichkeiten des Fötus reichen beiweitem nicht aus, solche Schmerzen zu ertragen, geschweige denn, sie zu verarbeiten. In dieser prekären Situation schenkt uns die Natur die Gabe des gnädigen Vergessens, die die erlittenen Schmerzen, jedenfalls vorläufig, dem Bewußtsein entzieht und dadurch das Weiterleben, das Überleben ermöglicht. Die »Verdrängung« fungiert also zunächst als »Lebensretter«.

Sie setzt jedoch ein beträchtliches Maß an Ichstärke voraus, ja sie ist eine Ich-Leistung. Neonaten, die diese Ichstärke in ihrer intrauterinen Zeit nicht haben entwickeln können, sind in großer Gefahr, den »Krippentod« zu sterben, besonders dann, wenn sich bei ihrer Geburt ein hyperventilatorisches Atemsyndrom entwikkelt hat. Das ist, wie die Erfahrungen der TBT zeigen, bei Kindern, die später als Erwachsene eine Innenohrerkrankung entwickeln, ziemlich häufig der Fall. Mit andern Worten: wer unter der Geburt durch Quetschung, Nabelschnurumwicklung usw. einen primären Innenohrschaden davongetragen hat, der sich dann im späteren Leben als Hörsturz, Tinnitus oder Morbus Menière manifestiert, hat dem Tod ins Auge geschaut. Erst diese Tatsache macht die Hartnäckigkeit der Innenohrsymptomatik für mich verständlich.

Im Zuge der Verdrängung entwickelt das Kind eine Abwehrstrategie, mit der es sich vor der Erinnerung an das primäre traumatische Geschehen zu schützen sucht. Solche Strategien haben kompensatorischen Charakter. Trotz ihrer jeweils sehr individuellen Ausprägung sind deutlich zwei Grundtypen des kompensatorischen Verhaltens zu unterscheiden: der depressive und der schizoide Typ, die sich auch in individueller Mischung darstellen können.

Mit Hilfe der schizoiden Abwehrstrategie werden die latenten Gefühle von Hilflosigkeit, Ausgeliefertsein, Verletztsein, Abhängigkeit und Todesnähe mit der sehr früh einsetzenden Entwicklung von auffälliger Sinnesschärfe, Wachheit, Intelligenz, Aktivitätsdrang und dem besonders auffälligen Autonomiestreben kompensiert. Für den Betroffenen ist es meist lange Zeit nicht sichtbar, daß hinter dieser Fassade von Stärke eine dicke Depression, ja die nackte Verzweiflung lauert.

Der depressive Typ fühlt sich demgegenüber von vornherein und immer im Nachteil, abhängig, kampfunfähig, inaktiv, zerschlagen, müde, traurig und sinnentleert. Seine Wahrnehmungsfähigkeit ist deutlich eingeschränkt. Die untergründige Verzweiflung bricht von Zeit zu Zeit immer wieder durch. Auf diese Weise scheint er seiner primären Katastrophe viel näher zu sein als der Mensch mit der schizoiden Abwehrstrategie. Der Eindruck täuscht! Von seinem primären Schaden weiß er nichts und will er, jedenfalls zunächst, nichts wissen. Er beharrt starr darauf, daß ein ungerechter Gott, das blinde Schicksal, die Macht des Bösen, eine böse und aggressive Welt oder bestenfalls sein Karma ihm den Weg in die ersehnte helle Zukunft verstellen. Schuld haben alle anderen. Dabei leidet er selbst ständig unter schier unerträglichen Schuldgefühlen. Er fühlt sich abhängig, hat sich in der Abhängigkeit jedoch recht häuslich niedergelassen und versucht gar nicht erst, sich herauszubewegen. Denn das ist seine Art der Kompensation: Mit seinen Klagen klagt er an. Mit seiner Abhängigkeit erstreitet er sich Zuwendung, die seine Minderwertigkeitsgefühle lindern soll. Sein heimliches Ziel, um dessentwillen er an seiner Leidensstrategie energisch festhält, ist der »sekundäre Krankheitsgewinn«.

4.   Spontane und therapeutische Dekompensation

Die Verdrängung hält in der Regel nicht lebenslang. Unser bio-kybernetisches Selbstheilungssytem ist auf Regeneration, nicht auf Kompensation eingestellt. Erste spontane Anzeichen einer beginnenden Dekompensation zeigen sich meist in zunehmender Unruhe, unerklärlicher Angst, in Alpträumen, Schlafstörungen und latenten Katastrophenängsten.

Streßsituationen, die oft als existenzgefährdend empfunden werden und unbewußt an die lebensbedrohliche Streßsituation während des traumatischen Geburtsgeschehens erinnern, führen endgültig zur Dekompensation und erneuern dabei genau jene Symptomatik, die sich als Folge der Traumatisierung eingestellt hatte, bis ihre Verdrängung gelang. Die gegenwärtigen Symptome sind also »Erinnerungssymptome«, die eine Auseinandersetzung mit der unverarbeiteten primären traumatischen Geburtssituation erheischen.

Die Innenohrsymptome stehen dabei selten allein. Meist sind alle jene organischen Strukturen und psychischen Reaktionen mit im Spiel, die von dem primären Trauma betroffen waren: z.B. Hals- und Lendenwirbelsäule, Kiefergelenke, Stirnhöhlen, Kopf und Nacken, Schultergelenke, Knie- und Fußgelenke und anderes mehr. Vor allem bricht in diesem Zusammenhang fast immer die mehr oder weniger verborgene Depression durch, die dann jedoch von den Betroffenen selbst wie auch von ihren Ärzten als Reaktion auf die quälende Innenohrsymptomatik verkannt wird.

Bei der Behandlung mit der Tiefenpsychologischen Basis-Therapie wird die spontan beginnende Dekompensation kräftig gefördert, denn *kompensierte Leiden sind grundsätzlich nicht heilbar. Ihre Ätiologie bleibt dem therapeutischen Zugriff entzogen.* Therapeutisch geförderte Dekompensation im Rahmen der TBT bedeutet, daß die Ätiologie der Erkrankungsprozesse aufgedeckt und die verdrängten Traumata durch exaktes Wiedererleben aktualisiert werden müssen.

Dekompensation, Wiedererleben und Regeneration werden durch drei eng miteinander verknüpfte therapeutische Techniken erreicht.

5. Regression und Aktivierung morphogenetischer Felder

Die drei therapeutischen Techniken der Tiefenpsychologischen Basis-Therapie sind die »Psychoanalytische Regressions-Therapie« (PRT), die »Kognitiv-Energetische Therapie« (KET) und die gruppentherapeutischen Marathons. Letztere beschäftigen sich besonders, wenn auch nicht ausschließlich, mit den sozialen Aspekten der Erkrankungs- und Heilungsprozesse.

Da Ende September dieses Jahres ein Vortrag von mir über die Technik der therapeutischen Regression in der TBT in einem Sammelband über die diesjährige Tagung der ISPPM in Heidelberg erschienen ist, möchte ich mich hier und heute nur kurz über die Psychoanalytische Regressions-Therapie (PRT) und die Kognitiv-Energetische Therapie (KET), die in dem genannten Aufsatz nur kurz erwähnt ist, aber nicht eingehend behandelt wurde, äußern. Die Gruppentherapeutischen Marathons möchte ich ganz übergehen.

Der Regressionsprozeß, der Schritt für Schritt und mit zunehmender Genauigkeit zum Wiedererleben der primären traumatischen Ereignisse und damit zur Ätiologie der »idiopathischen« Innenohrerkrankungen führt, wird eingeleitet und systematisch weiter gefördert durch eine verschärfte Körperwahrnehmung. Auf intellektuelle Interpretationen und symbolische Deutungen, wie sie sonst in den verschiedenen tiefenpsychologischen Schulen üblich sind, wird konsequent verzichtet, ebenso auf Traumdeutungen.

Unter allmählicher, manchmal auch recht dramatischer, in jedem Fall aber vorübergehender Symptomverstärkung, bei der der Patient zunehmend die ganze Skala aller im primären traumatischen Prozeß erlittenen Verletzungen als psychophysisches Gesamtgeschehen erlebt, nimmt er sich exakt so wahr, wie er sich in dem dramatischen pränatalen und perinatalen Geschehen erlebt hat. Der Unterschied zum Primärgeschehen liegt allerdings darin, daß er die physischen und psychischen Schmerzen in ihrem Warum und in ihrem Zusammenhang heute erkennen, ihre Folgen bis in die Gegenwart hinein verfolgen, aufgrund der größeren und im therapeutischen Prozeß weiter wachsenden Ichstärke ertragen und schließlich auflösen kann.

Im Verlauf der Regressions-Therapie, bei manchen Patienten bereits ab der ersten Sitzung, kommt es zu einer sich ständig steigernden Wahrnehmungsfähigkeit, die wir, da sie eine unmittelbare Leistung unseres Nervensystems ist, die sich erst im Nachhinein unseren Sinnen mitteilt, als »endogene« Wahrnehmung bezeichnen. Die endogene Wahrnehmung ist jedem Menschen von der Zeugung an zueigen. Sie baut sich im Verlauf der ersten Lebensjahre mit der Ausreifung der

Sinne mehr und mehr ab. Sie erneuert sich jedoch im therapeutischen Prozeß. Mit Hilfe der endogenen Wahrnehmung werden die an den primären traumatischen Prozessen beteiligten Personen, Motive und Umstände exakt wahrgenommen.

Der Einsatz der zweiten therapeutischen Technik, der Kognitiv-Energetischen Therapie (KET), setzt die Fähigkeit zur endogenen Wahrnehmung und deren Weiterentwicklung voraus. Die KET beruht darauf, daß die morphogenetischen Felder, die an der Organbildung im Zusammenwirken mit dem genetischen Code beteiligt sind, aktiviert, in ihrer regenerativen Tätigkeit mit Hilfe der endogenen Wahrnehmung als farblich unterschiedliche Energiefelder optisch wahrgenommen und gesteuert werden können.

Die optische Wahrnehmung der Energiefelder während der Heilungsprozesse geschieht durch den Patienten selbst; ihre Steuerung obliegt dem Therapeuten. Die Bewältigung der ganz besonders verantwortungsvollen Aufgabe des Therapeuten setzt ein hohes Maß an Selbsterfahrung in diesem therapeutischen Verfahren sowie fundierte anatomische und physiologische Kenntnisse voraus. Gewisse neurologische Kenntnisse sind wünschenswert, aber nicht Bedingung.

Obwohl in unserem Therapiezentrum in der letzten Zeit besonders viele Patienten wegen »idiopathischer« Innenohrerkrankungen behandelt wurden und sich weitere nach Therapiemöglichkeiten erkundigt haben, sind wir darauf weder spezialisiert noch eingeengt. Die TBT ist für sehr viele Erkrankungen erfolgreich anwendbar. Deshalb bleibt es unser Bestreben, im Verlauf der nächsten Zeit die Indikationsbreite dieses therapeutischen Verfahrens zu erkunden.

Über die »idiopathischen« Innenohrerkrankungen hinaus haben wir inzwischen bei folgenden Erkrankungsprozessen positive Ergebnisse im Sinne wesentlicher Besserungen oder völliger Ausheilung erzielt: Asthma bronchiale, Colitis ulcerosa, unterschiedliche Allergien, Morbus Bechterew, Multiple Sklerose, Gelenk- und Muskelrheumatismus, rheumatische Herzklappenschäden, Schmerzkrankheiten, chronisch-entzündliche Erkankungen, Neurodermitis, verschiedene Arten von Krebs, andere Arten von Tumoren, Magengeschwüre, Glaukom, schwere neurotische und »endogene« Depressionen, paranoide Entwicklungen verschiedener Art, Epilepsien infolge perinataler Komplikationen und unfallbedingter Hirnläsionen. Ich vermute, daß sich die Indikationsliste in nächster Zeit als noch sehr viel umfangreicher erweisen wird.

6. Diagnosen und Prognosen

Aufgrund der endogenen Wahrnehmung kann ein fortgeschrittener Patient mit Hilfe der Kognitiv-Energetischen Diagnostik im Zusammenwirken mit seinem in der KET geschulten Therapeuten sich selbst eine Diagnose von unglaublicher Exaktheit stellen. Auf die hier zur Diskussion stehenden Innenohrerkrankungen bezogen heißt das z.B., daß jede Partie des äußeren Ohrs, des Mittel- oder Innenohrs (im Sinne der endogenen Wahrnehmung) »optisch« wahrgenommen und bis in feinste Gewebestrukturen hinein auf pathologische Vorgänge hin untersucht werden kann.

Mit einer auf das pathologisch veränderte Gewebe bezogenen gezielten Regression sind sowohl der Zeitpunkt wie die äußeren und inneren Umstände des pathogenen Geschehens, mit andern Worten: die Ätiologie, exakt zu ermitteln.

Wie die Regression, so ist mit dieser diagnostischen Methode auch eine zeitliche Progression möglich. Dadurch wird der Patient in die Lage versetzt, zwar nicht seine Zukunft, sehr wohl aber die auf dem pathologischen Geschehen beruhende Entwicklungstendenz des Erkrankungsprozesses genau zu beurteilen.

Eine Besonderheit der KE-Diagnostik besteht darin, daß jeder Patient, der im Verlauf der Regressions-Therapie die Fähigkeit zur endogenen Wahrnehmung wiedererlangt hat, mit Hilfe eines darin geschulten Therapeuten, als Assistent bei der Diagnosestellung jedes beliebigen anderen Patienten mitwirken kann.

Voraussetzung dazu ist allerdings, daß nicht nur die Fähigkeit zur endogenen Wahrnehmung durch das Erleben und Aufarbeiten der eigenen schmerzvollen Lebensgeschichte voll entwickelt wurde, sondern im Zusammenhang damit sich auch ein stabileres Ich entfalten konnte, das in der Lage ist, bei voller Identifizierung mit dem zu diagnostizierenden Patienten dessen Schmerzen vorübergehend ertragen zu können.

7. Nachbemerkungen

Zum Schluß darf ich Sie darauf aufmerksam machen, daß die im Zusammenhang mit der KET und mit der zugehörigen Diagnostik stehenden Phänomene nicht in den Bereich der Esoterik gehören. Sie beruhen vielmehr auf wissenschaftlichen Erkenntnissen, mit denen sich die moderne Biologie bereits seit fast 60 Jahren intensiv befaßt und die zu dem sich mächtig wandelnden Bild der Naturwissenschaften beigetragen haben. Allerdings darf in diesem Zusammenhang nicht verschwiegen werden, daß die Medizin derzeit noch das konservative Schlußlicht an dem längst abgefahrenen Zug bildet. Und die Psychologie darf man, einschließlich der klassischen Psychoanalyse, ohne Scheu als zweites Schlußlicht dazurechnen. Die Lokomotive wird derzeit von der Physik, der Astronomie und der Astrophysik, zunehmend auch von der Biologie, gebildet.

Ich bitte um Verständnis, daß ich Ihnen in der Kürze der Zeit kein Bild mit Hand und Fuß, sondern nur einen Torso darbieten konnte, allerdings mit einem kleinen Einblick in die Eingeweide. Über meine Erfahrungen mit der Ätiologie, der psychophysischen Pathogenese und der Therapie der »idiopathischen« Innenohrerkrankungen können Sie Genaueres in meinem kleinen Buch »Streik im Innenohr«

und in den »Erfahrungsberichten« nachlesen. Über den neuesten Stand der therapeutischen Entwicklung informieren die »Informationen zu Tiefenpsychologischen Basis-Therapie«.

Übrigens gibt es über den konkreten Ablauf dieses therapeutischen Verfahrens eine Video-Dokumentation von mehr als 1.000 Therapiestunden. Für ernsthafte Interessenten bin ich gern bereit, einmal ein Informations-Wochenende in unserem Therapiezentrum in Aschau zu gestalten.

Technik der therapeutischen Regression der Tiefenpsychologischen Basis-Therapie (TBT)*

Lieber Herr Janus, verehrte Kolleginnen und Kollegen, meine Damen und Herren,

der Titel meines Vortrags enthält bereits wesentliche Programmpunkte von dem, was Tiefenpsychologische Basis-Therapie (TBT) meint und tut.

1. »Tiefenpsychologische« Basis-Therapie
   Beginnen wir am Ende bei der Bezeichnung »tiefenpsychologisch«. Die Bezeichnung der TBT als »tiefenpsychologisch« signalisiert, daß diese Form der Therapie auf der klassischen Psychoanalyse basiert, nämlich auf der Dynamik von Verdrängung, spontaner Erinnerung in Träumen und Symptomen, therapeutischer Erinnerung und Widerstand. Wir werden später noch feststellen, daß diese Dynamik in der TBT noch viel intensiver zutage tritt als in der klassischen Form der Psychoanalyse.

2. »Basis«-Therapie
   In der TBT wird die Lebensbasis der Zeugung mitsamt unserem genetischen Code, sowie der pränatalen, perinatalen und frühen postnatalen Zeit in den therapeutischen Prozeß mit einbezogen und dadurch selbst zum Gegenstand des therapeutischen Prozesses. Das gilt nicht nur in *zeitlicher* Hinsicht. Die TBT bewegt sich auch an der *biologischen* Basis unseres Daseins; so hat sie z.B. mit Phänomenen im Umkreis von Prägung und Fehlprägung zu tun. Immer ist die Körperlichkeit sehr stark mit im Spiel. Eine große Rolle spielen dabei die »Biologischen Programme«, deren Schicksal nur über körperbezogene Früherinnerung verfolgt werden kann.

3. Basis-»Therapie«
   Der Begriff »Basis-Therapie« bedeutet dementsprechend »Therapie der psychophysischen Lebensbasis«. Wir schreiben deshalb diesen Begriff auch bewußt in zwei Wörtern, nur durch einen Bindestrich aneinandergefügt. Er meint nämlich

---

* Vortrag, gehalten am 16. Juni 1990 für die Internationale Studiengemeinschaft für pränatale und perinatale Psychologie und Medizin (ISPPM), zweite Heidelberger Arbeitstagung, 15.-17.6.1990, über das Thema: Erscheinungsweisen pränatalen und perinatalen Erlebens in den psychotherapeutischen Settings. Erstveröffentlichung in Ludwig Janus (Hrsg.), Erscheinungsweisen pränatalen und perinatalen Erlebens in den psychotherapeutischen Settings, Textstudio Groß, Heidelberg, 1991.

nicht, daß es sich um eine basale Therapie handelt in dem Sinne, wie etwa die
Einhaltung einer bestimmten Diät bei Stoffwechselerkrankungen die Basis für
weitergehende spezielle therapeutische Maßnahmen darstellt. Basis-Therapie
meint vielmehr, daß wir es bei vielen Neurosen, Psychosen und psychosomatischen Erkrankungen mit Folgen von basalen Defekten mit Prägungscharakter zu
tun haben, die therapeutisch mit Erfolg direkt angegangen werden können. Sie
sind von den »Biologischen Programmen« und deren Schicksal her über vitale
körperlich-seelische Veränderungen bis hinein in chromosomale Defekte und
leitende Hirnfunktionen zu verfolgen und auf allen Ebenen therapeutisch zu korrigieren.

4. »Regression«
Die Regression stellt zunächst ein natürliches Phänomen dar. Wir alle regredieren - besonders im Schlaf und in unseren Träumen usw. Psychische und psychosomatische Symptome stellen einen bestimmten regressiven Zustand dar. Mit
der Regression zu spielen, hat die Menschen wohl immer fasziniert. Die Hypnose z.B. ist ja nicht nur therapeutisch eingesetzt worden, sondern auch in
Varietés zu Showeffekten. Ich habe den Eindruck, daß mit den sogenannten
»Rückführungen« heute Ähnliches geschieht.

5. »Therapeutische« Regression«
Die therapeutische Regression knüpft an die Regression als einem natürlichen,
spontanen Phänomen an. Mit der Bezeichnung der Regression als
»therapeutisch« wird diese inhaltlich nach zwei Richtungen hin bestimmt:
   a) die Regression ist selbst ein wesentlicher Teil des therapeutischen
      Prozesses;
   b) sie geschieht nicht aus Neugierde, sondern erstreckt sich auf diejenigen
      Phänomene, die es therapeutisch anzugehen gilt. Das signalisiert von
      vornherein eine Grenze gegenüber Mißbrauch und Manipulation.

6. »Technik«
Die Beschränkung der Regression auf die eine Neurose, Psychose oder psychosomatische Erkrankung verursachenden und bestimmenden Defekte und prä-,
peri- und postnatalen Traumata könnte als Willkür erscheinen. Die folgenden
Ausführungen über die Technik werden jedoch zeigen, daß das nicht der Fall ist.
Eine willkürliche Beschränkung auf bestimmte Traumata würde nämlich voraussetzen, daß wir diese kennen und sie mit Hilfe der Regression gezielt auf-
decken. Die tiefenpsychologische Begründung der TBT und der in ihrem Rahmen angewandten therapeutischen Technik setzt jedoch gerade die Dynamik
von Verdrängung und Wiedererinnerung voraus, d.h., wir wissen zu Anfang
nicht, was wir im Laufe des therapeutischen Prozesses an traumatischem

Geschehen entdecken werden. Die Beschränkung der Regression auf traumatisches Geschehen ist kein willkürlicher Akt des Therapeuten, sondern ein vom Unbewußten des Patienten gesteuerter Vorgang, den wir bei der Beobachtung der Spontanregression entdeckt haben und der uns im folgenden zunächst einmal beschäftigen muß.

Biologie und Technik psycho-physischer Therapie

A) Biologische Programme

Die Tiefenpsychologische Basis-Therapie ist mehr als eine bloß kausale Therapie, die an irgend einer Stelle der Kausalkette therapeutisch eingreift. Sie ist vielmehr eine *ätiologisch* orientierte Therapie, die in der therapeutischen Regression die »prima causa«, die primäre Ursache aufdeckt und zum Gegenstand der therapeutischen Intervention macht. Wer sich mit der therapeutischen Regression befaßt, wie sie im Rahmen der TBT angewandt wird, begegnet einem komplexen Phänomen, das den Ausgangspunkt bildet für solche Neurosen, Psychosen und psychosomatische Erkrankungen, die, soweit ihr Ursprung nicht in genetischen Defekten zu suchen und zu finden ist, ihrer Ätiologie nach auf Traumata in der pränatalen, perinatalen und frühen postnatalen Zeit zurückgehen. Ich meine das Phänomen der »Biologischen Programme«, das im engagierten Beobachter und Therapeuten enorm zwiespältige Gefühle auslöst. Mir fällt dazu immer wieder ein Dialogstück aus Goethes Faust, aus dem 'Prolog im Himmel', ein:

> »DER HERR: *Nun gut, es sei dir überlassen!*
> *Zieh' diesen Geist von seinem Urquell ab*
> *und führ' ihn, kannst du ihn erfassen,*
> *auf deinem Wege mit herab*
> *und steh' beschämt, wenn du bekennen mußt:*
> *Ein guter Mensch in seinem dunklen Drange*
> *ist sich des rechten Weges wohl bewußt.*
> MEPHISTO: *Schon gut! Nur dauert es nicht lange.*«

»Biologische Programme«, damit ist die Tatsache gemeint, daß Embryos, Föten, Neonaten, Säuglinge und Kleinkinder in ihrem »dunklen Drange« ein ungemein exaktes Gespür dafür haben, unter welchen äußeren und inneren Bedingungen jede Phase ihres Daseins verlaufen muß, welche Dinge und wie diese mit ihnen getan werden müssen und was sie dabei selbst und wie sie es selbst zu tun haben. Verlaufen alle Lebensvorgänge und Aktionen, ihre eigenen wie die ihrer nächsten Bezugspersonen, so, wie sie biologisch programmiert sind, so ist ihr Dasein mit dem Gefühl von Richtigkeit, Selbstverständlichkeit und Geborgenheit verbunden.

Wenn wir in der Regression den Biologischen Programmen auf eine solche Weise begegnen, stellt sich ein Lebensgefühl ein, das ein Patient am Ende eines kurzen Behandlungsberichts mit den Worten umschrieben hat: »Ich begegne dem Leben mit immer mehr Staunen«.

Werden die Biologischen Programme aber nicht erfüllt, ja wird ihnen sogar entgegengehandelt, so stellt sich in dem betroffenen heranwachsenden Wesen das Gefühl von »falsch« ein. Das reicht von »es ist falsch« bis hin zu »ich bin falsch«. Und alles, was falsch ist, wird als äußerst lebensbedrohlich empfunden und kann nicht verarbeitet werden.

Im Patienten, der diese Bedrohlichkeiten und Erschütterungen in der Regression wiedererlebt, werden sehr schmerzliche, ja quälende Gefühle ausgelöst. Und der engagierte Beobachter und Therapeut erlebt oft jene tiefe »*Beschämung*«, von der Goethe spricht, wenn er begreifen muß, wie unsere zivilisatorische Entwicklung, einschließlich unserer Medizin, über die faszinierende Klugheit und Richtigkeit der Biologischen Programme unserer Ungeborenen und Neugeborenen mit erschreckender Stumpfheit einfach hinweggeht, ja sie nicht einmal zur Kenntnis zu nehmen bereit ist. Wir sind es in der Tat selbst, wir, die Eltern, die Geburtshelfer, die Erzieher, die unsere Kinder von ihrem »*Urquell abziehen*« und auf unserem »*Wege mit herabführen*«, indem wir mit brutaler Ignoranz über die programmierten Notwendigkeiten unserer Nachkommen hinweggehen und damit den Keim für spätere neurotische, psychotische und psychosomatische Entwicklungen legen.

Als betroffener Patient dieser Einsicht zu begegnen, ist ein sehr schmerzhafter, aber unausweichlicher Prozeß, der den Beginn jeder Heilung markiert. Ihr als Eltern, Geburtshelfer und Erzieher mit tiefer Erschütterung zu begegnen, ist wohl die notwendige Voraussetzung dafür, den kommenden Generationen ein Lebensgefühl ermöglichen zu können, das von innerer Sicherheit, Geborgenheit und Sinnhaftigkeit getragen ist.

B) Verdrängung, Erinnerung und Selbstheilungstendenz

Ein Embryo kann einen Abtreibungsversuch unter Umständen zwar überleben, aber nicht verkraften. Ein Fötus, der im sechsten Schwangerschaftsmonat sich beim Fahrradunfall seiner Mutter in die Nabelschnur verstrickt, kann vielleicht erfolgreich um sein Leben kämpfen, die lebensbedrohliche Situation aber nicht wirklich bewältigen. Ein Kind, das mit Hilfe einer Geburtszange, der Saugglocke oder durch Schnittentbindung ins Leben geholt wird, überlebt zwar die Geburt, die es ohne diese Hilfe vielleicht nicht überlebt hätte, aber es verarbeitet sie nicht. Es entwickelt im späteren Leben eine schwere Neurose, vielleicht gar eine Psychose oder psychosomatische Erkrankungen, die oftmals als solche nicht einmal erkannt werden.

Ein Neugeborenes, das nach der Geburt von seiner Mutter getrennt wird, ein Säugling, der im Kinderwagen gefahren wird, statt vor der Brust, auf dem Rücken und später auf der Hüfte getragen zu werden, leidet so schwer unter der Mißachtung seiner Biologischen Programme, daß es sich sein Leben lang ungeliebt fühlt, ohne zu ahnen, warum das so ist.

Sie können das zwar alles nicht verarbeiten, aber sie überleben, obwohl diese massiven Störungen der Biologischen Programme eine akute Lebensbedrohung darstellen. Und sie überleben dies alles mit Hilfe jenes Phänomens, das wir in der Psychoanalyse als »Verdrängung« bezeichnen.

Die uns allen angeborene Fähigkeit zur Verdrängung ist zunächst einmal ein lebensrettendes Instrument, jedenfalls für ein Embryo, für einen Fötus oder ein Neugeborenes, das von einer Schädigung betroffen wird, die es als tödliche Bedrohung empfindet, zu deren Bewältigung seine noch sehr schwachen Ich-Kräfte bei weitem nicht ausreichen. Durch die Verdrängung wird die Bedrohung der Wahrnehmung entzogen, aber im Gehirn gespeichert und dort gegenüber anderen Wahrnehmungszentren abgeriegelt.

Diese Abriegelung ist jedoch nicht fugendicht. Die verdrängten Erlebnisinhalte drängen im Verlauf der weiteren Lebensgeschichte in Form von Erinnerungsbruchstücken in Träumen, spontanen Bildern und in Symptomen immer wieder ans Tageslicht und bieten dadurch die ungelösten Traumata wiederholt zur nachträglichen Verarbeitung und zur bewußten Integration in die Lebensgeschichte an.

In der TBT betrachten wir diese Spontanerinnerungen als Ausdruck der jeder Art von Leben innewohnenden Selbsterhaltungs-, Selbstheilungs- und Selbsterneuerungstendenz. Sie bilden den konkreten Ansatzpunkt für die therapeutische Regression.

C) Die ersten drei Sitzungen

Die Tiefenpsychologische Basis-Therapie (TBT) wurde zur Behandlung von Neurosen und Psychosen entwickelt, besonders für endogene Depressionen und viele psychosomatische Erkrankungen, die auf pränatale und perinatale Schädigungen zurückzuführen sind, z.B. von Clusterkopfschmerz, Migräne, Epilepsien, Anorexie und Bulimie, Colitis ulcerosa, Skoliosen und Arthrosen, aber auch generalisierte Muskelverspannungen, die Trias der Innenohrerkrankungen (»Idiopathischer« Hörsturz, Tinnitus und Morbus Menière) und viele andere.

Diese Form der psychoanalytisch-psychosomatischen Therapie macht eine sehr dichte Sitzungsfolge und eine umfassende Verlaufsbeobachtung durch den Therapeuten notwendig. Sie kann deshalb nur mit einer mehrwöchigen Intensivkur stationär oder quasi stationär begonnen werden.

Bei der mehrwöchigen Intensivkur findet in den ersten drei Tagen täglich eine Einzelsitzung statt. Danach wird die Therapie in Kleingruppen mit bis zu maximal acht Patienten fortgesetzt. Die Gruppensitzungen finden täglich zweimal statt. Während die Einzelsitzungen ca. eine Stunde dauern, dauern die Gruppensitzungen ca. zweieinhalb Stunden.

Therapieanfänger wissen so gut wie nichts über die therapeutische Technik. Ich äußere mich darüber heute zum ersten Mal detailliert und konkret. In einem Vortrag, den ich im November 1988 hier in Heidelberg gehalten habe, habe ich einige Punkte angesprochen, die vor allem den Psychoanalytiker interessieren könnten. So habe ich mich z.B. über den anderen Umgang mit der Übertragung kurz geäußert. Das Problem des Einstiegs in die Regression wurde aber auch in diesem Vortrag ausgespart, und es wäre mir am liebsten, wenn auch zukünftige Patienten nichts darüber wüßten. Natürlich werden von Interessenten immer wieder schriftliche Informationen angefordert. Diese sind aber bewußt sehr knapp gehalten. Sie sagen mehr über das Daß als über das Wie aus. So beginnt denn fast jeder neue Patient seine Therapie hinsichtlich der therapeutischen Technik »unbelastet«. Und das ist gut so, denn die erste Sitzung bedeutet eine entscheidende Weichenstellung für den weiteren Therapieverlauf.

In einem kurzer Gespräch am Tage der Ankunft, das in erster Linie der Orientierung im Gästehaus, in dem der Patient wohnen wird, dient, wird ein gegenseitiges »Du« vereinbart. Zur Regression paßt einfach kein »Sie«. Dieses »Du« ist selbstverständlich gegenseitig und schließt auch alle Mitpatienten und die engeren Mitarbeiter des Therapeuten ein.

Die Instruktionen zu Beginn der ersten Sitzung werden äußerst knapp gehalten. Ihr Inhalt beschäftigt sich mehr mit dem, was vermieden werden soll, als mit dem, was man tun soll. Zunächst wird der Patient zu seinem Platz, d.h. zu seiner Matte hingeführt, auf der er am Kopfende ein Handtuch - etwa in der Größe eines Duschtuches - ausbreitet. Kopfende ist der Teil der Matte, der dem Gang bzw. dem Sitz des Therapeuten zugewandt ist. Die ersten drei Sitzungen finden am frühen Morgen vor dem Frühstück statt. Die zweieinhalbstündigen Gruppensitzungen beginnen bereits in der Früh um 7.00 Uhr, die zweite Sitzung am Abend um 17.00 Uhr, noch vor dem Abendessen. Die Notwendigkeit des Therapietuches und der Beginn der Therapie vor Frühstück und Abendessen wird damit begründet, daß es im Laufe der Therapie zu erheblichen Speichel- und Schleimbildungen kommen kann und daß es für den Patienten wichtig ist, daß er diese Vorgänge nicht unterbricht, sondern laufen läßt. Erst nach der Sitzung oder bei entstehenden Zwischenpausen sollte er sich ggf. reinigen.

Der Patient wird aufgefordert, vom Anfang der Sitzung an seine Augen fest geschlossen zu halten, und zwar bis zum Ende der Sitzung. Wenn er die Augen zwischendurch öffnet, orientiert er sich im Raum und verläßt auf diese Weise diejenige Raumorientierung, die mit der Regression verbunden ist.

Die Beine sollen leicht gespreizt werden, die Hände ein wenig vom Rumpf entfernt liegen. Der Patient darf sich während der Sitzung nicht willkürlich berühren, vor allem muß er vermeiden, auftauchende unangenehme Körpersymptome, wie z.B. Jucken oder Stechen in der Haut, Schmerzen oder auch Brennen in den Augen, durch Berührungen zu korrigieren. Auch das Stilliegen ist wichtig. Alle willkürlichen Bewegungen sind unbedingt zu vermeiden.

Der Patient wird dann gebeten, in dieser Lage ruhig und tief vom Bauch her durchzuatmen. Er wird aber darauf aufmerksam gemacht, daß es sich hier nicht um eine Atemtherapie handelt. Er soll die tiefe Zwerchfellatmung nicht mit Gewalt durchhalten. In den meisten Fällen kommt es sehr bald zu einer spontanen Veränderung der Atmung, sei es, daß sich eine Hyperventilation einstellt, sei es, daß sich die Atmung extrem verlangsamt und sich einem Zustand nähert, der wie ein Atemstillstand aussieht.

Zu Beginn jeder Sitzung wird Musik gespielt. In den ersten drei Einzelsitzungen dauert die Musik etwa 10 bis maximal 15 Minuten. Vor Beginn der Musik wird der Patient aufgefordert, während der tiefen, ruhigen Bauchatmung sein ganzes Augenmerk auf die Wahrnehmung seines Körpers zu richten, nicht etwa auf die Musik. Die soll er einfach »durch sich hindurchziehen« lassen und nicht weiter beachten. Das mag ihm beim erstenmal recht merkwürdig erscheinen, denn die Musik wird nicht besonders leise gespielt, sondern fast in Konzertlautstärke. Bei Patienten mit Innenohrerkrankungen löst das am Anfang manchmal Ängste aus, denn sie sind daran gewöhnt, laute Geräusche zu vermeiden. Man muß diese Patienten daran erinnern, daß die Behandlung mit der TBT nicht durch Vermeidung, sondern durch psycho-physische Auseinandersetzung geschieht.

Nach Schluß der Musik spreche ich den Patienten an und frage ihn, was während der Musik in ihm vorgegangen ist. Manchmal wird bereits in diesem ersten Bericht von auffälligen Körperwahrnehmungen berichtet, die auf eine bereits beginnende Regression hinweisen. Andere Patienten wieder erzählen von Gefühlen, die die Musik in ihnen ausgelöst hat. Fast immer aber wird bemerkt, daß es ihnen schwergefallen sei, die Gedanken ganz auszuschalten. Ich sage ihnen dann - und das muß ich später noch oft wiederholen -, daß sie in einem solchen Fall sehr bewußt ihre Körperwahrnehmung verstärken sollen.

Häufig ist zu beobachten, daß Patienten bestimmte Bewegungen ausführen: mit den Beinen, mit den Armen, mit dem Kopf oder mit dem ganzen Körper, daß sie sich z.B. zusammenrollen, oder aber, daß sie berichten, sie hätten das am liebsten getan. Hier mache ich die Patienten darauf aufmerksam, daß sie keine willkürlichen Bewegungen machen dürfen. Zu den willkürlichen Bewegungen zählen auch diejenigen, die man gerne machen möchte oder meint, unbedingt machen zu müssen und deshalb ausführt.

Gleichzeitig aber weise ich darauf hin, daß es sehr häufig vorkommt, daß sich der Körper wie selbsttätig in Bewegung setzt. Diese Bewegungen sind dann meist sehr, sehr langsam. Sie gehen quasi im Zeitlupentempo vor sich; zum Beispiel, daß sich im Verlauf von 5 Minuten, 10 Minuten oder mehr der Kopf langsam nach einer Seite dreht oder daß sich langsam ein Arm vom Boden abhebt und nach oben wandert.

Der Unterschied zwischen diesen beiden Arten von Bewegungen, nämlich denen, die man gern machen möchte und ausführt, und jenen, die quasi wie gegen einen Widerstand im Zeitlupentempo vor sich gehen, besteht darin, daß zwar beide gewöhnlich auf Biologische Programme zurückgehen, aber während die schnellen Bewegungen, die willkürlich durchgeführt werden, fast immer wiedergeben, wie man das betreffende Biologische Programm gerne erfüllt gehabt hätte, spiegelt sich in den verlangsamten Bewegungen meist das wider, was wirklich geschehen ist.

Sehr oft wird nach einem solchen ersten Regressionsversuch berichtet, man habe Bewegungen, Lageveränderungen oder Seitenunterschiedlichkeiten im Körper wahrgenommen, ohne daß sich der Körper überhaupt bewegt hat.

Eine wichtige Bedeutung hat auch die Beleuchtung des Raumes. Sie soll nicht zu hell, aber auch nicht zu dunkel sein. Sie wird bewußt in einer mittleren Qualität gehalten. Ist sie zu hell, so wird der Patient bei geschlossenen Augen in jedem Fall geblendet. Ist sie zu dunkel und zu stark mit Rotlicht durchsetzt, so wird die Regression in den Mutterleib bevorzugt unterstützt. Das soll nicht sein. Der Patient soll mit der Beleuchtung *alles* anfangen können. Und in der Tat ist es so, daß einigen Patienten die Raumbeleuchtung über eine gewisse Zeit hinweg als viel zu grell erscheint, bis sie bemerken, in welcher regressiven Situation sie sich befinden, während bei anderen Patienten die Augen so fest verschlossen sind, daß sie nur Schwärze um sich herum wahrnehmen, bis auch dieser Zustand in der Therapie seine Lösung findet.

Innerhalb der ersten drei Sitzungen lasse ich den Patienten jeweils dreimal für 10 bis maximal 20 Minuten in den regressiven Zustand der erhöhten Körperwahrnehmung absinken und anschließend darüber berichten. Bei jedem dieser Berichte merke ich an, daß es nichts zu leisten gibt, sondern nur wahrzunehmen und das Wahrgenommene auszusprechen. Sobald dem Patienten eine auffällige Körperwahrnehmung bewußt wird - und das geschieht fast ausnahmslos bereits in der ersten Sitzung -, stellt sich bei ihm eine gewisse Faszination ein. Die wird von mir bewußt unterstützt, indem ich darauf aufmerksam mache, daß es überhaupt keine bessere Einstellung zur Therapie gibt als die Neugierde auf sich selbst.

Bei einigen Patienten, besonders wenn sie die fixe Vorstellung haben, daß Psychotherapie im Preisgeben von sorgfältig gehüteten Geheimnissen bestehe, drängen sich von der ersten Sitzung an irgendwelche Erinnerungen aus der früheren oder späteren Kindheit oder aus der Jugend auf, die ich mir jedoch ohne Kommentar und ohne jede Deutung und Wertung anhöre. Bei vielen anderen Patienten wieder kommen diese Erinnerungen erst sehr viel später, nämlich dann, wenn bestimmte Körperwahrnehmungen, Schmerzen usw. einen Zusammenhang mit solchen Erinnerungen hergestellt haben.

Interpretationen und Deutungen des Gesagten oder der sichtbar gewordenen oder berichteten Bewegungen sind unter allen Umständen zu vermeiden, nicht nur seitens des Therapeuten, sondern auch seitens des Patienten selbst. Patienten, die einmal eine klassische Analyse gemacht haben, oder Psychoanalytiker selbst, gehen hier oft in die eigene interpretatorische Falle und behindern oder verhindern damit sogar die Regression.

Am Schluß der Sitzung setzt sich der Patient auf und berichtet mir in einem zusammenfassenden Nachgespräch noch einmal über alles, was in der Sitzung vor sich gegangen ist. Das bedeutet eine erste Durcharbeitung des Geschehenen. Sie ist sehr wichtig, denn je tiefer die Regression geht, umso averbaler, oder, genauer gesagt, umso präverbaler vollzieht sich der ganze Prozeß. Um eine volle Integration des Geschehenen in die eigene Lebensgeschichte zu erreichen, ist es jedoch notwendig, daß alle Zentren, also auch die höheren kognitiven Zentren des Gehirns, erreicht werden.

Dem dient schließlich auch das Protokoll, das der Patient im Anschluß an die Sitzung für sich selbst (die Protokolle werden nicht kontrolliert) niederschreibt. Der Patient soll aber außerdem solche Erinnerungen niederschreiben, die noch nachträglich in seinem Gedächtnis auftauchen. Außerdem soll er Körpersymptome, Stimmungsschwankungen usw. notieren, ebenso Träume, die auf die Sitzungen folgen.

Sehr wichtig ist es, den Patienten von Anfang an darauf aufmerksam zu machen, daß in der Therapie nichts hinter seinem Rücken, sondern alles nur in ihm und mit ihm selbst geschieht.

In der Therapie kommt es zu einer totalen psycho-physischen Erinnerung, und zwar so, wie es damals war, als die Traumata erlebt wurden. Der Unterschied zwischen damals, mit der nachfolgenden Verdrängung, und heute, bei der Wiedererinnerung, liegt darin, daß das Erlebte jetzt ertragen und verarbeitet werden kann.

Dieses Wiedererleben ist oft von sehr schlimmen Gefühlen, oft auch mit großen psychischen und körperlichen Schmerzen verbunden. Immer wieder höre ich den Satz: *»Das überlebe ich nicht!«*

Es wäre völlig falsch, den Patienten mit dem nichtssagenden Spruch zu trösten, *»das wird schon; allmählich wird es immer besser.«* Denn das stimmt nicht. Zunächst einmal wird es schlechter. Und es muß zunächst schlimmer werden. Wir erinnern uns da gegenseitig immer wieder an zwei Sätze, die zu geflügelten Worten in unserem Therapiezentrum geworden sind. Der erste: *»Die Therapie läuft gut, denn dem Patienten geht es schlecht!«* Dieser Satz gilt so lange, bis die eigentlichen Traumata aufgearbeitet sind. Dann hören die Schmerzen von selber auf. Und der zweite Satz: *»Die Katastrophe liegt hinter Dir!«* Und in der Tat: sie wird hier wiedererlebt, aber sie ist ja auch seinerzeit überlebt worden. Sonst wäre der Patient gar nicht da. Und so wird er heute auch das Wiedererleben der Katastrophe überleben. Diese Art der Ermutigung ist notwendig, und oft sind es die Patienten selbst, die sich gegenseitig diese Ermutigung zuteil werden lassen.

Ein Patient, der mitten im Geschehen ist, ist oft in der Gefahr, sich selber unter Druck zu setzen. Gelegentlich projiziert er das natürlich auch nach außen und meint, der Therapeut setze ihn unter Druck. Davor muß dieser sich natürlich strengstens hüten und den Patienten auch immer wieder mahnen, sich nicht selbst unter Druck zu setzen.

Im übrigen möchte ich darauf hinweisen, daß Patienten, die in einer Sitzung wirklich einmal an die Grenzen ihrer Schmerztoleranz gelangen, in ihrem Unbewußten einen sicheren Helfer haben. In dem Augenblick schaltet nämlich die Schmerzwahrnehmung völlig ab. Dieser Mechanismus funktioniert allerdings nur dann mit völliger Sicherheit, wenn man sich nicht selbst unter Druck setzt.

Das ist das Hauptziel der ersten drei Sitzungen:
Die Schulung der endogenen Wahrnehmung, nämlich die Wahrnehmung von Impulsen, Verspannungen, Verkrampfungen, Schmerzen und Ängsten, die Botschaften des Unbewußten aus der vergangenen Lebensgeschichte darstellen, und die Wahrnehmung der an den Prozessen beteiligten Organe - bis hinein ins Gehirn. Dazu vielleicht ein kleines Beispiel:
Ich hatte einen Patienten, der plötzlich in einer Sitzung das sichere Gefühl äußerte, im Gehirn eine Narbe zu haben. Bekannt war von einer solchen Narbe nichts, weder ihm selbst noch seinen Eltern, auch nichts von einem entsprechenden Unfall. Ich habe daraufhin meinen Patienten sofort zur Computertomographie geschickt. Der Untersuchungsbericht bestätigte die Narbe genau an der Stelle, wo der Patient sie wahrgenommen hatte. Und bei der Konzentration auf das Narbengewebe konnte der Patient eine sehr schlimme Unfallsituation wiedererleben und auflösen. Warum die Eltern von dem Unfall nichts wußten? Der Patient hatte sich damals längere Zeit bei der Großmutter aufgehalten. Und die hatte guten Grund, über den Unfall keine Mitteilungen zu machen.
Das zweite Hauptziel dieser ersten drei Sitzungen besteht in der Entwicklung des individuellen therapeutischen Stils des Patienten, bevor er sich bei Mitpatienten deren Stil abschauen und ihn kopieren kann. Die Begegnung mit anderen Patienten und deren Art, Therapie zu machen, gibt später enorme weiterführende Anregungen, die aber, wenn der eigene Stil sich erst einmal entwickelt hat, in diesen mit

eingebaut werden. Der in den ersten drei Sitzungen vom Patienten selbst gefundene und geprägte Stil bleibt im weiteren Verlauf der Therapie ziemlich konstant erhalten, bis der therapeutische Fortschritt von sich aus hie und da eine Änderung erzwingt.

Zum Abschluß dieses Punktes wollen wir uns noch kurz die Frage vorlegen, welche Zeit, welche Ereignisse, welche Traumata mit dieser Art der therapeutischen Technik eigentlich angezielt werden. Die Antwort ist schnell gegeben. Die Therapie steuert auf diejenige Zeit der lebensgeschichtlichen Entwicklung, steuert auf die Traumata zu, die das Unbewußte des Patienten selbst anbietet. Die therapeutische Technik geht ganz *ungezielt* vor. Weder der Patient selbst noch der Therapeut wissen im vorhinein, wohin sich die Therapie bewegt. Beide müssen sich überraschen lassen.

D) Setting in der Kleingruppe

Für die Tiefenpsychologische Basis-Therapie ist das Setting, die »Liegung«, in kleineren Gruppen charakteristisch und zugleich unverzichtbar. Während des größten Teils der Sitzung nehmen die anwesenden Patienten kaum Notiz voneinander. Jeder ist für sich und bei sich selbst. Wenn Patienten davon abweichen, so ist das für den therapeutischen Prozeß fast immer von Bedeutung. Beim Wiedererleben eines verzögerten Geburtsvorgangs kann es z.B. zu einem angestrengten und angsterfüllten »Lauschen nach draußen« kommen, das von einem zwanghaften Hinhören-Müssen auf Gespräche zwischen einem Mitpatienten und dem Therapeuten eingeleitet wird.

Auch die zu Beginn jeder Sitzung gespielte Musik wird von den Patienten regelmäßig als Übertragungsobjekt benutzt. So kann es unter dem Wiedererleben der Geburt z.B. dazu kommen, daß ein Patient bei einer recht lebhaften, rhythmisch markanten Stelle plötzlich die Hebamme mit der Mutter schimpfen hört. Die Stille des Raums, Geräusche, Gespräche, Weinen und Schreien von Mitpatienten - alles kann als Anregung für den Prozeß der Erinnerung durch Wiedererleben benutzt werden, oder es wird einfach übergangen, eventuell nicht einmal wahrgenommen.

Das folgende Beispiel mag verdeutlichen, wie individuell, je nach der aktuellen therapeutischen Situation, ein Vorgang im Therapieraum aufgenommen wird:

Anwesend sind sechs Patienten. Eine Patientin berichtet mir, daß sie sich gerade in ihrem vierten Lebensjahr wiedererlebt. Sie ist von Todesängsten bedrängt. Ihre sechs Jahre ältere Schwester weiß davon und provoziert sie wiederholt dadurch, daß sie ihr das Landsknechtslied vorsingt: »*Morgenrot, Morgenrot, leuchtest mir zum frühen Tod*«. Ich knie hinter der Patienten nieder und singe leise dieses Lied. Das verstärkt momentan ihre Angst. Sie weint und schreit die verdrängten Gefühle heraus. Die nebenan liegende Patientin beginnt, mit einer ganz hohen Babystimme bitterlich zu weinen. Beim Abschlußgespräch berichtet sie: »*Als Du zu singen anfingst, da war das meine Mutter, im Krankenhaus, wenige Tage nach meiner Geburt. Weil sie eine schwere Thrombose hatte, wurde ich nur einmal am Tag zu ihr gebracht. Und wenn die Zeit um war und ich wieder von ihr weggeholt wurde, verabschiedete sie sich immer mit einem Wiegenlied. Ich habe überhaupt nicht gehört, was Du gesungen hast. Das war sie, das war ihre Stimme, und ich wußte, daß ich jetzt wieder verlassen sein werde.*« (Die Patientin litt übrigens vor Beginn ihrer Therapie an einer schweren Depression und einer sich Nacht für Nacht wiederholenden Jactatio Capitis). - Und wie reagierten die anderen vier Patienten? Sie hatten mein Singen einfach nicht registriert!

Der Ablauf des therapeutischen Geschehens in der Kleingruppe hat enorme Auswirkungen auf den Umgang mit Projektionen und Übertragungen, die sich viel offener vollziehen und für den Patienten selbst viel leichter faßbar werden als in der klassisch-analytischen Dyade. Das geht bereits bei der Musik an. Es fällt dem Patienten eben doch auf, daß er eine bestimmte Musik zu verschiedenen Zeiten sehr viel anders wahrnimmt und unterschiedliche Gefühle mit ihr verbindet. Dadurch stellt er ganz automatisch die Objektivität seiner Wahrnehmung und seine darauf bezogene emotionale Antwort infrage.

Wenn er während der Sitzung Beobachtungen an anwesenden Mitpatienten, Meinungen über sie und Gefühle ihnen gegenüber vor dem Therapeuten äußert, so nehmen die Betroffenen dazu nicht Stellung. Sie beschäftigen sich mit ihren eigenen Problemen und Gefühlen, ggf. natürlich auch mit denen, die durch solche Äußerungen in ihnen angesprochen werden. Aufgabe des Therapeuten ist es nun, dem in der Übertragung festhängenden Patienten dabei behilflich zu sein, daß er seine Gefühle bei sich selbst behält, sie vertieft und als seine subjektive Antwort begreift. Das führt dann meist so rasch zu den primären Problemen, daß sich die Übertragung bis zum Schlußgespräch, in dem der gemeinte Mitpatient Stellung nehmen könnte, bereits aufgelöst hat.

Im übrigen: der ganz und gar offene Umgang mit den primären Problemen und den Übertragungen und das Wissen darum, daß Übertragungen Sekundärphänomene sind, die letztlich der Abwehr dienen, läßt in den Gruppensitzungen jene mitmenschliche Haltung wachsen, die die ganze therapeutische Arbeit wesentlich mitbestimmt: den Humor.

Die aus nur schwer auflösbaren Dauerübertragungen resultierende giftige Stimmung, wie ich sie oft in analytischen Gruppen und Instituten beobachtet habe, findet in unseren vom Primärgeschehen bestimmten und um rasche Auflösung von Übertragungen bemühten Gruppen einfach keinen Boden.

Auch der Umgang mit Träumen ist anders als in der klassischen Form der Psychoanalyse. Von der Deutungstechnik wird von vornherein Abstand genommen. Wenn es sich in den Träumen um verdeckte, noch abgewehrte Wiedererinnerungen pränataler und perinataler Traumata handelt, kehren natürlich bestimmte Bilder immer wieder, z.B. das mit Angst verbundene Durchfahren von Tunneln, steile Treppenhäuser, enge Räume, die rasende Fahrt im Auto, der Absturz mit dem Flugzeug usw. Das Wissen um die primäre Bedeutung dieser Traumbilder nützt jedoch sehr wenig. Entscheidend ist, daß sich der Patient in die den Traum bestimmenden Bilder so intensiv einläßt und die mit ihnen verbundenen Gefühle so vertieft, daß der sich in den Symbolen manifestierende Abwehrcharakter des Traumgeschehens durchbrochen wird und das primäre traumatische Ereignis selbst erfahren und minutiös wiedererlebt werden kann.

Träume und die in ihnen sich aufdeckenden und zugleich verbergenden Gefühle sind ein wichtiger Weg zur Wahrnehmung dessen, was krank gemacht hat, und ein erster Schritt auf dem Weg zur Heilung.

Aber der Weg dahin ist mit bedrängenden konkreten Fragen gepflastert, die es zu beantworten gilt:

• Welches traumatische Geschehen äußert sich in diesem Traum?
• Was ist damals tatsächlich geschehen?
• Wie war ich davon betroffen?
• Wie habe ich das verarbeitet bzw. nicht verarbeitet?
• In welchen organischen Strukturen hat sich das Erlebte niedergeschlagen?
• Welchen konkreten Schaden hat es darin angerichtet?
• Was habe ich daraus gemacht?
• Welche Abwehrstrategien habe ich dazu entwickelt?

Tiefenpsychologische Basis-Therapie arbeitet sehr konkret. Jede Rückfrage des Therapeuten muß im angesprochenen Patienten die Konkretisierung der verborgenen Traumata in Wahrnehmung und Wiedererleben fördern.

Nun einige Bemerkungen zum Umgang mit Symptomen. Von analytisch arbeitenden Psychosomatikern wird oft die Forderung aufgestellt, dafür zu sorgen, daß sich die Patienten nicht auf ihre Körpersymptome fixieren. *In der TBT fordern wir hingegen den Patienten auf, in der Sitzung seinen Symptomen eine wesentlich erhöhte Aufmerksamkeit zu schenken, sie jedoch nicht isoliert, sondern im Zusammenhang mit der vertieften Wahrnehmung des ganzen Körpers zu erleben.* Wenn das gelingt - und das gelingt meist recht schnell! -, dann eröffnen die Symptome einen direkten Zugang zum primären traumatischen Geschehen und dessen verdecktem lebensgeschichtlichen Schicksal bis hin zur Gegenwart. Ich will das an zwei Beispielen kurz beschreiben.

Das erste Symptom, ein jahrelang bestehender Tinnitus, der sich nach einem Hörsturz mit anhaltender Innenohrschwerhörigkeit eingestellt hatte, verstärkt sich zunächst bei Konzentration auf das Lärmen, Klingen oder Pfeifen. Dann stellt sich zunehmender Kopfdruck, schließlich ein als von außen kommend erlebter Druck auf das betroffene Ohr und andere Teile des Schädels ein. Die erhöhte Wahrnehmung des gesamten Körpers registriert zunehmende muskuläre Verspannungen in der Wirbelsäule, besonders in LWS und HWS. Bei weiterer Konzentration auf die Wirbelsäule setzt sich der Körper allmählich in eine langsame schiebende Bewegung. Parallel zu den zum Kopf hin verlaufenden Bewegungen des Rumpfes wandert der Druck am Kopf ein wenig nach unten, bis der Patient schließlich deutlich wahrnimmt, daß er vom distalen Ende her schiebt und geschoben wird, oben aber eingeklemmt ist, und daß sein Ohr dabei einen Hörschaden erleidet.

Mit diesem ersten Teil des Wiedererlebens ist der Auftakt zum therapeutischen Geschehen gegeben. Die in der Therapie vertieft erlebten Symptome gehören dem Bereich der Erinnerungs-Symptome an, d.h. sie erweisen sich als eine direkte Körpererinnerung an das traumatische Geburtsgeschehen, bei dem es zu Quetschungen des Kopfes, besonders im Ohrbereich, und zu Durchblutungsstörungen des Innenohrs mit vorübergehendem Hörverlust und Ohrgeräuschen gekommen war.

Die Symptome des zweiten Beispiels rechnen wir zu den Ausdrucks-Symptomen, d.h. die mißachteten Biologischen Programme haben sich in dem betreffenden Organ einen symbolischen Ausdruck des erlebten und persistierenden Konflikts geschaffen. In unserem Beispiel ist das Organ die Haut, das Symptom eine Neurodermitis. Wir bezeichnen in unserem Therapiezentrum die Neurodermitis als »Bleib-mir-vom-Leib-Krankheit«. Verfährt der Patient mit seiner Symptomatik, wie im vorherigen Beispiel beschrieben, so kommt es an den betroffenen Hautstellen zu verstärktem Jucken, Brennen und Schmerzen, das ihn schließlich das Drama einer als Neugeborenes und Säugling erlebten Hautberührung durch die Mutter (oder Ersatzmutter) wiedererleben läßt, die auf der mütterlichen Seite von eigenen Berührungsängsten, Ablehnungsgefühlen und Aggressivität, auf der Seite des Kindes von tiefer Sehnsucht nach liebender Berührung und zugleich von panischer Angst vor den aggressiven Gefühlen der Mutter bestimmt war.

Die Neurodermitis ist der Affe unter den Hautkrankheiten. Sie kann sich, unterschiedlich lokalisiert, unter recht verschiedenartigen Effloreszenzen verbergen, weshalb sie oft dermatologisch nicht sicher diagnostiziert wird. Hier ist der Psychosomatiker im Vorteil, weil die im Hautsymptom ausgedrückte Ambivalenz zugleich an vielen anderen Äußerungen des Patienten abzulesen ist, u.a. an seiner depressiven Abhängigkeit einerseits und der unterschwelligen Aggressivität und der Flucht vor Nähe andererseits. Oft genügen nur wenige Sitzungen, um die Ambivalenz zwischen der Berührungssehnsucht und der mit Scheuern und Kratzen gegen die eigene Haut geführten Autoaggression aufzudecken, erlebbar zu machen und damit den Weg zur therapeutischen Regression freizulegen.

Auch bei diesen beiden genannten Beispielen erweist sich die Kleingruppe als überzeugendes Therapeutikum. Unsere Ohren sind das erste ausdifferenzierte Sinnesorgan, mit dem wir pränatal die Welt außerhalb der schwangeren Mutter wahrgenommen haben. Das pränatale und perinatale Hören und Horchen spiegelt sich, wie bereits kurz erwähnt, in den Therapiesitzungen im Lauschen auf die Mitpatienten deutlich wider. Und die Berührungs-Ambivalenz findet selbstverständlich auch im Umgang mit den Mitpatienten einen aktualisierenden Ausdruck, der dann von Patient und Therapeut aufgegriffen und in der therapeutischen Regression vertieft wird.

E) Therapeutische Technik in den gruppentherapeutischen Marathons

Von Zeit zu Zeit werden gruppentherapeutische Marathons angeboten, die fünf Tage und vier Nächte dauern. Sie umfassen pro Tag zehn Stunden Gruppentherapie, aufgeteilt in fünf zweistündige Sitzungen mit jeweils anschließenden Pausen. Die Nachtruhe wird gemeinsam auf Polstermatten im Therapieraum verbracht.

Die Marathons sind ein integrierter Bestandteil der Tiefenpsychologischen Basis-Therapie. Jeder Patient nimmt mindestens einmal, meist mehrmals daran teil. Die Teilnehmerzahl ist auf 12 bis maximal 15 begrenzt. Alle kennen sich untereinander, haben gemeinsame Sitzungen in Kleingruppen gemacht. Alle haben mindestens eine vierwöchige Intensivtherapie hinter sich, kennen also die Regressionstechnik und haben angefangen, sich selbst in ihren Regressionsprozessen zu erfahren und in ihrer Lebensgeschichte zu entdecken.

Wir sitzen im Kreis beieinander und sprechen miteinander, wie es in anderen Gruppentherapien auch üblich ist. Doch damit ist die Parallelität auch schon fast am Ende. Die therapeutische Technik unterscheidet sich von der anderer gruppentherapeutischer Verfahren zum Teil ganz beträchtlich. Um die abweichende Technik verstehen zu können, will ich Ihnen die sich vollziehenden Entwicklungsschritte an einigen charakteristischen Punkten beim Patienten *Joachim* skizzenhaft darstellen.

In der ersten Sitzung berichtet jeder Teilnehmer über seinen gegenwärtigen Stand im therapeutischen Prozeß, über seine Probleme in der Therapie, seine Schwierigkeiten im Alltag, über Entdeckungen, Fortschritte und Hemmnisse, über seine Erwartungen, Hoffnungen und Ängste im Zusammenhang mit dem beginnenden Marathon, und spricht dabei gleich auch eventuell bestehende Differenzen, Aversionen und Zuneigungen gegenüber anderen Teilnehmern an. *Joachim* äußert sich in dieser einleitenden Runde u.a. über seine ambivalenten Gefühle gegenüber der Freundin, in denen er ein (mit Recht) Übertragungsgeschehen vermutet, das im Zusammenhang mit seinen pränatalen und perinatalen Problemen mit seiner Mutter stehen könnte. Er freut sich über die Teilnahme bestimmter Mitpatienten, zu denen sein Kontakt in letzter Zeit recht dünn war, und äußert ein beklemmendes Gefühl gegenüber dem Mitpatienten *Axel*, dessen Augen er als kalt und feindlich empfindet. Sie machen ihm Angst.

Nach diesem einleitenden Rundgespräch hat jeder Teilnehmer bis zum Schluß-gespräch in der letzten Sitzung fünf Tage lang die Möglichkeit, sich mit seinen gegenwärtigen Problemen und mit Daten aus seiner Lebensgeschichte, bis in pränatale Erinnerungen hinein, die ihm wichtig erscheinen, in den gruppenthera-peutischen Prozeß einzubringen.

Joachim schildert eine bedrückende Familiensituation. Die Eltern und die Geschwister haben fast jeden Gesprächskontakt untereinander verloren. Schon in den Kindheitstagen verliefen die Mahlzeiten fast ohne ein Wort. Die Kinder durf-ten bei Tisch nichts sagen, und die Eltern hatten sich nichts zu sagen.

Diese bedrückende Situation, die sich innerhalb der Gruppe in Redehemmungen widerspiegelt, ist auch anderen Patienten bekannt. Wieder andere haben ganz gegenteilige Erfahrungen gemacht. So kommt in der Gruppe ein lebhafter Aus-tausch zustande. *Joachim*, der das Thema eingebracht hat, wird dabei zum Mittel-punkt des Gesprächs, wird mit seinen Wünschen, Enttäuschungen, Hemmungen, Übertragungen und Projektionen selbst zum Thema. Es ist Aufgabe des Therapeu-ten, das Zerreden des Themas zu verhindern und die Konzentration auf den einen Patienten zu ermöglichen.

Als sich *Joachim* die stumme Tischrunde der Familie in seiner inneren (endogenen) Wahrnehmung vergegenwärtigt, begegnet er plötzlich den »starren, kalten, forschenden Augen« des Bruders, die ihn in eine ungreifbare Unruhe und in tiefen Schrecken versetzen. Er spürt, daß hinter den Augen des Bruders eine noch viel größere, gefährlichere Bedrohung lauert. Was ihm panische Angst macht, ist etwas Ungreifbares, Kaltes, Fremdes, dem er völlig ausgeliefert ist.

Jetzt greift der Therapeut helfend und fokussierend ein. Ich fordere *Joachim* auf, die Augen zu schließen und sich die Augen seines Bruders, so wie er sie eben wahrgenommen hat, sehr nahe kommen zu lassen, sie intensiv anzuschauen. Dabei frage ich ihn nach der konkreten Erlebnissituation, wann er diese Augen zum erstenmal so kalt, so bedrohlich wahrgenommen hat. Ich schlage ihm vor, sich dem aufkommenden Panikgefühl voll auszusetzen.

Plötzlich krümmt sich sein Körper zusammen. Er gleitet vom Stuhl, windet sich am Boden, keucht, hustet und wimmert. Er ist voll in der Regression und erlebt während und unmittelbar nach seiner Geburt die forschenden, abschätzenden Augen des Arztes, die ihn völlig unpersönlich mustern. Die Panik rührt daher, daß *Joachim* andere, ihn mit Liebe und Begeisterung anblickende Augen, nämlich die der Mutter, erwartet. Schwangerschaft und Geburt waren wenig kommunikativ, waren äußerst problematisch verlaufen. So konzentrieren sich seine Hoffnungen und Erwartungen jetzt ganz auf diese Begegnung mit der Mutter. Doch die Blicke, denen er begegnet, empfindet er als abweisend, nicht als die Begleitung in das Leben, deren er so dringend bedarf.

Als das primäre Erleben abebbt, fordere ich *Joachim* auf, in die Gegenwart zurückzukehren und sich die Augen seines Bruders und die des Mitpatienten *Axel* anzuschauen, wie sie denn nun wirklich sind. Im Blick beider Personen kann er sehr wohl etwas wahrnehmen, was geeignet war, ihn unbewußt an die primäre Situation zu erinnern, jedoch nichts, was das tiefe Erschrecken, das Gefühl, kalten, forschenden Blicken hilflos ausgeliefert zu sein, rechtfertigen würde. So kann er denn in diesem Augenblick seine Übertragungen lebendig erfahren und auflösen und seiner Umwelt auf eine ganz neue, wahrhaftigere Weise begegnen.

Im Verlauf des fünftägigen Marathons reiht sich ein Thema an das andere, denn jeder hat eine spezifische Lebensgeschichte und damit spezifische, ihn einengende, belastende Probleme. Sie werden nicht ausdiskutiert, sondern auf ihre Ursachen in frühester Lebenszeit zurückgeführt und in der beschriebenen Weise geklärt. Da es im Marathon immer um Leid geht, oft um sehr tiefes Leid, geht das jeweilige Problem, geht das Leid des einen auf irgend eine Weise jeden anderen Teilnehmer ganz persönlich an. Es ist also nicht so, daß in einer Sitzung der Vorgang eines Teilnehmers »abgehandelt« wird, während die anderen warten, bis sie dran sind. Im Gegenteil: an dem Prozeß des einen nehmen alle teil, jeder entsprechend seiner eigenen Leib-Seele-Geist-Kondition. Jeder Aspekt des einen Patienten kann im anderen Teilnehmer etwas auslösen. So können z.B. bei dem einen oder anderen »Zuhörer« spontan Regressionen einsetzen, indem durch den gerade laufenden Prozeß eigene spezifische Verletzungserlebnisse getroffen werden und aufbrechen. Gefühle, Erlebnisse und Erfahrungen des einen rufen ähnliche in einem anderen wach und lassen ihn miterleben und ihn zugleich sich selbst erleben.

Der Therapeut begleitet bei diesem Gruppen-Regressionsprozeß jeden einzelnen bis hinein in seine oft leidvoll aufbrechenden Verdrängungen:

- er unterstützt jeden einzelnen bei den oft sich spontan körperlich ausdrückenden Regressionen;
- er faßt spezifische Prozesse erklärend zusammen;
- er konzentriert sich auf den Einzelvorgang. Trotzdem bleibt jeder andere Teilnehmer sowie die Gruppe als Ganzes unter seiner Kontrolle. Oft muß er sich mehreren dramatischen Einzelprozessen gleichzeitig widmen;
- er zeigt Grundsätzliches auf für den Zusammenhang der Lebensgeschichte des Menschen mit den Fehlprägungen in dessen Biologischen Programmen.

So gewinnen alle einen neuen Ansatz. Sie öffnen sich einer klareren Wahrnehmung der Umwelt und werden fähig, ihre Verhaltensweisen und Reaktionen von innen heraus zu verändern. Und die Erfahrung zeigt, daß die Prozesse in den Therapiesitzungen nach einem Marathon im allgemeinen große Fortschritte machen.

F) Bemerkungen zur Ich-Entwicklung

Die Tiefenpsychologische Basis-Therapie ist kein psychokathartisches Verfahren in dem Sinne, daß das bloße Wiedererleben der primären traumatischen Ereignisse den therapeutischen Effekt ausmachen würde. Die lebensrettenden Verdrängungen wurden ja gerade deshalb notwendig, weil noch keine stabile Ich-Struktur vorhanden war, die sich mit der Bedrohung durch körperlichen und psychischen Schmerz erfolgreich hätte auseinandersetzen können. Die unverarbeiteten Traumata zeigen sich auch beim Erwachsenen noch in abgewehrter Form: in Träumen, Symptomen, Übertragungen, Symbolisierungen, Rationalisierungen usw., weil die Ich-Struktur in gewissem Umfang defizitär geblieben ist. Um die Traumata voll bewußt werden lassen und aufarbeiten zu können, ist deshalb eine systematische Nachentwicklung der Ich-Struktur unbedingt erforderlich.

Dieser therapeutischen Aufgabe dienen in der TBT folgende Momente:

1. Das Wiedererleben der verdrängten Traumata selbst. Vor allem ihr Angst- und Schmerzanteil führt zu einer allmählichen Ausweitung der Schmerztoleranz, die wir als wichtige Ich-Leistung verstehen. Voraussetzung dafür ist allerdings, daß die traumatischen Erinnerungen dem Patienten nicht mit eingreifenden therapeutischen Methoden *entrissen* werden, sondern daß die Führung in der Aufeinanderfolge und Verknüpfung der Erinnerungen ganz der vom Unbewußten gesteuerten Selbstheilungstendenz des bio-kybernetischen Systems überlassen wird.

2. Die in die TBT-Sitzungen eingebaute rezeptive Musik-Therapie. Die Auswahl der Musikstücke ist so getroffen, daß die klar strukturierten Rhythmen, Melodien und Harmonien sich als Ich-strukturierende und ordnende Impulse anbieten. Dafür eignet sich besonders Musik aus der Zeit des Barock und der frühen Klassik. Voraussetzung für eine gute Wirkung ist, daß die Musik vom Patienten nicht konzertmäßig gehört und mit dem Verstand kritisch beurteilt wird, sondern ihn emotional ergreift oder träumend oder gar schlafend von ihm aufgenommen wird.

3. Der therapeutische Umgang mit Übertragungen. Wesentlichen Anteil an der Ich-Entwicklung hat die ständige Auseinandersetzung mit den Projektionen und Übertragungen auf die Musik, besonders aber auf die Mitpatienten und auf Mitmenschen des Alltags. Hier muß den gruppentherapeutischen Marathons eine ganz besondere Bedeutung zuerkannt werden.

G) Schlußbemerkung

Die Tiefenpsychologische Basis-Therapie ist ein in sich schlüssiges, aber kein geschlossenes therapeutisches System. Wir, d.h. Patienten und Therapeuten, entdecken immer wieder neue Phänomene, die unser theoretisches Verständnis herausfordern und eine Antwort auf dem Gebiet der therapeutischen Technik verlangen. Dem versuchen wir in gemeinsamer Anstrengung Rechnung zu tragen.

Fortschritte, die im Lauf der letzten beiden Jahre, auf früheren Beobachtungen und Ansätzen fußend, gemacht wurden, die ich heute nur andeuten, aber nicht näher ausführen kann, beziehen sich auf folgende Punkte:

1. Wir können heute mit Sicherheit sagen, daß Fehlprägungen im Verhalten auf falsch oder mangelhaft beantworteten Biologischen Programmen beruhen und daß sie auf dem Weg über die in der TBT sich vollziehende Erneuerung dieser Programme grundsätzlich korrigierbar sind. Das gilt, um nur zwei Beispiele zu nennen, für die Homosexualität ebenso wie für kriminelle Entwicklungen.

2. Bei einigen malignen Erkrankungen, z.B. bei bestimmten Formen von Krebs, bei Colitis Ulcerosa und bei Anorexie, um auch hier nur drei beispielhaft zu nennen, bilden schwerwiegende pränatale und perinatale Traumata eine Rolle, die als tödliche Bedrohung empfunden worden sind und als Reaktion darauf zu einem massiven selbstzerstörerischen Haß geführt haben. Die das Krankheitsgeschehen steuernden Zentren im Zentralen und Peripheren Nervensystem sind gegenüber den übrigen steuernden Strukturen und Energiefeldern abgekapselt und dem therapeutischen Zugriff nicht ohne weiteres zugänglich. Wir haben aus der Begegnung und kritischen Auseinandersetzung mit der Neuro-Kognitiven Therapie nach DR. ECKEHARD WÜST und den daraus gewonnenen Erkenntnissen in unserem Therapiezentrum in Aschau ein mit der TBT eng verklammertes therapeutisches Verfahren entwickelt, das wir Kognitiv-Energetische Therapie (KET) nennen. Mit dieser Methode können die Abkapselungen aufgebrochen und saniert, ihre lebensgeschichtlichen Folgen dem therapeutischen Zugriff zugänglich gemacht und die lebensbedrohlichen Krankheitsprozesse gestoppt und rückgängig gemacht werden.

3. Gegenwärtig sind wir dabei, Wege zu suchen und zu finden, auch genetisch bedingte Erkrankungen positiv zu beeinflussen. Erste therapeutische Versuche sind positiv verlaufen. Auch bei ihnen spielt die therapeutische Regression, die in diesen Fällen bis in die Samenzelle und in die noch nicht befruchtete Eizelle vordringen muß, eine entscheidende Rolle. Die Technik der Regression muß natürlich gegenüber derjenigen, die ich Ihnen heute dargestellt habe, entsprechend, d.h. im Sinne der neu entwickelten Kognitiv-Energetischen Therapie, abgewandelt werden.

4. Mit der Entwicklung dieser Methode haben wir auch einen erfolgversprechenden Zugang zu den problematischen Schmerzkrankheiten gefunden. Es hat sich

nämlich herausgestellt, daß auch das Schmerzgeschehen, ähnlich wie bei den malignen Erkrankungen, von abgekapselten Zentren gesteuert wird. Auch in diesen Fällen gelingt uns der therapeutische Zugriff durch die Kombination von Regressions-Therapie und Kognitiv-Energetischer Therapie.

(NB: Der nachfolgend abgedruckte Aufsatz unter dem Titel »*Was verborgen ist im Menschen, weiß nur des Menschen eigner Geist - Möglichkeiten und Grenzen der Kognitiv-Energetischen Diagnose und Therapie*«, befaßt sich ausführlich auch mit der Technik dieses inzwischen in die TBT voll integrierten Therapieverfahrens)

Was verborgen ist im Menschen, weiß nur des Menschen eigner Geist[*]

Möglichkeiten und Grenzen der Kognitiv-Energetischen Diagnose und Therapie

Vorwort

Dieser Aufsatz schließt sich als Ergänzung direkt an meinen dritten Heidelberger Vortrag über die »Technik der therapeutischen Regression in der Tiefenpsychologischen Basis-Therapie" an. Als der Vortrag vorbereitet und gehalten wurde, war die Entwicklung der Kognitiv-Energetischen Diagnose und Therapie (KED und KET) in vollem Gang. Zwar wäre es möglich gewesen, bereits damals einige detaillierte Aussagen zur Technik der KET zu machen, doch wären dann allein schon aus Zeitgründen die Darlegungen über die Technik der analytischen Regressions-Therapie zu kurz gekommen. Deshalb habe ich mich damals darauf beschränkt, am Schluß nur einige kurze Hinweise über die KET mitzuteilen.

Inzwischen ist mehr als ein ganzes Jahr vergangen, in dem die Kognitiv-Energetische Diagnose und Therapie systematisch weiterentwickelt und auf ihre Möglichkeiten noch etwas genauer abgeklopft werden konnte. Über das Ergebnis berichtet dieser Aufsatz, der den Sammelband von Vorträgen und Aufsätzen abschließen soll. Er ist gleichzeitig als 20. Kapitel meines in Vorbereitung befindlichen Buches »Human-Biologische Ganzheits-Medizin - Dimensionen von Krankheit und Heilung", gedacht, das 1992 erscheinen soll.

Einleitung: Fakten und Ambivalenzen

Ob ich diesen Aufsatz überhaupt schreiben und im Rahmen der hier vorgelegten Sammlung veröffentlichen soll, habe ich mir lange und genau überlegen müssen. Es gibt nämlich ebenso Gründe dafür wie dagegen.

---

[*] Aufsatz, verfaßt für die Patienten des Therapiezentrums für Psychotherapie, Psychosomatische Medizin und Moderne Naturheilverfahren und für die Freunde und Förderer des Lehrinstituts für Human-Biologische Ganzheits-Medizin, April 1991.

Für eine Veröffentlichung sprechen vor allem die Fakten:

1. die *exakten Diagnosen* und die *einleuchtenden Prognosen*;
2. die deutlichen *endogenen Wahrnehmungen*, besonders auch solche *optischer* Art, die sich in Bereichen bewegen, die bei der üblichen medizinischen Geräte-Diagnostik nur mit Elektronen-Mikroskopen erreicht werden können;
3. die Perfektheit, mit der die *Ätiologie jedes Erkrankungsprozesses* aufgedeckt und der nachfolgende Krankheitsprozeß verfolgt werden kann;
4. die faszinierende Art, wie die *Selbstheilungskräfte* des bio-kybernetischen Systems *visualisiert und aktiviert* werden können;
5. die *beträchtliche Abkürzung* psycho-physisch-mentaler *therapeutischer Prozesse* im Vergleich zu bisher bekannten Verfahren;
6. die *Stabilität* der Therapieerfolge.

Gegen eine Veröffentlichung sprechen Gefühle und Erwartungen, die zu tun haben:

1. mit der in unserer Gesellschaft üblichen *Verdrängung pränataler und perinataler Ängste*, die wie ein Tabu wirkt - bis in die klassische Psychoanalyse hinein;
2. auch in der Medizin werden pränatale und perinatale Traumata und ihre *Bedeutung* für das spätere Leben *geleugnet*, »weil nicht sein kann, was nicht sein darf«;
3. durch die ausschließliche Art, wie in der Medizin und in der ihr darin folgenden gängigen Psychologie naturwissenschaftliche Objektforschung betrieben wird, kann diese *generalisierte Verdrängung nicht aufgehoben* werden. Das wäre nur durch eine *gründliche Selbsterfahrung* möglich. Und dagegen wehrt man sich erfolgreich mit dem *stereotypen Vorwurf der Unwissenschaftlichkeit*;
4. mir ist bewußt, daß ich mich mit der vorliegenden Veröffentlichung eben diesem *Vorwurf* einmal mehr aussetze;
5. in bezug auf die Kognitiv-Energetische Diagnose und Therapie gilt das erst recht. Sie setzt nämlich beim Therapeuten ein *ganz hohes Maß an Selbsterfahrung* und dadurch gewonnener *Wahrnehmungsfähigkeit* voraus, der sich zu unterziehen aus purem *Selbstschutz* für überflüssig erklärt wird. Allerdings - und das ist die für Medizin und Psychologie peinliche Seite - sind viele Ergebnisse der KE-Diagnose und -Therapie *objektiv nachprüfbar*;
6. ein probates Mittel, sich den diagnostischen und therapeutischen Anforderungen und Möglichkeiten dieser Methode zu entziehen, besteht darin, sie kurzerhand *nicht ernstzunehmen* und sie ungeprüft in die *esoterische Ecke* abzuschieben. Das habe ich einige Male erlebt. Aufgefallen ist mir dabei allerdings, daß solche Kampf-Strategien oft mit angstverzerrten und wütenden Gesichtern vorgetragen werden.

Summa summarum meine ich, daß es doch *mehr* und *gewichtigere Gründe für* eine Veröffentlichung gibt, nicht nur wegen der angeführten Argumente, sondern vor allem auch deshalb, weil niemand die Berechtigung hat, eine *heilsame Wahrheit* zu unterdrücken, auch dann nicht, wenn man sich damit Unannehmlichkeiten einhandelt.

1. Endogene Wahrnehmung und Erinnerung

Die »endogene« Wahrnehmung ist ein recht komplexer und vielschichtiger Vorgang. Er betrifft das Hören, Sehen, Schmecken, Riechen und Tasten und die Wahrnehmung der Körperlage. Er beginnt mit der sinnenhaften Erinnerung von vergangenen Wahrnehmungen, z.B. bei einer Geschmackserinnerung, wenn die bildhafte Erinnerung an eine vor kurzer oder längerer Zeit genossene Speise meine Geschmacksnerven in derselben Weise reizt, als würde ich das Gericht *in diesem Augenblick* verzehren. Und er reicht bis *zur sinnenhaften Wahrnehmung von Vorgängen in anderen Menschen oder Lebewesen, sei es in der Gegenwart oder in der Vergangenheit.*

Wir sprechen von »exogener«, *äußerer* Wahrnehmung, wenn wir Objekte und Vorgänge mit unseren Sinnen wahrnehmen und in unserem Nervensystem verarbeiten. *Die Bewegung der exogenen Wahrnehmung geht von außen nach innen.* Die »endogene«, *innere* Wahrnehmung hingegen ist eine unmittelbare Leistung unseres Nervensystems, die sich erst *nachträglich* unseren Sinnen mitteilt. *Die Bewegung der endogenen Wahrnehmung geht von innen nach außen.*

Soweit sich die endogene Wahrnehmung auf die sinnenhafte Reproduktion von Eindrücken aus der Vergangenheit bezieht, gibt es keine Schwierigkeiten, sie anhand von naturwissenschaftlichen Modellen zu erklären. Hier reicht sogar das einfache Computermodell aus: was als eindrückliches Erlebnis erfahren wird, wird im Gehirn *gespeichert* und ist grundsätzlich *abrufbar.* Nach demselben Modell ist auch die Erinnerung von nicht mehr unmittelbar zugänglichen, verdrängten, blockierten Erlebnisinhalten erklärbar.

Mit diesem Modell ist es jedoch nicht ohne weiteres möglich, die Tatsache zu erklären, daß einzelne Sätze, ja ganze Dialogfetzen, z.B. aus dem Zusammenhang mit dem Geburtsgeschehen und aus vorgeburtlichen Streitereien der Eltern, wortwörtlich erinnert werden, aus einer Zeit also, wo der Erinnernde noch gar nicht der Sprache mächtig war. Es hilft uns weiter, wenn wir der Tatsache Rechnung tragen, daß *nicht der Inhalt*, wohl aber *die Art der Speicherung* vom Differenzierungsgrad des Nervensystems abhängig ist. Solange dies noch wenig differenziert ist, wird nämlich »global« gespeichert - nicht nach Wichtigem und Unwichtigem, dem Ereignis Zugehörigem und rein Zufälligem differenziert.

Das bedeutet praktisch, daß bei einem frühen traumatischen Ereignis *alles* gespeichert wird, was sich in dem Augenblick im Wahrnehmungsbereich des Embryos, des Fötus, des Neonatus, des Säuglings befindet. Erst bei einer spontan erfolgenden oder therapeutisch provozierten Erinnerung findet eine *differenzierte endogene Wahrnehmung* des Gespeicherten, also auch *die eigentliche Spracherinnerung*, statt.

Aufgrund des erdrückenden Beweismaterials kommen wir allerdings nicht darum herum anzunehmen, daß die globale Wahrnehmungsfähigkeit *von der Zeugung an* funktionsfähig ist und schlechthin *jedes traumatische Ereignis auch gespeichert wird.*

Erst die Tatsache der globalen Speicherung erklärt befriedigend auch jenes Phänomen, das in vielen psychoanalytischen und tiefenpsychologisch orientierten Therapien, besonders bei der Behandlung von schweren Zwangsneurosen, eine bedeutende Rolle spielen kann: den *Abwehrmechanismus der Verschiebung.* Um ihn wirklich verstehen zu können, müssen wir von der Tatsache ausgehen, daß Zwangsneurosen auf Traumata zurückgehen, die als lebensbedrohlich empfunden worden sind und deshalb nicht verarbeitet werden konnten, aber *global* gespeichert wurden. Zur Veranschaulichung mag folgendes Beispiel aus meiner Praxis dienen:

Berthold ist 23 Jahre alt, unverheiratet, wirkt sehr eingeschränkt, obwohl er intelligent ist. Er leidet an einem Tourette-Syndrom mit zwanghaften Drehungen seines Kopfes nach rechts hinten, was auf den Beobachter so wirkt, als vermute er einen Verfolger hinter sich, und an einem Zwangsritus, der ihn dazu veranlaßt, alle scharfen und spitzen Gegenstände wie Glasscherben, Metallsplitter etc. vom Boden aufzusammeln, damit sich niemand verletzt.

In der Therapie stellt sich heraus, daß Berthold an einem schweren Geburtstrauma leidet. Das Becken der Mutter ist so eng, daß das Kind eine Verformung des Kopfes erleidet. Die Wehen sind sehr heftig und die Hebamme schiebt von den Füßen des Kindes her kräftig nach - aber der Muttermund ist krampfartig verschlossen. Die »Verfolger« sind dem Baby also buchstäblich »auf den Fersen«. Als sich schließlich der Muttermund öffnet, bleibt die Scheidenmuskulatur so verkrampft, daß ein Dammschnitt gemacht werden muß.

Die zwanghafte Rückwendung des Kopfes drückt das gespeicherte Gefühl, verfolgt zu werden, deutlich aus. In vielen ähnlichen, aber nicht ganz so traumatischen Fällen spiegelt es sich in Alpträumen wider, in denen der Träumer vor dem Verfolger durch Zimmer und Gänge durch viele Türen hindurch flüchtet, sie hinter sich sorgfältig aber vergeblich zu schließen versucht, bis er schließlich schweißnaß und voll Angst aufwacht.

In diesem Fall war jedoch der Dammschnitt, der unmittelbar vor dem Schädeldach des Kindes erfolgt war, als *noch lebensbedrohlicher* empfunden worden. Das verdrängte Trauma und die damit verbundene Angst wurden von Berthold mit

Hilfe der *Abwehrmechanismen der Verschiebung und der Projektion* aufzufangen versucht. Es ging nicht um ein Skalpell, sondern um »harmlose« Glassplitter, rostige Nägel, Metallteile und andere scharfe und blinkende Gegenstände, die er am Boden fand (Abwehrmechanismus der Verschiebung), und es ging nicht um ihn selbst, sondern um andere Menschen, die sich daran hätten verletzen können (Abwehrmechanismus der Projektion).

Wichtig im Sinne der globalen Speicherung und der *endogenen Wahrnehmung* ist in diesem Fall, daß das Kind das blinkende und scharfe Skalpell wahrgenommen hat, obwohl es das unmöglich *exogen* wahrnehmen, nämlich sehen konnte, und sich mit Hilfe des Abwehrmechanismus der Verschiebung auf kleine »harmlose« Gegenstände von seiner verdrängten Angst zu entlasten versucht hat.

Für die Speicherung und spätere Erinnerung von Sätzen und Dialogfetzen hier nur zwei Beispiele, die ich vor vielen Jahren in meiner Praxis erlebt habe:

Das erste Beispiel geht auf die Zeit unmittelbar nach der Geburt, das zweite auf den Geburtsvorgang selbst zurück. Fast jeder Patient erlebt im Laufe seiner Therapie solche Spracherinnerungen. Ich habe sehr eindrucksvolle Belege gesammelt und in Video-Filmen dokumentiert, in denen ganze Dialoge sogar in der ersten Hälfte der Schwangerschaft global gespeichert worden waren und in der Therapie abgerufen wurden.

Christel, ca. 30 Jahre alt, kam vor etwas mehr als 20 Jahren zu mir in die Praxis, weil sie sich in ihrem beruflichen wie in ihrem privaten Lebensbereich durch massive Minderwertigkeitsgefühle erheblich eingeschränkt fühlte. Zudem litt sie unter anfallsweise auftretender Kreislaufschwäche und einem ausgeprägten Raynaud-Syndrom.

Eines Tages berichtet sie mir in der Therapiesitzung, sie habe in letzter Zeit immer wieder den Satz im Kopf: »Das Kind ist doch zum An-die-Wand-Schmeißen«. Sie könne mit diesem Satz zwar nichts anfangen, er beunruhige sie aber außerordentlich, weil sie spüre, daß er sich auf sie selbst beziehe und in irgend einem Zusammenhang mit ihren Minderwertigkeitsgefühlen stehe.

Einige Zeit später erlebt sie in einer Reihe von therapeutischen Regressionen die näheren Umstände ihrer Zeugung und ihrer Geburt. Die Mutter, die dritte Frau des viel älteren Vaters, hatte diesem die Schwangerschaft abgetrotzt und während der ganzen neun Monate unter seinem Ärger darüber zu leiden. Das hatte sich auf die psychophysische Entwicklung des Fötus hemmend und entwicklungsverzögernd ausgewirkt.

Als nun die Mutter mit dem Neugeborenen aus dem Krankenhaus kommt und der Vater die in ihrer Existenz von ihm abgelehnte, sehr blaß und zart wirkende Tochter im Kinderbett »begutachtet«, drückt er seine Mißachtung mit eben diesem Satz aus, der der Patientin in letzter Zeit zunehmend deutlicher ins Bewußtsein getreten war und ihr so viel zu schaffen machte: »Das Kind ist doch zum An-die-Wand-Schmeißen«.

Es ist bis zum heutigen Tag umstritten, ob grundsätzlich alles gespeichert wird, was ein Mensch erlebt. Trotz umfangreicher Erfahrung auf diesem Gebiet kann auch ich nicht mit Sicherheit darüber Auskunft geben. Eines ist jedoch nicht mehr zu bestreiten: Jedes Trauma, das eine nicht folgenlos abheilende psychophysische Verletzung hinterläßt, wird gespeichert, und ebenso starke positive Erlebnisse und Erfahrungen.

Für den Therapeuten ist es wichtiger, sich die Frage nach dem Wozu der Speicherung zu stellen und zu beantworten. Und darüber geben die therapeutischen Erfahrungen eine sehr klare Auskunft. Die Verdrängung und Speicherung schmerzhafter Traumata erfolgt zu einer Zeit und unter Umständen, in denen ihre Bearbeitung und Auflösung aufgrund empfundener tödlicher Bedrohung und noch mangelhafter Ich-Entwicklung unmöglich ist. Wenn wir dabei bedenken, daß nach einer gewissen Zeit, wenn das Ich-Wachstum fortgeschritten ist, die Verdrängung meist brüchig wird und Erinnerungs-Bruchstücke in Träumen und Symptomen an die Bewußtseinsgrenze gespült werden, muß daraus der Schluß gezogen werden, daß die Speicherung dazu dient, die ungelösten Traumata für eine spätere Aufarbeitung und für die Befreiung des Menschen von den Lasten seiner Vergangenheit aufzubewahren.

Hildegard, ca. 35 Jahre alt, war im Jahre 1970 für insgesamt 50 Sitzungen bei mir in Behandlung. Ich berichte hier hauptsächlich über die letzten 14 Sitzungen. In den vorausgegangenen Sitzungen hatten wir uns mit einer, anläßlich einer Auseinandersetzung mit ihrem Ehemann aufgetretenen, Parese am rechten Mundwinkel befaßt, die im Laufe von 36 Sitzungen verschwunden war.

In der 37. Sitzung berichtet mir die Patientin, daß sie seit vielen Jahren an einer massiven Schlangenphobie leide. Der gegenwärtige Zustand sei so schlimm, daß sie das Zimmer verlassen müsse, wenn ihre beiden Kinder nur, um sie ein wenig zu ärgern, eine Schlange zeichnen würden. Sie habe dann die Vorstellung, die Schlange würde sich um ihren Hals wickeln und ihr die Luft abschnüren. Sie bekomme einen richtigen Erstickungsanfall. Sie habe das Gefühl, daß es einen Zusammenhang gebe zwischen dieser Phobie und ihrer Hemmung, sich laut zu äußern. Sie könne auch in Gefahr nicht schreien. Außerdem sei sie wegen einer (euthyrioten) Struma (Kropf) operiert worden. Seitdem sei sie immer etwas heiser.

Sie erzählt dann noch, daß sie vor einiger Zeit mit ihrem Mann mit dem Auto durch Marokko gefahren sei. Auf einer Wüstenpiste habe er eine Schlange überfahren und angehalten, um sich das Tier anzuschauen. Sie habe sich anfangs geweigert, sei dann aber doch ausgestiegen und habe sich über ihren Mann furchtbar geärgert, denn sie habe keine Schlange gesehen. Sie sei sich in diesem Augenblick »wie blind« vorgekommen.

Mir gehen zunächst einige Fragen durch den Kopf, die sich an dieser Stelle wohl jeder Psychoanalytiker stellt: Die vorausgegangene Therapie hatte gezeigt, daß die Patientin deutliche »hysterische« Züge trägt und zu Konversionssymptomen neigt. Sie ist außerdem strumektomiert (am Kropf operiert) worden. Sind Heiserkeit und Schreihemmung ein Konversionssymptom? Oder wurde bei der Operation der Nervus recurrens geschädigt? Schließt das eine das andere aus? Paßt die Schlangenphobie in den Umkreis der ödipalen Problematik, d.h. ist die Schlange hier ein Penissymbol? Aber warum ist es dann nicht der Schlangenkopf, der die Panik auslöst, sondern eine zusammengeringelte Schlange, die ihr die Luft abschnürt?

Ich fasse nun zwei wichtige Entschlüsse:

1. erkläre ich mich dazu bereit, trotz des Zeitdrucks (die Patientin hätte aufgrund der familiären Verhältnisse keine Therapiesitzungen bezahlen können, und die Krankenkasse hatte die Anzahl der Sitzungen auf 50 limitiert) einen Therapieversuch zu wagen;

2. entscheide ich mich dazu, die obigen Überlegungen nur »im Hinterkopf« zu behalten, mich aber ganz offen zu halten für alle Überraschungen, die auf mich zukommen können. Und die kommen wirklich, die ersten noch in derselben Sitzung.

Ich sehe nur einen Weg, in der kurzen zur Verfügung stehenden Zeit von 14 Sitzungen überhaupt zu einem faßbaren Ergebnis zu kommen, indem ich die klassische analytische Methode verlasse und mit der therapeutischen Regression arbeite. Dabei geht die Patientin in bewundernswerter Weise mit. Sie erlebt und schildert zunächst ein auf die oben beschriebene Symptomatik genau passendes Ereignis aus ihrer Kindheit:

Sie geht mit der Mutter und ihren beiden Schwestern, der älteren Lydia und der noch im Kinderwagen liegenden Hedi, an einem Bach entlang spazieren. Die Mutter entdeckt unten am Bach wilde Erdbeeren. Hedi ist noch zu klein, aber sie, die Mittlere, darf hinunter und die Erdbeeren pflücken. Als sie sich bückt, huscht eine Schlange davon. Die Patientin aber sieht, wie sie sich um ihren Hals ringelt, und spürt, wie sie ihr die Luft abschnürt. Sie kann nicht schreien, sie will es aber auch nicht, um sich nicht vor der Mutter und der älteren Schwester zu blamieren.

Bis zur nächsten Sitzung hat sich die Schlangenangst schon etwas abgebaut. Die Patientin berichtet, daß sie in ihrer Kindheit mit Freunden in der Umgebung von Augsburg oft kleine Schlangen aus den Gumpen gefischt habe und bei Besuchen auf einer Schlangenfarm die Tiere immer als sehr schön empfunden habe.

In der 44. Sitzung erlebt die Patientin in der Regression eine bedrohliche Situation wieder, die sie in Zusammenhang mit ihrer Schreihemmung bringt: Sie hat aus irgend einem Grund geweint. Die ältere Schwester, Lydia, die mächtig eifersüchtig auf sie ist, tritt an den Kinderwagen heran und drückt ihr ein Kissen auf das Gesicht. Als die Mutter endlich kommt, ist ihre Gesichtsfarbe bereits blau.

*Die 45. Sitzung beginnt damit, daß die Patientin plötzlich sagt: »Es wird hell!«
Und nun schildert sie minutiös die Vorgänge nach ihrer Geburt. Als sie geboren
wird, ist die Nabelschnur mehrfach um ihren Hals gewickelt. Das Kind ist strangu-
liert. Die Hebamme wickelt in aller Eile die Nabelschnur vom Hals, bindet sie ab
und schneidet sie durch. Die Patientin wird an den Füßen hochgehoben und mit
dem Kopf nach unten geschaukelt. Sie sieht die Deckenbeleuchtung hin- und her-
schaukeln. In ihrem Kopf bildet sich ein unerträglicher Druck. Aber der Hals bleibt
zugeschnürt, die Atmung setzt nicht ein, sie kann nicht schreien.*

*Sie wird abwechselnd mit kaltem und mit heißem Wasser übergossen. Aber alles
bleibt vergebens. Die Hebamme will aufgeben. Sie sagt:»Nun wäre sie ein Christ-
kind und will nicht kommen« (die Patientin wurde am 24. Dezember geboren). Der
Arzt schreit die Hebamme an:»Weitermachen! Die hat doch die Augen offen!«
Dann erlebt die Patientin ihren ersten schmerzhaften Atemzug. Auch jetzt kann sie
nicht schreien.*

*Nach einer Weile liegt sie im Arm der Mutter, die sie während dieser Phase der
Therapie immer »die Frau« nennt. Der Arzt setzt sich an das Bett der Mutter und
sagt:»So eine große Frau und so ein kleines Baby!« Am Schluß schildert die Patientin noch in allen Einzelheiten, wie der Kreißsaal gekachelt und ausgestattet war.*

*Am nächsten Tag telefoniert sie mit der noch in Augsburg wohnenden Mutter
und erzählt ihr, was sie bei ihrer Geburt erlebt hat. Die Mutter ist schockiert, sie
kann nicht begreifen, wieso ihre Tochter das alles wissen kann. Sie hat ihr nie Einzelheiten über die Geburt erzählt. Aber sie bestätigt jedes Detail, einschließlich des
erinnerten Dialogs, und ergänzt:»Du hattest bei der Geburt die Augen weit offen.
Darüber haben sich alle gewundert.«*

*In den nächsten Tagen besucht die Patientin mit ihren Kindern in der Nähe von
Augsburg eine Schlangenfarm, wovon sie mir begeistert berichtet. Sie hat nicht nur
keine Angst mehr, sondern kann die Schönheit dieser Tiere wieder voll empfinden.*

*Zwei nachfolgende Katamnesen, eine davon nach mehreren Jahren, ergeben ein
unverändertes Bild: Die Schlangenphobie ist restlos aufgelöst, die Patientin ist um
vieles freier, selbständiger und mutiger geworden, und sogar die Stimme hat sich
gebessert. Es war also doch nicht der Nervus recurrens, der sie beeinträchtigt
hatte!*

Was mich an dieser Therapie besonders beschäftigte, war nicht in erster Linie
das Geburtserleben selbst - es war nicht das erste, dem ich in der Praxis begegnete,
und das Wiedererleben von Teilen meiner eigenen Geburt war längst vorausgegangen -, sondern die Wahrnehmung und Wiedererinnerung der Dialoge im Zusammenhang mit dem traumatischen Geburtsgeschehen.

Aufgrund meiner Erfahrungen mit der endogenen Wahrnehmung stelle ich mir
oft die Frage, wie sich wohl Eltern gegenüber ihren Kindern verhalten würden,
wenn sie wüßten, daß diese jeden Streit, jede schwerwiegende Fehlhaltung, jede

heimliche Lüge wahrnehmen und sie am Tag darauf damit konfrontieren würden. Ich kann mir natürlich sehr verschiedene Reaktionsweisen ausdenken. Sie reichen von tiefer und ehrlicher Betroffenheit, verbunden mit dem aufrichtigen Vorsatz, sich um der Kinder willen zu ändern, über Resignation und Verzicht auf Nachkommenschaft hinaus bis hin zu Wut, Haß und Mordgedanken. Und ich kann mir auch vorstellen, daß Eltern, die das spüren oder ahnen, ohne daß ihnen die Zusammenhänge bewußt werden, schlimme aggressive Handlungen gegenüber ihren »wissenden« Kindern begehen können. Die weit verbreitete Kindesmißhandlung erscheint unter diesem Gesichtspunkt in einem ganz neuen Licht. Das ist natürlich nur eine, jedoch durchaus begründete, Spekulation. Die nachweisbare Realität aber ist noch viel grausamer:

Unsere ungeborenen Kinder im Mutterleib nehmen aufgrund der ihnen eigenen endogenen Wahrnehmung wahr, ob sie gewollt, ob sie akzeptiert, nur geduldet oder abgelehnt sind. Sie spüren und speichern jeden Angriff auf ihr Leben, nicht nur, wenn er (vergeblich) versucht worden ist, sondern auch schon die Planung oder bloße Überlegung dazu. Sie erleben und speichern die Umstände ihrer Zeugung und die damit verbundenen Gefühle und Absichten ihrer Eltern. Sie kennen ihr eigenes Geschlecht von Anfang an! Niemand kann ein Kind bei seiner Zeugung und in der Zeit seines Wachstums im Mutterleib und in den ersten Wochen danach täuschen und betrügen. Oder vielleicht doch? Ja, man kann es - auf Kosten des werdenden Lebens!

Es war in der ersten Zeit meiner Tätigkeit als Psychoanalytiker. Eine Mutter kam mit ihrer etwa 12jährigen Tochter zu mir zur Erziehungsberatung. Sie beklagte sich über die zunehmende Aggressivität ihrer Tocher und die unverständliche Undankbarkeit. »Dabei habe ich doch alles für mich getan!« Die »Freudsche Fehlleistung« (»für mich« statt »für sie«) hatte sie weder bemerkt, noch wollte sie sie ihrem Inhalt nach akzeptieren. Und als ich sie unter vier Augen nach der Schwangerschaft befragte, mußte sie zugeben, daß sie das Kind in ihrem Leibe »wie einen Fremdkörper, wie ein Krebsgeschwür« empfunden und anfangs gehaßt habe. »Aber das habe ich ihr natürlich nicht gesagt, sonst hätte sie am Ende darin noch einen Grund für ihre Aufsässigkeit gesucht.« Nun, ich habe der Mutter deutlich zu machen versucht, daß das wohl der Hauptgrund für die Aufsässigkeit sei, und ihr geraten, bei guter Gelegenheit mit ihrer Tochter offen über ihre damaligen Gefühle zu sprechen.

Unsere Ungeborenen, Säuglinge und Kleinkinder nehmen vieles wahr, ganz besonders all das, was ihre eigene Existenz betrifft, was wir Erwachsenen so gerne vor ihnen verheimlichen möchten, ja uns selbst nicht einmal wahrzuhaben trauen. Und sie spüren den Mangel an unserer Wahrhaftigkeit und leiden unsäglich darunter!

Diese Fakten, die mir tagtäglich in den Therapien begegnen, veranlassen mich dazu, eine äußerst kritische, ja ablehnende Haltung einzunehmen gegenüber allen Experimenten mit extrakorporaler Befruchtung, mit Embryonen, mit deren Einfrieren und ihrer Verpflanzung.

Die Gefühle eines Menschen sind nicht objektiv meßbar, erst recht nicht verdrängte Schmerzen. Deshalb unterliegt die Beschäftigung mit ihnen in unserer Medizin der Verdächtigung der »Unwissenschaftlichkeit«. Aber sie *existieren*! Und jedem Mediziner, der sich davon überzeugen will, was ein Ungeborenes wahrnimmt und wie es unter allen Eingriffen leidet, kann ich nur dringend eine gründliche Selbsterfahrung in der Psychoanalytischen Regressions-Therapie (PRT) und der Kognitiv-Energetischen Therapie (KET) anraten. Er wird sich danach gegenüber Ungeborenen und Säuglingen, aber auch gegenüber Schwangeren und Müttern beträchtlich anders verhalten!

Unsere Psychiatrie rätselt nach wie vor an den Ursachen und familiären Zusammenhängen von Depressionen herum, ohne zu schlüssigen und überzeugenden Ergebnissen zu kommen. Hier macht sich die *mangelhafte therapeutische Selbsterfahrung der Psychiater* sehr negativ bemerkbar. Denn wer sich einmal in der Selbsterfahrung mittels der *endogenen Wahrnehmung* als unerwünschtes, abgelehntes, verfolgtes oder im Geburtskanal steckenbleibendes, nach der Geburt alleingelassenes, vor Sehnsucht nach Körperberührung schreiendes und schließlich resignierendes Baby selbst erlebt hat, der *weiß*, wie eine Depression entsteht und kennt die vielerlei physiologischen, psychologischen und mentalen Folgen einer solchen Entwicklung. Und er weiß auch, daß und warum seine Mutter unter denselben oder unter ähnlichen Entwicklungen zu leiden hatte und spekuliert nicht mehr über »Erbfaktoren« nach. Und: *er kann seine Probleme in einer dafür geeigneten Therapie (ohne Medikamente!), lösen.*

Übrigens: Ist Ihnen bekannt, daß Patienten während einer Narkose, z.B. bei einer Operation, sich in der Regression befinden, in der viele Erinnerungen aus der »unbewältigten Vergangenheit« in bewußtseinsnahe Schichten gelangen (weshalb jede Operation eine Lebenskrise bedeutet!) und daß die Gespräche der an der Operation beteiligten Ärzte und Helfer aufgenommen und gespeichert werden? So ist es! Wundert es Sie da noch, daß mancher Krebspatient, der nur noch palliativ (lindernd) behandelt werden konnte, den Versicherungen seiner Ärzte, die Operation sei erfolgreich verlaufen, nicht mehr trauen kann?

2. Entwicklung der endogenen Wahrnehmung

Die endogene Wahrnehmung spielt in der pränatalen Phase die Hauptrolle. Sie ist bereits bei der Zeugung voll funktionsfähig und bleibt es, *mit abnehmender Tendenz*, bis einige Zeit nach der Geburt. Als differenziertes und differenzierendes Sinnesorgan ist als erstes das Gehör voll funktionsfähig. Es dient bereits in früher vorgeburtlicher Zeit der persönlichen sowie der räumlichen Orientierung. Unsere neugierige und noch nicht endgültig zu beantwortende Frage muß dementsprechend lauten: Wie ist es möglich, daß bei der Rückerinnerung über die endogene Wahrnehmung in der Kognitiv-Energetischen Diagnose und Therapie sehr viel mehr *klare optische Eindrücke* gespeichert zu sein scheinen als akustische Signale, nachdem sich doch die Augen später als das Gehör entwickeln und noch später öffnen?

Eine *vorläufige Antwort* finden wir, wenn wir uns vergegenwärtigen, daß die *sinnlichen Wahrnehmungen jedes Lebewesens* auf seine Ökologie, seine konkreten Lebensumstände und seinen Lebensraum abgestimmt sind und dem Überleben des Individuums und der Art dienen. Eine große Anzahl von Lernprozessen, die zwischen den ererbten Fähigkeiten einerseits und den sich allmählich, manchmal auch stürmisch verändernden Umweltbedingungen andererseits vermitteln müssen, verlangen ein hohes Maß an differenzierter Wahrnehmung, um die neu auftauchenden Probleme bewältigen zu können und das Leben zu sichern. Der Bewältigung dieser Anpassungsprobleme dienen in besonderer Weise die ausdifferenzierten Sinne und ihre Leistungen.

Das gilt insbesondere für den Menschen, dessen »Oikos«, dessen Lebensraum und Verantwortung gegenwärtig im Begriff sind, sich weit über die Erde und die Gegenwart hinaus in den Kosmos und in die Zukunft hinein auszudehnen.

Demgegenüber erscheint die von Biologischen Programmen bestimmte Ökologie eines Embryos, Fötus, Neugeborenen, Säuglings und Kleinkinds doch *relativ* gesichert. Dieser Sicherung dient die »endogene Wahrnehmung« in erster Linie. Und dazu steht sie keineswegs nur den Ungeborenen und Neugeborenen selbst, sondern *normalerweise* auch ihren Müttern, die sie während Schwangerschaft, Geburt und Stillzeit wiedererwerben, zur Verfügung. *Durch die Biologischen Programme ist das Leben unserer Nachkommen allerdings nur relativ gesichert!* Wären die Verhältnisse so, wie sie eigentlich sein müßten, d.h. wie sie den Biologischen Programmen entsprechen, so wäre dieses Buch nie geschrieben worden.

Über die notwendige Differenzierung der *sinnlichen, der exogenen Wahrnehmung* hinaus, die zu einer *Einschränkung und Unterordnung der endogenen Wahrnehmung* führt, gibt es nämlich noch zwei andere sehr gewichtige Momente, *die zur Verkümmerung, ja zum Verlust der endogenen Wahrnehmung führen:*

1. Schwere traumatische Ereignisse, die als lebensbedrohlich empfunden werden, die nicht verarbeitet werden können und zur Entwicklung einer *Neurose*, einer *Psychose*, einer *psychosomatischen* oder einer anderen *chronischen Erkrankung* führen, schränken sowohl die Beweglichkeit eines Menschen wie auch seine Wahrnehmungsfähigkeit u.U. ganz beträchtlich ein. Je früher in der Lebensgeschichte die traumatischen Ereignisse stattgefunden haben und je mehr sie der Verdrängung verfallen sind, desto »realitätsblinder« ist der betroffene Mensch. Das führt nicht nur zum *Verlust der endogenen* Wahrnehmung, sondern darüber hinaus oft auch zu beträchtlichen *Einschränkungen der sinnlichen, der exogenen Wahrnehmung*: des Hörens, des Sehens (wenn einem »Hören und Sehen vergeht«!) des Riechens, des Schmeckens, des Fühlens und der Wahrnehmung der Körperlage.

Im Umgang mit unseren Ungeborenen und Neugeborenen, die sich mit Hilfe ihrer endognen Wahrnehmung im Mutterleib, während der Geburt und in der familiären Welt orientieren, bedeutet eine Einschränkung oder gar der völlige Verlust der endogenen Wahrnehmung ihrer Eltern, besonders natürlich der Mutter, eine tödliche Bedrohung: Sie spüren die Unsicherheit im Umgang mit ihnen und verlieren zunehmend jenes Vertrauen, das die Basis ihres Lebens sein sollte und das wir deshalb als »Urvertrauen« bezeichnen.

2. Eine kulturelle Entwicklung der »aufgeklärten« westlichen Welt, die sich bis in Medizin und Psychologie hinein äußerst einschränkend und störend bemerkbar macht, *verstärkt* noch den *Verlust* der endogenen Wahrnehmung, ja läßt ihn obendrein noch als *wünschenswert* erscheinen: der mit dem rationalen Denken verknüpfte *Wissenschaftlichkeitswahn*. Worin der besteht? Natürlich nicht in der Tatsache, daß es Wissenschaft überhaupt gibt und sich diese an bestimmten Kriterien orientiert. Es liegt mir auch völlig fern, in irgend einer Weise der »Unwissenschaftlichkeit« das Wort zu reden.

Worin aber liegt dann ihr »Wahn«-Charakter? Er liegt in der *Vorherrschaft der Naturwissenschaft*, die allein zu bestimmen scheint, was als »wissenschaftlich« zu gelten hat und was nicht, und in der damit verbundenen *Disqualifizierung* alles »Subjektiven«, alles dessen, was nicht »objektiv«, d.h. meßbar und reproduzierbar ist.

Es ist eine unleugbare Tatsache, daß unsere naturwissenschaftlich orientierte Medizin den Menschen als ungeheuer *komplizierte Maschine* versteht und ihn so zu erforschen und zu behandeln trachtet. Was über die Grenze des »Maschinen«-Denkens hinausgeht, wird oft mit den Ausdrücken »unwissenschaftlich« bzw. »wissenschaftlich nicht anerkannt« abqualifiziert und in einer Weise verdächtig gemacht, als würde das bedeuten: »nicht existierend«, »nicht wirklich«, »nicht wirksam«. Daß die Medizin dem Menschen auf diese Weise niemals als *Person*, niemals als *psychisch-physisch-mentale Ganzheit und Einheit* gerecht werden kann, scheint erst in letzter Zeit einigen wenigen Medizinern klar zu werden.

Was wir als »Person« bezeichnen, die *Einmaligkeit und Unwiederholbarkeit des Individuums* in seiner Lebensgeschichte, also das Menschlichste am Menschen, ist im Sinne der Naturwissenschaften *weder objektiv noch objektivierbar.* Es ist *subjektiv:* es ist abhängig von der endogenen Wahrnehmung des Menschen in der Frühzeit seiner Lebensgeschichte, von den Wahrnehmungen seiner Sinne, von den Gefühlen, die er damit verbindet, von seinen bewußten und unbewußten Wertungen, mit denen er sie versieht und in sein Leben einordnet.

Die endogene Wahrnehmung ist beim Säugling selbst, der sich dazu in keiner Weise äußern kann, nicht objektivierbar und im Experiment nicht reproduzierbar (also im naturwissenschaftlichen Sinne »nicht wissenschaftlich!«). Wir wissen davon nur durch ältere Kinder und sehen es bei Erwachsenen, die die endogene Wahrnehmung in der Regression erleben und darüber berichten, sie im therapeutischen Prozeß wiederbeleben und danach anwenden können. Allerdings sind die berichteten Wahrnehmungen oftmals (z.B. wenn beteiligte Personen noch leben und befragt werden können) *nachprüfbar.* Das gilt über die spontanen Wahrnehmungen hinaus auch für die gezielten diagnostischen und die therapeutischen Phänomene. Darüber werde ich im folgenden berichten. Alle berichteten Beispiele wurden mit der Videokamera festgehalten und sind nachprüfbar.

Zunächst müssen wir uns jedoch noch mit der Entwicklung der endogenen Wahrnehmung beschäftigen. Es dürfte inzwischen wohl klar geworden sein, daß es sich nicht um deren Entwicklung beim Embryo, Fötus, Neugeborenen und Säugling handelt, denn sie existiert, wie bereits gesagt, von der Zeugung an, sondern um die *Wiedergewinnung* dieser Fähigkeit beim Erwachsenen im therapeutischen Prozeß und um ihre Integration in die Human-Biologische Ganzheits-Medizin. Und das ist gewiß keine leichte Aufgabe, denn unsere gegenwärtige Medizin, die auf traditionellen naturwissenschaftlichen Verstehens- und Erklärungsmodellen aufruht, also dem »Maschinen«-Modell folgt, hat schon Probleme, wenn es um die Einbeziehung psychischer Phänomene geht. Letztlich kann sie nur die auf dem Pawlowschen Erklärungsmodell beruhende »Verhaltenstherapie«, die ich gern als »Ratten-Psychologie« apostrophiere, einigermaßen verkraften. Mit der auf den Erkenntnissen Sigmund Freuds und seiner Schüler beruhenden Tiefenpsychologie hat sie größte Schwierigkeiten. Und der Geist-Komponente der psycho-physisch-mentalen Einheit und Ganzheit des Menschen weicht sie nach wie vor systematisch aus.

Unsere Medizin, weithin auch die Psychologie, hat den Geist ausgeklammert und verloren! Beide müssen sich für eine Entwicklung verantwortlich machen lassen, die u.a. in der überhand nehmenden unkritischen Hinwendung breiter Bevölkerungsschichten zur Esoterik sichtbar wird, die sich aus verständlichem Nachholbedarf, allerdings in oft unqualifizierter, sektiererischer und schwärmerischer Weise, der vernachlässigten Geist-Komponente annimmt.

Wir wollten über die »Entwicklung« der endogenen Wahrnehmung sprechen. Dazu mußten wir uns zunächst mit deren natürlicher *Rückentwicklung*, mit ihrer Zurückdrängung durch die dem menschlichen Leben eigene und seinen Bedürfnissen angepaßte, immer differenzierter werdende exogene, sinnenhafte Wahrnehmung befassen, aber auch mit der *Verarmung* der endogenen Wahrnehmung durch *traumatisch bedingte Einschränkung* - und durch die *Vorherrschaft der materialistischen Wissenschafts-Theorie*, die in der europäischen und amerikanischen Medizin und Psychologie bis heute ungebrochen ist.

Wenn wir uns im folgenden mit der Wiedergewinnung der Fähigkeit zur endogenen Wahrnehmung befassen, müssen wir uns drei Fragen vorlegen und zu beantworten versuchen:

- Welchen Sinn kann die Erneuerung dieser dem Menschen bei seiner Erzeugung bereits mitgegebenen und später reduzierten, ja oft völlig verlorengegangenen Fähigkeit für den Erwachsenen haben?
- Welchen Umfang kann sie, besonders im Hinblick auf die Human-Biologische Ganzheits-Medizin, gewinnen?
- Auf welchem Wege kann sie in dem für therapeutische Zwecke wünschenswerten Umfang erreicht werden?

1. Die endogene Wahrnehmung gehört für das ungeborene und das neugeborene Lebewesen (ganz gewiß *nicht nur für den menschlichen* Embryo, Fötus und Säugling!) zu seiner Biologischen Basis: Sie sichert so weitgehend dessen Lebensraum und Lebensbedingungen, daß es sich dem Entwicklungsrhythmus normalerweise völlig überlassen kann, um zu einem gesunden Lebewesen ungestört heranzureifen. Wann beim Menschen die Grenzen dieser Normalität überschritten werden können und tatsächlich überschritten werden, haben wir oben anhand praktischer Beispiele gezeigt. Weitere Beispiele werden folgen. Und wenn wir wirklich verstehen, was Human-Biologische Ganzheits-Medizin ihrem Kern nach eigentlich ist, wissen wir, daß sie ständig mit den Folgen solcher Grenzüberschreitungen zu tun hat. Und wir wissen nur zu gut, daß ganz besonders durch die frühen Störungen der Entwicklung lebenslange Unsicherheiten, Ängste, Mißtrauen, Liebesunfähigkeit, Haß, Selbsthaß und Destruktivität entstehen.

Damit ergibt sich der Sinn für die Wiedergewinnung der endogenen Wahrnehmung ganz von selbst: Sie befähigt den Menschen, in sich selbst die Biologische Basis seines Wesens zurückzugewinnen und darauf Freiheit, Liebesfähigkeit, Lebensmut und Zukunftsoffenheit aufzubauen.

2. Damit wird der erwachsene Mensch natürlich nicht wieder zum Ungeborenen oder Kleinkind. Im Gegenteil: Die endogene Wahrnehmung mit ihren ungewöhnlichen, oft als »magische« Eigenschaften verkannten Möglichkeiten, läßt sich mit den später erworbenen Fähigkeiten des Erwachsenen in solch vollkommener und harmonischer Weise verbinden, daß sie zu ganz erstaunlichen Leistungen befähigt.

Im Rahmen der Human-Biologischen Ganzheits-Medizin kann diese neue Fähigkeit eine so große Bedeutung gewinnen, daß sie zum Kern einer Revolution der bisher üblichen einseitig naturwissenschaftlich diagnostizierenden und therapierenden Medizin und der ihr folgenden Psychotherapie werden kann. An dieser Stelle müssen dazu einige kurze Hinweise genügen, weil uns die gewaltigen Dimensionen für eine Medizin der Zukunft in den nächsten Kapiteln noch beschäftigen werden:

Mit Hilfe der endogenen Wahrnehmung und einer sachkundigen Steuerung durch einen entsprechend geschulten Therapeuten kann jeder Erkrankungsprozeß von seiner Ätiologie, seinem ersten Ursprung her erkannt, kann seine Entwicklungsgeschichte im Leben des Patienten genau verfolgt, in seinem gegenwärtigen Zustand exakt beurteilt, in seiner Prognose abgeschätzt und in seinen Heilungsmöglichkeiten in bisher ungeahntem Ausmaß verbessert werden.

3. In welchem Umfang die Entwicklung der endogenen Wahrnehmung im Rahmen der Human-Biologischen Ganzheits-Medizin wünschenswert ist, läßt sich aus den Andeutungen des zuletzt Gesagten ableiten. Um einem möglichen Mißverständnis vorzubeugen, muß betont werden, daß es sich nicht um Fähigkeiten handelt, die allein dem Therapeuten zukommen sollen und dürfen, sondern gerade auch den betroffenen *Patienten* selbst. Davon wird noch ausführlich die Rede sein!

Erworben werden sie ausschließlich durch eine sehr gründliche Selbsterfahrung in der Psychoanalytischen Regressions-Therapie (PRT). Das bedeutet: Wiedererleben und Aufarbeitung früher Traumata, die die Wahrnehmungsfähigkeit eingeschränkt bzw. völlig ausgeschaltet haben. Das geht über eine erhöhte Körperwahrnehmung vor sich, die verbunden ist mit den Gefühlen von Enttäuschung, Verletztheit, Wut, Haß, Verzweiflung und Trauer und mit viel Schmerz und Tränen. *An dieser Selbsterfahrung und dem damit verbundenen Schmerz geht grundsätzlich kein Weg vorbei!*

3. Gesteuerte Selbstdiagnose

Zu Beginn muß ich Sie, verehrte Leser, fragen, ob Sie sich wohl Gedanken gemacht haben über den Titel dieses Aufsatzes: *»Was verborgen ist im Menschen, weiß nur des Menschen eigner Geist«.* Bibelkundigen Christen müßte er eigentlich bekannt vorkommen. Er ist nämlich dem 1. Korintherbrief des Apostels Paulus, Kapitel 2, Vers 11 entnommen, wo es heißt (zitiert nach der Einheitsübersetzung): *»Wer von den Menschen kennt den Menschen, wenn nicht der Geist des Menschen, der in ihm ist? So erkennt auch keiner Gott - nur der Geist Gottes.«*

So wie ich aus langjähriger Erfahrung die bibelfesten Christen kenne, ist ihnen der zweite Satz, der vom Geist Gottes spricht, sehr wohl bekannt; aber es fällt nur sehr wenigen aufmerksamen Lesern auf, daß im ersten Satz *die Tatsache vorausgesetzt wird, daß der Geist des Menschen, der in ihm ist, ihn selber wirklich kennt, d.h. ihn voll wahrnimmt.* Das war vor annähernd 2000 Jahren den meisten gebildeten Menschen ihrer Zeit eine Selbstverständlichkeit. Dieses Wissen ist in unserer Zeit aufgrund der stattgefundenen kulturellen Entwicklung inzwischen fast völlig abhanden gekommen.

Die endogene Wahrnehmung im Rahmen der Human-Biologischen Ganzheits-Medizin geht darauf zurück, daß die Fähigkeit der Selbstwahrnehmung im Zusammenhang mit bestimmten therapeutischen Techniken wiederentdeckt, ausgebaut und mit Hilfe der Kognitiv-Energetischen Diagnose und Therapie (KED und KET) zu einer solchen Perfektion weiterentwickelt werden konnte, daß sie den Möglichkeiten der medizintechnischen Diagnose, der medikamentösen Therapie (einschließlich der »Naturheilmittel«!) und der Apparatemedizin in vielerlei Hinsicht weit überlegen ist.

Jeder Art von Therapie geht normalerweise eine Diagnose voraus. Die Therapie steht und fällt mit deren Qualität. Das ist bei der Human-Biologischen Ganzheits-Medizin nicht anders. Allerdings begnügen wir uns vor Therapiebeginn meist mit einem ein- bis zweistündigen diagnostischen Gespräch. Das ist sinnvoller, als neue Patienten unvorbereitet mit Wahrheiten zu belasten, die sie noch nicht verarbeiten können. Die vollendetste Form der Kognitiv-Energetischen Diagnose, die erst stattfinden kann, wenn sich beim Patienten die Fähigkeit zur endogenen Wahrnehmung entwickelt hat, ist die »gesteuerte Selbstdiagnose«. Weil jedes Organ, jede einzelne Zelle, jedes Chromosom, jedes Gen samt seinen Informationen und darüber hinaus jede Phase der Lebensgeschichte im zentralen und peripheren Nervensystem geistig repräsentiert ist, kann der Patient dies alles auch visualisieren, d.h. mit Hilfe der endogenen Wahrnehmung in jeder Lebensphase optisch erkennen.

Über die Voraussetzungen zur Reaktivierung der endogenen Wahrnehmung mit Hilfe der Psychoanalytischen Regressions-Therapie (PRT) haben wir bereits gesprochen. Im folgenden sollen die 12 einzelnen Schritte, die sich im Dialog zwischen dem die Diagnose steuernden Therapeuten und dem sich selbst diagnostizierenden Patienten vollziehen, kurz dargestellt werden.

1. Der Patient liegt mit geschlossenen Augen auf einer Matte oder einer bequemen Liege. Die Augen bleiben bis zum Abschluß der Diagnose geschlossen. Der Therapeut sitzt in einer Entfernung zum Patienten, die einen ungehinderten verbalen Kontakt ermöglicht.

2. Zur Entspannung beider wird eine entsprechende Musik von etwa 10 Minuten Dauer gespielt. Während dieser Zeit versucht der Patient, sich ganz auf sich selbst, auf die spontan auftauchenden körperlichen und psychischen Symptome einzustellen, während der Therapeut die von seinem Patienten ausgehenden Impulse zu erfassen versucht.

3. Im Anschluß daran berichtet der Patient über alle körperlichen Mißempfindungen und Schmerzen und über die Ängste und deren Lokalisation, die sich während der Musik eingestellt haben.

4. Der Patient wird nun zunächst aufgefordert, sich die Haut über den betreffenden Körperstellen, wo sich Schmerzen oder Ängste manifestiert haben, anzuschauen. Sie erweist sich in der endogenen Wahrnehmung oft als abgeblaßt, schlecht durchblutet, entzündlich gerötet oder als dunkel und bedrohlich wirkend.

5. Wenn es nicht um die Haut selbst als erkranktes Organ geht, fordert der Therapeut den Patienten auf, durch die Haut hindurch sich dem schmerzenden oder sich anderweitig bemerkbar machenden Gewebe oder Organ zu nähern und es aus einer Entfernung anzuschauen, die es ermöglicht, es als Ganzes zu erfassen. Er soll dann über alle Auffälligkeiten hinsichtlich der Form, der Farbe und der Funktion berichten. Im Bedarfsfall kann der Abstand so vergrößert oder verkleinert werden, daß eine genaue Lokalisation des betroffenen Gewebeteils möglich ist. Diese Prozedur gilt im Hinblick auf jede Art von Gewebe, auch für das Gehirn und seine vielfältigen Strukturen. Und da wir in der Human-Biologischen Ganzheits-Medizin konsequent von der psycho-physisch-mentalen Einheit und Ganzheit des Menschen ausgehen, wissen wir, daß auch Ängste und andere Gefühle im körperlichen Gewebe repräsentiert sind.

6. Um den Grad einer pathologischen Veränderung abschätzen zu können, vergleicht der Patient das betroffene Gewebe in seinem gegenwärtigen Zustand, dem Ist-Zustand, mit dem biologisch erforderlichen Zustand, dem Soll-Zustand. Das gilt hinsichtlich der Farbe, der Form, der Sauerstoffversorgung und der Funktionen des Gewebes.

7. Jedes veränderte Gewebe hat mindestens eine Zelle, die die pathologischen Momente in besonderer Weise gespeichert hat und ggf. das ganze Gewebe dirigiert. Sie wird bis in ihren Kern hinein untersucht. Es ist wichtig, dabei auch die Chromosomen und die Gen-Strukturen anzuschauen, die bei bestimmten Erkrankungsprozessen pathologisch verändert sein können.

8. Nun wird der Patient aufgefordert, mit Blick auf die veränderte Zelle bzw. das betroffene Organ oder Gewebe in einer gezielten Regression zeitlich zurückzugehen bis zu einem Zeitpunkt, in dem sich die Zelle, das Organ oder Gewebe noch ohne jedes Anzeichen einer pathologischen Veränderung darstellt. Bei Genschäden kann diese Regression u.U. über mehrere Generationen zurückgehen. In der Therapie geübte Patienten haben damit jedoch keine Schwierigkeiten und ziehen daraus auch keine falschen Schlüsse.

9. Jetzt geht der Patient sehr langsam und vorsichtig in der Zeit wieder vorwärts bis zu dem Zeitpunkt, an dem erste Veränderungen in der Zelle, im Gewebe oder

Organ sichtbar werden. In diesem Augenblick stoppt er das Vorwärtsgleiten in der Zeit, um den »Umschlagspunkt« vom Sollzustand zum pathologischen Geschehen zeitlich zu fixieren.

10. Um die erste Ursache seines Erkrankungsprozesses, die Ätiologie aufzudekken, schaut er sich zunächst selbst »von außen« an: wo er sich befindet, wie alt er in diesem Augenblick ist, was mit ihm, in ihm und um ihn herum vor sich geht, was krankmachend auf ihn einwirkt. Wenn er sich im Augenblick des traumatischen Geschehens etwa im Mutterleib oder unter dem Geburtsgeschehen befindet, wird er aufgefordert, sich auch die Mutter, ihre Lage und ihre Gefühle zu vergegenwärtigen.

11. In einem langsamen zeitlichen Vorwärtsgleiten bis hin zur Gegenwart können nun jede weitere pathologische Veränderung, jede krisenhafte Zuspitzung des gesundheitlichen Zustands, der Ausbruch der manifesten Erkrankung und der dazu führenden Umstände, aber auch jede Besserung beobachtet und die Folgen für die gegenwärtige Lebenssituation verstanden und in ihrer Wertigkeit abgeschätzt werden.

12. Auch eine Prognose ist möglich und sinnvoll. Im Blick auf die pathologischen Veränderungen einer leitenden Zelle, eines Gewebes oder eines Organs ist es möglich abzuschätzen, wie sich der Erkrankungsprozeß verhalten wird, wenn keinerlei therapeutische Maßnahmen ergriffen werden, welche Maßnahmen sinnvoll sind und welchen Erfolg sie haben können. Dadurch versetzt sich der Patient selbst in die Lage, zwar nicht in magischer Weise in seine Zukunft zu schauen, sehr wohl aber, die auf dem pathologischen Geschehen beruhende Entwicklungstendenz seines Erkrankungsprozesses genau beurteilen zu können.

Anhand zweier Beispiele von Selbstdiagnosen mit Hilfe der Steuerung durch den Therapeuten sollen die Möglichkeiten dieses Verfahrens noch ein wenig plastischer werden:

1. Andreas, 39 Jahre alt, ein nüchtern und exakt denkender Jurist, der beruflich viel mit Medizin zu tun hat und mir aufgrund seiner weit entwickelten Fähigkeit in der endogenen Wahrnehmung bei der Erstellung von assistierten Diagnosen (siehe Kapitel 5!) gelegentlich hilft. In seiner Selbstdiagnose stellt er einen Genschaden fest, der seinem Ursprung nach vor über zweihundert Jahren durch einen männlichen Vorfahren aus der mütterlichen Linie durch Alkoholismus verursacht worden war, die ganze Zeit über verdeckt weitervererbt wurde und erst bei ihm selbst aufgrund bestimmter Verhältnisse während der embryonalen und fötalen Entwicklung manifest geworden ist. Das geschädigte Gen hatte u.a. die Aufgabe, die Entwicklung der platten Knochen, Brustbein und Beckenschaufeln, mit der Entwicklung der daran anschließenden Knochen, Rippen und Oberschenkel, zeitlich zu koordinieren. Durch die Schädigung kam es zu einer zeitlichen Disharmonie in der Entwicklung, wodurch sich im Brustbereich eine Trichterbrust, im Beckenbereich der

Ansatz zur Spondylitis ankylosans (Bechterewsche Erkrankung) entwickelte. Aufgrund dieser hervorragenden Kognitiv-Energetischen Selbstdiagnose (KED) war es möglich, mit Hilfe der Kognitiv-Energetischen Therapie (KET) bei der Trichterbrust eine erhebliche Verbesserung der Beschwerden, bei der sich entwickelnden Bechterewschen Erkrankung eine Ausheilung zu erzielen.

2. Anita, 61 Jahre alt, hat in einer nur sehr kurzen Therapie von insgesamt 88 Sitzungen, davon 78 Sitzungen Psychoanalytische Regressions-Therapie (PRT) und 10 Sitzungen Kognitiv-Energetische Therapie (KET), unglaublich viel an Problemen in Bewegung bringen und auflösen können.

In ihren ersten beiden KET-Sitzungen, die hauptsächlich der Selbstdiagnose dienten, sprach sie ihre langjährige medikamentöse und chirurgische Behandlung wegen einer offenen Lungentuberkulose an, die erst nach Jahrzehnten mit der operativen Schließung zweier Löcher im rechten Lungenflügel abgeschlossen wurde.

Die Selbstdiagnose verlief recht dramatisch, denn sie deckte sowohl die Ätiologie (erste Ursache) ihrer Erkrankung, als auch eine massive ärztliche Fehldiagnose mit der davon abhängigen Fehlbehandlung, und obendrein die innere Triebfeder für die wiederholten gesundheitlichen Krisen im Lungenbereich der Patientin auf.

a) Zur Ätiologie: Im vierten Schwangerschaftsmonat stürzt die Mutter der Patientin beim Graben im Garten über ein Brett. Sie fällt mit der rechten Bauchseite auf den Spatenstiel. Sie bekommt vorübergehend heftige Schmerzen, die sich aber im Verlauf des nächsten Tages deutlich bessern. Sie geht nicht zum Arzt. Der Fötus hat von dem harten Schlag eine Quetschung am rechten Lungenflügel erlitten. Das Gewebe zerfällt, es bildet sich ein Loch. Die Selbstheilungskräfte des Fötus setzen sofort mit ihrer regenerativen Tätigkeit ein. Die Patientin kann im langsamen zeitlichen Voranschreiten den Heilungsvorgang und dessen Mechanismen genau verfolgen.

b) Zur Lungentuberkulose: Im Verlauf des weiteren Lebens kommt es bei der Patientin zu zwei entscheidenden gesundheitlichen Krisen, in denen das bei dem pränatalen Unfall entstandene Loch wieder aufbricht. Im regressiven Zustand der Diagnose überprüft die Patientin, wo die Tuberkelbakterien zu finden sind: vergeblich! Sie deckt eine massive Fehldiagnose und die daraus folgende Fehlbehandlung auf. Sie wurde viele Jahre lang mit nebenwirkungsreichen Tuberkulose-Medikamenten behandelt, obwohl in ihrem Sputum niemals Tuberkelbakterien gefunden wurden. Wiederholt wurde ihr Magen ausgepumpt. Auch dort fanden sich niemals Erreger. Die beiden dicht nebeneinander liegenden Löcher in ihrer Lunge wurden als Kavernen mißdeutet und über lange Zeit mit einem therapeutischen Pneumotorax behandelt.

c) Zur Krisensituation: Der Mutter ist die Schwangerschaft nicht recht, sie erträgt sie aber, oder besser: sie ignoriert sie weitgehend. Der Fötus findet zu sei-

ner Mutter keinen Kontakt. Als sich die Mutter nach dem Unfall um das Kind in ihrem Leib Sorgen macht, wird dies von dem Fötus als Zuwendung empfunden und dankbar akzeptiert. Im 18. Lebensjahr kommt es im Leben der Patientin zu einem mit der Berufsfindung verbundenen sehr schweren persönlichen Konflikt. Viele Jahre später folgt eine zweite, mehr familiär bedingte Krisensituation. In beiden Fällen fühlt sich die Patientin völlig allein. Das Wiederaufleben der vorgeburtlichen Einsamkeit und die mit dem Unfall verbundene Zuwendung der Mutter lassen in ihrem Unbewußten eine »Konfliktlösung« möglich erscheinen, die ihr durch den Erkrankungsprozeß Zuwendung verspricht. Der Psychotherapeut bezeichnet das als »sekundären Krankheitsgewinn«. Dafür hat die Patientin ihr Leben lang einen sehr hohen Preis zahlen müssen. Seit sie das in der KET-Sitzung erkennen konnte, hat sich ihre Lebenseinstellung in vieler Hinsicht verändert.

Zum Abschluß eine Bemerkung, die den Wert der Kognitiv-Energetischen Diagnose (KED) noch einmal deutlich machen kann: Im Verlauf des letzten Jahres haben mehrere Patienten ärztliche Fehldiagnosen und Fehlbehandlungen und ebenso solche von Heilpraktikern und Psychotherapeuten aufgedeckt. Es ist wirklich so: *»Was verborgen ist im Menschen, weiß nur des Menschen eigner Geist!«*

4. Steuerung der Energiefelder

Jeder Arzt weiß, daß seine therapeutische Arbeit, und sei sie noch so gut und hilfreich, nicht allein von *seinem* Tun, sondern mindestens ebensosehr von seinem *Patienten* abhängt. Eine der wichtigsten Entwicklungen der letzten Zeit im Bereich der Medizin besteht wohl darin, daß die Tätigkeit des humoralen und des zellulären Abwehrsystems mehr und mehr in das Blickfeld der medizinischen Forschung geraten ist. Viele an der humoralen und zellulären Abwehr beteiligte Zellen und Stoffe sind inzwischen bekannt und mit den Mitteln der naturwissenschaftlichen Forschung auch optisch (mit dem Elektronenmikroskop) dargestellt worden. Und sicherlich werden in nächster Zeit noch weitere Zellen, Zellorganellen und Stoffe entdeckt und ihrer Wirkung nach erforscht werden, die an der Abwehr beteiligt sind.

In allerletzter Zeit interessiert sich die Forschung dankenswerterweise zunehmend für die Zusammenhänge zwischen dem physiologischen Abwehrsystem und solchen psychischen Vorgängen, die auf das Abwehrsystem einwirken, es stärken oder schwächen. Das ist gut so und sehr wichtig. Noch nicht in die Betrachtung einbezogen ist bisher die Tatsache, daß das *physiologische* und das *psychische* Abwehrsystem, also das, was wir mit den Begriffen »Verdrängung«, »Widerstand« und »Abwehr-Mechanismus« beschreiben, meist *gegenläufig arbeiten*. Die physiologisch-biologische Medizin und die Tiefenpsychologie benutzen beide den

Begriff »Abwehr« und meinen dabei absolut nicht dasselbe. Das muß bedacht werden!

Ich meine aber auch, daß auf der biologisch-physiologischen Ebene der Begriff »Abwehr« zu einseitig auf die *negative*, die, z.B. eine Infektion, *verhindernde* Seite ausgerichtet ist. Genauer betrachtet dient das physiologische Abwehrsystem ja dem *Überleben* und der *Regeneration*, also einem *positiven* Ziel, nämlich der *Selbstheilung* des Menschen. Die Naturheilkunde hat immer von den *Selbstheilungskräften* der Patienten gewußt und gesprochen und ihre therapeutische Tätigkeit darauf gezielt ausgerichtet.

Über die physiologische, also die humorale und die zelluläre Abwehr hinaus gibt es weitere, sehr wichtige und äußerst wirksame *Selbstheilungskräfte* des Menschen, die aufgrund der ausschließlich naturwissenschaftlichen Sichtweise unserer Medizin bisher *nicht entdeckt, nicht optisch wahrgenommen, nicht beschrieben, in ihrer enormen Wirksamkeit nicht zur Kenntnis genommen und nicht therapeutisch genutzt worden sind.* Diese Selbstheilungskräfte, die letztlich *jedem* Menschen zur Verfügung stehen, können unter bestimmten Voraussetzungen optisch wahrgenommen, in ihrer heilenden Tätigkeit beobachtet und gezielt eingesetzt werden. Es geht um die Tätigkeit der »*Energiefelder*«. Davon soll dieses Kapitel berichten.

Daß man Energien, die im Menschen tätig sind, messen kann, ist bekannt. Unsere physiologische Medizin hat dafür entsprechende Apparate gebaut. Und daß eine erhöhte Tätigkeit des Gehirns und des peripheren Nervensystems sich in erhöhten Erregungskurven dieser Meßinstrumente zeigt, ist ebenfalls eine Selbstverständlichkeit. Was bisher jedoch unbeachtet blieb, ja eher in den Bereich der Phantasie oder der Esoterik abgeschoben wurde, ist die Tatsache, daß ein Patient die Selbstheilungskräfte seines Körpers, seiner Psyche und seines Geistes in Form von farblich unterschiedenen Energiefeldern mit Hilfe der endogenen Wahrnehmmng, bei geschlossenen Augen also, optisch erkennen, unterscheiden, ihre Tätigkeit differenziert beobachten und in gewissem Umfang auch steuern kann.

Die Farben der Energiefelder reichen in vielerlei Schattierungen von einem sehr hellen, strahlenden, gleißenden Weiß über Gold, Gelb, Orange, Rot, Grün und Blau bis hin zu einem tiefen Violett. Die Verschiedenheit der Farben scheint spezifisch zu sein für ihre heilende Tätigkeit und in gewissem Umfang für die Gewebearten. Die Farben sind jedoch nicht organspezifisch. Auch sind gewisse individuelle Unterschiede zu beobachten.

Wie die Existenz und die Tätigkeit dieser Energiefelder zu erklären ist, vermag ich gegenwärtig noch nicht zu sagen. *Wenn man der Theorie RUPERT SHELDRAKES folgt, sind allerdings alle beobachteten Phänomene fugenlos erklärbar. Es könnte sich demnach um die Visualisierung morphischer bzw. morphogenetischer Felder handeln.* Darüber wird an anderer Stelle berichtet. Hier ist es zunächst wichtig festzustellen, daß diese Felder ihren Sitz *nicht in den Genen* haben. Das kann deshalb mit Sicherheit ausgesagt werden, weil wir mit Hilfe der endogenen Wahrnehmung die Art und die Tätigkeit der Gene überprüfen können und dabei nie auf Energiefelder stoßen. Die Energiefelder scheinen jedoch die *Tätigkeit des gewebespezifischen Codes der Gene zu aktivieren.* Außerdem sind sie bei der »Reparatur« von defekten Genen tätig. Ihr Sitz kann auch *nicht im zentralen oder peripheren Nervensystem* lokal ausgemacht werden. Auch sind die Energiefelder *nicht identisch mit den Chakren* und deren Lokalisation. So bleibt uns in diesem Stadium der Untersuchung nichts anderes übrig als eine möglichst genaue und vorurteilslose Beobachtung und Beschreibung der Phänomene.

Über die folgenden Punkte können wir inzwischen recht verläßliche Aussagen machen: Über einige Voraussetzungen für den Heilungsvorgang mittels der Energiefelder; über das Wie ihrer Steuerung; über die Dauer der Heilungsprozesse; über die Behandlung von Infektionen; über einige Besonderheiten von Heilungsprozessen im Bereich des Gehirns; und schließlich über einige sich im Umgang mit den Energiefeldern aufzwingende ethische Fragen. Dazu jeweils einige kurze Bemerkungen:

1. Die wichtigste Voraussetzung wurde bereits kurz erwähnt: Der verdrängte psycho-physisch-mentale Schmerz, der unsere endogene Wahrnehmung blockiert, muß aus der Verdrängung ins volle Bewußtsein gehoben, »durchgearbeitet« und »ausgestanden« werden, bis er sich von selber auflöst. Anders ausgedrückt: Eine kompensierte Erkrankung ist grundsätzlich nicht heilbar. Sie muß erst durch Dekompensation in den akuten Zustand zurückgeführt werden. Dazu setzen wir in der Tiefenpsychologischen Basis-Therapie in erster Linie die Technik der Analytischen Regressions-Therapie (PRT) ein, die grundsätzlich jeder Kognitiv-Energetischen Therapie (KET) vorausgehen muß.

2. Die Steuerung der Energiefelder ist denkbar einfach, weil sie offensichtlich alle notwendigen Informationen enthalten, die sich auf den »Normalzustand« des betroffenen Organs, des jeweiligen Gewebes und seiner Funktionen beziehen. Das entspricht voll und ganz unserer Beobachtung von dem lebenslang bestehenden verborgenen, jedoch abrufbaren »Wissen« unseres Organismus von den »Biologischen Programmen«, worüber an anderer Stelle berichtet wurde. Welche Energiefelder für einen bestimmten Heilungsvorgang notwendig sind, kann man bei längerer Erfahrung im Umgang mit ihnen zwar erahnen, doch erlebt man dabei immer wieder faszinierende Überraschungen. Der Patient hat auch keine Möglichkeit, über das Eingreifen der Energiefelder in irgend einer Weise zu verfügen. *Er kann und darf nichts manipulieren, er kann die Energiefelder, ihr Tätigwerden und die Art ihrer Tätigkeit einfach nur erwarten.*

3. Spätestens bei diesem Punkt wird noch einmal deutlich, daß es sich bei den Heilungsvorgängen mit Hilfe der Energiefelder nicht um irgend eine Form von »Wunderheilungen« handelt, denen man aus wissenschaftlicher Sicht mit Skepsis begegnen müßte, sondern um eine Form der *biologisch*-psychisch-mentalen, also einer *ganzheitlichen Form der Selbstheilung, die in jeder Weise von den Vorgegebenheiten gerade auch unserer humanen Biologie abhängig ist*. Das erweist sich allein schon durch die Tatsache, daß sich die Dauer von Heilungsprozessen, die durch die Energiefelder initiiert werden, nach der Art der betroffenen Gewebe richtet. So nehmen Regenerationsvorgänge in bradytrophen Geweben, wie z.b. bei Knorpel und Knochen, selbstverständlich eine längere Zeit in Anspruch als im Parenchym. Außerdem ist zu beachten, daß nur solches Gewebe regeneriert werden kann, von dem noch wenigstens ein Rest teilungsfähiges Gewebe vorhanden ist. Im Vergleich zu den uns aus der klassischen und der naturheilkundlichen Medizin bekannten Regenerationsvorgängen darf jedoch mit insgesamt kürzeren Zeiten gerechnet werden.

Charakteristische Unterschiede gibt es allerdings bei der Behandlung von Infektionen, bei Regenerationsprozessen im Gehirn und bei der Tumorbehandlung (vgl. unter Ziff. 4, 5 und Kap. 6!).

Ganz allgemein muß jedoch daran erinnert werden, daß wir bei dieser Art der Therapie unbedingt zwischen der Therapiedauer und der Zeit, die für den eigentlichen Regenerationsvorgang benötigt wird, sorgfältig unterscheiden müssen. Die Kognitiv-Energetische Therapie setzt in jedem Fall den Wiedererwerb der endogenen Wahrnehmung und somit die Verarbeitung des verdrängten psycho-physisch-mentalen Schmerzes voraus. Dazu brauchen die Patienten, je nach Intensität des primären Schadens und der Stabilität ihrer Verdrängung, unterschiedlich lange. Die KET beansprucht demgegenüber manchmal nur ein Minimum an Zeit.

4. Wir hatten bereits erwähnt, daß das physiologische und das psychische Abwehrsystem oft gegenläufig arbeiten. Das ist besonders bei Infektionen aller Art der Fall. In der psychosomatischen Medizin ist es inzwischen kein Geheimnis mehr, daß Patienten in Konfliktsituationen, in denen sie die *eigentlichen* Stimuli ihrer Unruhe verdrängen, besonders anfällig sind für Infektionen und Allergien. Und in der Tiefenpsychologischen Basis-Therapie haben wir die Erfahrung gemacht, daß Patienten, die sich in der Regression gegen das Wiedererleben verdrängter Traumata (bewußt oder unbewußt) sperren, vor allem wenn es sich um pränatale und perinatale Schäden handelt, mit Infektionen und/oder Allergien im Inspirationstrakt reagieren, wobei die Nebenhöhlen eine bevorzugte Rolle spielen.

Bei Mangelerscheinungen im pränatalen und postnatalen Kontakterleben, die in der Verdrängung zu halten versucht werden, treten neben einer Neurodermitis vor allem Infektionen an der Haut und im Bereich des Intestinums auf: besonders Pilzinfektionen an den Füßen und im Darmbereich, aber auch virale und bakterielle Infektionen und Superinfektionen. Erst wenn es gelingt, die Verdrängungen in einem therapeutischen Prozeß mit Hilfe der Analytischen Regressions-Therapie (PRT) abzubauen und den psycho-physisch-mentalen Schmerz erlebbar zu machen, ist es möglich, die Infektionen mit Hilfe der KET zu beseitigen. Das geht dann allerdings manchmal erstaunlich schnell, oft innerhalb von nur 1 bis 2 Sitzungen. Dabei ist es relativ gleichgültig, um welche Art von Erregern es sich handelt. Viren und Pilze machen nicht größere Probleme als Bakterien. Oft können wir eine Symbiose von verschiedenartigen Erregern entdecken und auflösen.

Aufgrund dieser Erfahrungen sind wir inzwischen mehrfach gefragt worden, ob mit dieser Methode auch aidskranke Patienten erfolgreich behandelt werden können. Wir können das aufgrund der bisherigen allgemeinen Beobachtungen zwar vermuten, haben damit aber keine spezifischen Erfahrungen gemacht. Wir vermuten, daß die Probleme der Behandlung von Aidskranken sehr viel weniger in der Ausschaltung der Erreger mit Hilfe der KET, also im letzten Teil der Therapie liegen wird, als vielmehr in der Aufarbeitung der vorausgegangenen Lebensgeschichte mitsamt den vielerlei verdrängten Schmerzen und der notwendigen Veränderung der Lebenseinstellung. Außerdem könnten sich dabei für beide Teile, für den Patienten wie für seinen Therapeuten, Zeit- und Erfolgsdruck sehr hinderlich auswirken. Aber letztlich käme es wohl auf einen kontrollierten Versuch an.

5. Bezüglich der therapeutischen Vorgänge im Bereich des Gehirns mit Hilfe der KET sind zwei wichtige Momente zu beachten:

a) Im Zusammenhang mit dem Geburtsgeschehen kommt es sehr häufig zu Gehirnläsionen, die im Verlauf des späteren Lebens zu Erkrankungsprozessen führen, die nur selten, z.B. bei spastischen Lähmungen oder Epilepsien, als direkte Folge erkannt, in den meisten Fällen von schweren Neurosen, z.B. Zwangs- und Angstneurosen, von Psychosen und Psychosomatosen fehlinterpretiert und ihrer Ätiologie nach verkannt werden. Diese Hirnverletzungen und ihre lebensgeschichtlichen Folgen können in der Kognitiv-Energetischen (Selbst-) Diagnose (KED) exakt ermittelt und mit der Kognitiv-Energetischen Therapie (KET) aufgelöst werden. Dabei erweist sich unser Gehirn als dasjenige Organ, in dem aufgrund der überwältigenden Plastizität der Aufbau neuer, gesunder Gehirnzentren und die Ausschaltung der lädierten Zentren (in dieser Reihenfolge!) mühelos und in kürzester Zeit möglich sind. Auch diese Regenerationsvorgänge setzen natürlich die Fähigkeit zur endogenen Wahrnehmung, wie oben beschrieben, voraus.

b) In den wenigsten Fällen ist, wie bereits angedeutet, bekannt, daß ein Krankheitsprozeß auf ein pränatales, perinatales oder postnatales Trauma zurückgeht. Deshalb setzen wir bei der Diagnose auch nur in streng ausgewählten Ausnahmefällen direkt beim Gehirn an. Außerdem müssen wir in jedem Fall die Tatsache berücksichtigen, daß *jeder* Erkrankungsprozeß, gleichgültig zu welcher Zeit und unter welchen Umständen er entstanden ist, sein psychisches Äquivalent hat und geistig repräsentiert ist. Die psychische Komponente und die geistige Repräsentation wiederum spiegeln sich in entsprechenden Gehirnzentren organisch in bestimmten Zellverbänden wider. *Deshalb gehen wir bei der Diagnose grundsätz-*

lich von den Symptomen im Organismus aus, wo immer sie sich anbieten, und verfolgen den Prozeß aufwärts bis in die ihn steuernden Gehirnzentren. Bei der Therapie, der KET, gehen wir dann den umgekehrten Weg: Wir beginnen den therapeutischen Prozeß bei jenen Gehirnzentren, die das pathologische Geschehen steuern, und machen die überraschende Entdeckung, daß die den Heilungsprozeß initiierenden und vollendenden Energiefelder vom Gehirn aus sich über die zugehörigen Nervenbahnen bis in die äußerste Peripherie des Körpers bewegen und alle in Mitleidenschaft gezogenen Organe und den jeweiligen Sitz der am Erkrankungsprozeß beteiligten Gefühle in den Heilungsprozeß einbeziehen.

6. Die geschilderten Vorgänge im Zusammenhang mit der Kognitiv-Energetischen Diagnose und Therapie (KED und KET) werfen eine Reihe von ethischen Fragen auf, von denen wir hier kurz diejenigen nennen wollen, die uns nach dem gegenwärtigen Stand der Forschung am Wichtigsten zu sein scheinen:

a) Wir hatten oben bereits erwähnt, daß wir uns als Therapeuten davor hüten müssen, aus reiner wissenschaftlicher Neugier, so wichtig diese auch immer sein mag, Patienten zu früh mit ihrer Diagnose zu konfrontieren, d.h. zu einer Zeit, in der sie aufgrund einer mangelnden Ich-Entwicklung noch nicht in der Lage sind, der Wahrheit ihres Lebens ins Auge zu schauen und sie zu verarbeiten.

b) Da sich alle Heilungsvorgänge, auch solche, die sich im Bereich von Chromosomen und Genen abspielen, automatisch an den »Biologischen Programmen« orientieren, bestehen jene ethischen Fragen nicht, die wir aufgrund unserer Erfahrungen mit der KET in besonders kritischer Weise der medizinischen und biologischen Forschung hinsichtlich ihrer Genmanipulationen stellen müssen.

c) Ein besonders hohes Maß an ethischer Verantwortung ganz anderer Art ergibt sich für den Patienten und seinen Therapeuten aus der erwähnten Tatsache, daß die Tätigkeit der Energiefelder für beide Teile nicht einfach verfügbar ist, sondern »erwartet« werden muß, und daß deren Informationen und Aktionen sich als kreativer, als schöpferischer Akt erweisen. Hinzu kommt, daß sich in besonders komplizierten und langdauernden Heilungsprozessen die Energiefelder vorübergehend erschöpfen und ihre Energie dann nicht mehr aus der Kraft des Patienten selbst, sondern »von außerhalb« regenerieren (was mit Hilfe der Theorien Sheldrakes ohne jeden Mystizismus erklärbar ist). Die Erfahrung dieser Tatsachen hat fast alle Patienten, die in ihrer Therapie mit den Energiefeldern in Berührung gekommen sind, dazu veranlaßt, ihnen gegenüber eine Haltung einzunehmen, in der das »Erwarten« zur stillen Bitte und der Abschluß des therapeutischen Vorgangs zum stillen Dank wurde. Mir selbst scheint, daß das die einzig mögliche ethische Einstellung ist, mit der ein offener und wahrnehmender Mensch dem Phänomen des Schöpferischen, dem er in der KET so nahe kommt, adäquat begegnen kann.

5. Assistierte Diagnosen

Das Besondere einer assistierten Diagnose (und Therapie) kann man wohl nur verstehen, wenn man einmal die Identitätsprobleme und das Lebensschicksal pränatal und perinatal geschädigter Menschen in der Regressions-Therapie über längere Zeit hinweg genau beobachten konnte. Da ist z.b. *Heidi*, die dabei ist, ihre sehr traumatische Geburt wiederzuerleben. *Sie fühlt mit Schmerzen und sieht ihren kleinen kindlichen Kopf und die zusammengepreßten Schultern im viel zu engen Geburtskanal. Dann wandeln sich das Bild und die körperliche Wahrnehmung: ihre Beine gehen weit auseinander, sie sieht nackte Oberschenkel und eine sich langsam öffnende Scheide und weiß, das bin jetzt nicht mehr ich, das ist meine Mutter. Plötzlich ist ihr klar, daß sie dasselbe in der Therapie schon einmal wahrgenommen hat, ohne zwischen sich selbst als dem im Geburtsgeschehen befindlichen Kind und der gebärenden Mutter unterscheiden zu können. Und sie spürt, daß in diesem jetzigen Augenblick ihrer Therapie ein Stück Identitätsfindung stattfindet.*

Es ist immer wieder faszinierend zu beobachten, daß die gleichen Vorgänge, d.h. sich als gebärende Mutter wahrzunehmen, auch in Therapien von männlichen Patienten ablaufen. Die sind dann vorübergehend ganz verwirrt, stellen aber mit Erstaunen fest, daß sie aufgrund der in ihnen gespeicherten Biologischen Programme und der konkret erlebten Abläufe sehr genau wissen, was z.B. bei einem Geburtsgeschehen in einer Mutter und in dem Baby vor sich geht. Aber es dauert zunächst einige Zeit, bis sie dieses zwiespältige Erleben akzeptieren, sich in der Selbstwahrnehmung von der gebärenden Mutter ablösen und ihre eigene Identität finden können.

In der frühen vorgeburtlichen Zeit empfinden sich Fötus und Embryo mit ihrer Mutter fast vollständig identisch. Erst ganz allmählich bilden sich Ansätze zur Entwicklung einer eigenen Identität. Wenn jedoch das Leben des Embryos oder Fötus bedroht ist, kommt es zu einem Rückfall in die völlige Identität mit der Mutter, d.h. die Entwicklung zu einer sich ihrer selbst sicheren und mit sich selbst identischen Person wird gestört und erschwert.

Man spürt es diesen Menschen ein Leben lang an, daß sie nur sehr schwache Ich-Grenzen aufgebaut haben und sich in Krisensituationen nicht genügend von anderen Menschen abgrenzen können. Sie »fallen in den anderen hinein«. Das ist eine wichtige Komponente jenes Abwehrmechanismus, den Anna Freud als die »Identifikation mit dem Angreifer« bezeichnet hat.

Eine für den Abwehrvorgang wichtige Komponente ist es, daß diese Ich-schwachen Menschen in anderen sehr viele Impulse wahrnehmen, die für sie bedrohlich werden könnten und vor denen sie sich deshalb schützen möchten. Die auf Selbstschutz hin ausgerichtete erhöhte Wahrnehmungsfähigkeit leistet diesen Menschen bei der Wiederbelebung der endogenen Wahrnehmung natürlich große Dienste. Die

Fähigkeit, von anderen Menschen Dinge wahrnehmen zu können, die diesen selbst nicht einmal bewußt sind, entwickelt im Verlauf einer guten Regressions-Therapie im übrigen jeder Patient. Sie bleibt auch dann erhalten, ja sie entfaltet sich erst dann zu einer nutzbringenden Eigenschaft, wenn sich die Ich-Grenzen im Verlauf der Therapie gefestigt und zur Entwicklung einer stabilen Persönlichkeit geführt haben. Wenn der Patient seine Angst so weit abgebaut hat, daß er sich vor der möglichen Bedrohung durch den anderen nicht mehr schützen muß, kann er ihn voll wahrnehmen.

Von der biologisch programmierten pränatalen, perinatalen und postnatalen *Identität* des Embryos, Fötus und Säuglings mit seiner Mutter, die sich im Verlauf einer gesunden Ich-Entwicklung mehr und mehr zugunsten der eigenen Identität abbaut, müssen wir die Fähigkeit zur vorübergehenden bewußten *Identifikation* unterscheiden. Sie ist in gewissem Umfang jedem gesunden Menschen zueigen, besonders aber, wie wir bereits festgestellt haben, solchen Menschen, die das »Hineinfallen« in den anderen Menschen überwunden haben und die alte Fähigkeit zur endogenen Wahrnehmung nun in aller Freiheit einsetzen können. Solche ehemaligen Patienten sind fähig, dem Therapeuten, der die Diagnose steuert, als Assistenten zu dienen, die Probleme anderer exakt wahrzunehmen und in der Lebensgeschichte zurückzuverfolgen, um so die Ätiologie der bestehenden Erkrankungsprozesse aufzudecken.

Natürlich ist es wichtig, daß diese Assistenten neben der ausgeprägten Fähigkeit zur endogenen Wahrnehmung und der notwendigen Ich-Stabilität ein möglichst detailliertes medizinisches Wissen besitzen, weil sie sich sonst schwer tun, das auszudrücken und zu vermitteln, was sie wahrnehmen.

Das ist, wie bereits anläßlich der Beschreibung seiner Selbstdiagnose erwähnt, bei *Andreas* der Fall. Als er zusammen mit einer Ärztin, die im Zusammenhang mit einer schweren Depression über starke Magenschmerzen klagt, im gleichen Therapieraum liegt (das war kurze Zeit, bevor er seine eigene Therapie beendete), fordere ich ihn auf, zusammen mit mir eine Diagnose zu versuchen (es war sein erster Versuch).

Andreas beschreibt bis ins Detail die Form des Magens, der an der kleinen Kurvatur hakenförmig nach oben gebogen ist. Die Patientin bestätigt: »Ja, ich weiß, daß ich einen Angelhakenmagen habe.« Er beschreibt weiter, wie es im Mageninneren aussieht: An der kleinen Kurvatur besteht seit vielen Jahren ein Entzündungsprozeß, der sich in letzter Zeit aufgrund bestimmter Belastungen verstärkt hat - bei erhöhter Zellteilungsrate und gleichzeitigem Zellverfall. Als Ärztin weiß die Patientin natürlich, welche Gefahr da lauert. Bei der Regression bis zur prima causa, dem Beginn dieses Krankheitsprozesses, zeigt es sich, daß die Patientin aufgrund einer falschen Lage im Uterus lange Zeit im Oberbauch stark abgeknickt war, wodurch das Wachstum des Magens beträchtlich behindert wurde.

Die diagnostischen Schritte bei einer assistierten Diagnose entsprechen exakt den bei der gesteuerten Selbstdiagnose beschriebenen zwölf Schritten.

Zur *Zuverlässigkeit* der Diagnosen mit der endogenen Wahrnehmung ist festzustellen:

1. Die Zuverlässigkeit der *assistierten Diagnosen* hängt, neben den notwendigen anatomischen, physiologischen und psychologischen Grundkenntnissen des Assistenten und der kenntnisreichen Steuerung durch den Therapeuten, vor allem vom Entwicklungsstand des Assistenten ab. Solange der Assistent seine eigenen Probleme nicht gründlich aufbereitet hat, gibt es »blinde Flecken« in seiner Wahrnehmungsfähigkeit und die Möglichkeit von unbekannten Übertragungen. Wenn diese jedoch ausgeschaltet werden können, eignet der endogenen Wahrnehmung ein Grad an Zuverlässigkeit, wie sie meines Wissens von keiner anderen diagnostischen Methode erreicht wird.

2. Die Zuverlässigkeit der *Selbstdiagnosen* entspricht dem jeweiligen therapeutischen Fortschritt der Patienten. Wir wissen aus dem reichen Erfahrungsschatz der klassischen Psychoanalyse, der Janovschen Primärtherapie und besonders der Tiefenpsychologischen Basistherapie, daß ein Patient, solange er den primären Schmerz eines Traumas noch nicht aufgearbeitet hat, das traumatische Geschehen selbst noch nicht optisch wahrnehmen kann. Es wird, wenn es sich dem Bewußtsein nähert, zunächst symbolisiert. So werden etwa schwere Geburtstraumata in Alpträumen z.B. als Auto-, Zug- oder Flugzeugunfälle geträumt und in der gleichen Symbolik auch vorläufig diagnostiziert. Im Zuge des therapeutischen Fortschritts, d.h. mit der vollen Wahrnehmung und Aufarbeitung der verdrängten Schmerzen, löst sich diese Symbolik von selbst auf, die endogene Wahrnehmung wird immer realer und stellt dann für die endgültige Auflösung des Traumas und seiner Spätwirkungen im Rahmen der Human-Biologischen Ganzheits-Medizin die bestmögliche Basis dar. Weil sich die Selbstdiagnosen im Verlauf einer Therapie ständig ergänzen und gegebenenfalls korrigieren, sind sie natürlich insgesamt exakter und zuverlässiger als assistierte Diagnosen. Doch auch deren Zuverlässigkeit geht über die der bisherigen medizinischen Diagnosen weit hinaus, weil die Ätiologie *aller* bestehender Erkrankungsprozesse in jedem Falll exakt aufgedeckt wird.

6. Assistierte Therapien

Wir haben immer wieder betont, daß die Entwicklung der endogenen Wahrnehmung und die darauf basierende Kognitiv-Energetische Therapie (KET) erst durch die in der Psychoanalytischen Regressions-Therapie (PRT) sich entfaltende Wahrnehmung und Aufarbeitung des verdrängten psycho-physisch-mentalen Schmerzes möglich sind und daß deshalb die PRT der KET grundsätzlich vorausgehen und diese auch noch ein Stück weit begleiten muß. Nun gibt es Umstände, die uns zu einem anderen Vorgehen zwingen, wenn wir den betroffenen Patienten helfen wollen. Um die besonderen Umstände und die andere therapeutische Technik verstehen zu können, müssen wir zunächst etwas weiter ausholen:

Alle Erkrankungsprozesse laufen an irritierten, aus ihrer funktionsgerechten harmonischen Lage gebrachten organischen Strukturen ab. Die Irritationen können sehr kleine organische Einheiten betreffen, z.B. einzelne Zellen, Zellkerne, Zellorganellen, Chromosomen, Gene, einzelne Moleküle oder atomare Strukturen. Sie können sich aber auch auf ganze Zellverbände und deren Funktionen, auf ganze Organe oder auf Organ-übergreifende Strukturen erstrecken.

Da alle Organfunktionen und deren Unterfunktionen von Gehirn und Nervengewebe gesteuert, also *geistig kontrolliert* ablaufen, werden die ihnen zugeordneten und die Kontrolle ausübenden Strukturen im Zentralen und Peripheren Nervengewebe von den Irritationen mit betroffen. Im Extremfall, nämlich bei den *malignen* (den sogenannten »bösartigen«) Erkrankungen, kapseln sich die mitbetroffenen Kontrollzentren im Gehirn gegenüber den anderen Kontrollzentren ab, verselbständigen sich und entfalten in den irritierten Geweben zerstörerische Aktivitäten.

Derartige Vorgänge konnten wir in unserem Therapiezentrum wiederholt beobachten, so bei depressiven und schizophrenen Psychosen, schweren Zwangsneurosen, Bulimie (Freßsucht) und Anorexie (Magersucht), Colitis ulcerosa, Epilepsien und vielen anderen progressiv verlaufenden Erkrankungen, besonders bei bestimmten Arten von Krebs.

Die PRT geht, wie wir gesehen haben, von der bedrohten Lebensbasis aus und führt über die exogene und die endogene Wahrnehmung zur körperlich-seelisch-geistigen Verarbeitung und Auflösung von Ängsten, Schmerzen und anderen Symptomen, und darüber hinaus zu einer intensiven Persönlichkeitsentwicklung und Reifung. Die KET hingegen bietet durch den direkten Zugriff auf die steuernden Zentren im Nervensystem die Möglichkeit, auch solche abgekapselten und zerstörerischen Zentren ausfindig zu machen, zu sanieren oder auszuschalten, die für die PRT nur sehr schwer und erst nach einem sehr langen therapeutischen Prozeß zugänglich werden.

Die Erfahrung zeigt, daß diese beiden therapeutischen Techniken ihrem Ansatz nach so eng miteinander verwandt sind, daß sie sich gegenseitig unterstützen und befruchten.

Eine wichtige Besonderheit der KET besteht nun darin, daß durch den direkten Zugriff auf die steuernden Zentren auch solche Erkrankungsprozesse erfolgreich angegangen werden können, die wir wegen ihrer Gefährlichkeit als *maligne (»bösartig«)* bezeichnen. Das gilt z.B. für bestimmte Arten von Krebs, Leukämie, Multiple Sklerose, Morbus Parkinson, Morbus Bechterew, Colitis ulcerosa, Anorexie, Bulimie und viele andere chronische Erkrankungen.

Bei *malignen* Erkrankungen wandeln wir das therapeutische Vorgehen dahingehend ab, daß wir die Kognitiv-Energetische Therapie (KET) zunächst ganz in den Vordergrund rücken. Das hat zwei Gründe:

1. Patienten mit malignen Erkrankungen sind in der Regel so stark auf ihre heftigen Körpersymptome und ihre Ängste fixiert, daß sie für eine Aufdeckung und Bearbeitung der ursächlichen lebensgeschichtlichen Zusammenhänge mit Hilfe der Regressions-Therapie (PRT) zunächst nicht offen genug sind. Das spiegelt sich in jenen Zentren ihres Gehirns wider, die den Krankheitsprozeß steuern: sie sind destruktiv, selbstzerstörerisch. Gegenüber den lebensfördernden Zentren sind sie abgekapselt und werden im analytischen Regressionsprozeß nicht ohne weiteres zugänglich. Hier ist der sofortige Einsatz der Kognitiv-Energetischen Therapie erforderlich, deren Aufgabe darin besteht, die destruktiven Zentren aufzulösen und deren Unterzentren positiv »umzufunktionieren«.

Erst wenn dieser Prozeß in Gang gekommen ist, werden die Patienten für die Aufarbeitung der kausalen lebensgeschichtlichen Zusammenhänge zugänglich. Da kommt dann die Psychoanalytische Regressions-Therapie zum Einsatz.

Die Aufdeckung und Durcharbeitung der tiefsten Ursachen der lebensbedrohenden Krankheitsprozesse mit Hilfe der Psychoanalytischen Regressions-Therapie ist deshalb sehr wichtig, weil die in den abgekapselten destruktiven Zentren wirkende Energie sich aus *selbstzerstörerischem Haß* aufgebaut hat, der meist *in sehr früher Lebenszeit*, nämlich pränatal, perinatal oder postnatal, also bereits vor der Geburt, besonders häufig während des Geburtsgeschehens selbst oder kurz danach, als Reaktion auf lebensbedrohliche körperliche und psychische Verletzungen entstanden ist. Dieser Haß ist den betroffenen Menschen meist gar nicht bewußt, »weil nicht sein kann, was nicht sein darf«. Aber *er hat die ganze Lebensgeschichte und Lebenseinstellung entscheidend mitgeprägt.*

Der PRT fällt die Aufgabe zu, diese zeitlich weit zurückliegenden, den Haß erzeugenden lebensbedrohlichen Ereignisse ans Tageslicht zu bringen, sie einer gründlichen Aufarbeitung zuzuführen und die notwendige Korrektur der Lebenseinstellung zu ermöglichen.

2. Bei solchen malignen Prozessen, die aufgrund ihres rasch voranschreitenden Zerstörungsprozesses dem Patienten selbst und seinem Therapeuten keine ausreichende Zeit für die Einleitung der grundlegenden Psychoanalytischen Regressions-Therapie (PRT) lassen, bedient sich der Therapeut im Notfall vorübergehend einer assistierenden Hilfsperson, die in Identifikation mit dem Patienten bei der Diagnosestellung und beim Ingangsetzen der Heilungsimpulse der energetischen Felder so lange an dessen Seite bleibt, bis dieser aufgrund des voranschreitenden Heilungs-

prozesses für sich selbst einstehen und den Regressionsprozeß der PRT nachholen kann.

Das ist allerdings unumgänglich, weil die Engramme über die schädigenden Ereignisse aus der Lebensgeschichte *durch nichts zu löschen* sind, höchstens von neuem verdrängt werden könnten - mit all jenen Folgen, die uns bereits bekannt sind. Als untilgbarer Teil unserer Lebensgeschichte bleiben sie auch nach einer KET-Behandlung erhalten und können dann zum Aufbau neuer zerstörerischer Zentren führen, wenn ihr *Schmerzgehalt* vom Patienten nicht wahrgenommen und lösend durchlebt wird. *An der Aufdeckung und Aufarbeitung der verdrängten Schmerzen durch den Patienten selbst führt in keinem Fall der Weg vorbei!*

Der kritische Leser, der die »mediale«, vermittelnde Funktion eines Assistenten bei der *Diagnosestellung* vielleicht noch verstehen kann und zu akzeptieren bereit ist, wird sich an dieser Stelle mit Recht fragen, welche Rolle denn ein Assistent bei der *Therapie* überhaupt spielen kann. Ich nehme diese kritische Frage sehr ernst, zumal ich sie mir, aus gegebenem Anlaß, immer wieder selber gestellt habe. Die Antwort habe ich »am eigenen Leibe« erlebt.

Ich habe bereits betont, daß ein Patient zwar die endogene Wahrnehmung entwickeln und die Energiefelder selbst in Bewegung setzen kann und soll, daß er aber zur Steuerung des diagnostischen und des therapeutischen Prozesses einen in der KET geübten Therapeuten braucht, um sich nicht in ein steuerndes Subjekt und ein gesteuertes Objekt spalten zu müssen. Dasselbe gilt uneingeschränkt auch für den Therapeuten selbst, wenn er »Patient« ist.

Das macht natürlich dann keine Probleme, wenn der »Therapeut-Patient« einen in der KET erfahrenen Kollegen zur Verfügung hat, der ihn steuern kann. Wenn das nicht der Fall ist, also ausschließlich ein Assistent zur Verfügung steht, kann sich der betroffene Therapeut dadurch helfen, daß er den Assistenten so steuert, wie es bei der *Selbstdiagnose* beschrieben wurde.

Dasselbe gilt aber auch für den Einsatz der Energiefelder, also für den *speziellen therapeutischen* Teil. Denn aufgrund seiner Fähigkeit zur endogenen Wahrnehmung kann der Assistent auf Anweisung des steuernden Therapeuten die Selbstheilungskräfte sehen und in Bewegung setzen und deren Tätigkeit zunächst beobachten. Wenn der »Therapeut-Patient« dem diagnostischen und therapeutischen Geschehen gegenüber *ohne Vorbehalte offen* ist, wirkt das Tun des Assistenten in ihm wie eine *Initialzündung*. Danach kann und muß er die aufkommenden psychophysisch-mentalen Schmerzen voll annehmen und durcharbeiten und kann dann den therapeutischen Prozeß selbständig zu Ende führen. Das kann ich mit einem Selbstversuch belegen:

Ich bin seit ca. 30 Jahren insulinpflichtiger Diabetiker und hatte aufgrund starker Durchblutungsstörungen sechs Jahre lang eine gangränöse offene Großzehe am rechten Fuß. Mit Hilfe meines sehr verständnisvollen Hausarztes, der anläßlich einer Eiterung mit Destruierung der Zehenknochen, die röntgenologisch dokumentiert wurde, täglich die Wundversorgung vornahm, und der initiierenden Kognitiv-Energetischen Therapie mit Hilfe einer Assistentin gelang es mir, durch das Annehmen der psycho-physisch-mentalen Schmerzen einerseits und durch tägliche Konzentration auf die heilende Wirkung der Energiefelder andererseits, die Zehe so zum Abheilen zu bringen, daß sich sogar der destruierte Knochen stabilisierte.

Nach demselben Modell ist die Initiierung eines Heilungsprozesses mit Hilfe eines steuernden Therapeuten und eines Assistenten bei solchen malignen Prozessen möglich, in denen es lebenswichtig ist, Zeit zu sparen - vorausgesetzt, daß der Patient bereit ist, die im therapeutischen Prozeß vermehrt aus der Verdrängung aufkommenden psycho-physisch-mentalen Schmerzen anzunehmen und durchzuarbeiten. Denn: *An der Aufdeckung und Aufarbeitung der verdrängten Schmerzen durch den Patienten selbst führt kein Weg vorbei!*

7. Ein Behandlungsbericht

Zum Abschluß wollen wir uns noch einmal, aus der Sicht des Therapeuten, vergegenwärtigen, welche Möglichkeiten die Kognitiv-Energetische Diagnose und Therapie (KED und KET) bieten:

1. An erster Stelle sind die präzisen Selbstdiagnosen und assistierten Diagnosen zu nennen, die an Treffsicherheit alle anderen mir bekannten Diagnoseverfahren überbieten, mit diesen aber jederzeit kombiniert werden können.

2. Durch den auf der gezielten therapeutischen Regression aufbauenden diagnostischen Prozeß ist es möglich, die Ätiologie jedes Erkrankungsprozesses exakt festzustellen. Das ist im Bereich sowohl der Medizin wie der Psychologie in diesem Umfang einmalig.

3. Dadurch sind neue Heilungschancen gegeben, deren Ausmaß bisher noch nicht annähernd ausgelotet werden konnte.

4. Die Selbstheilungskräfte des bio-kybernetischen Systems können vom Patienten selbst optisch wahrgenommen und gesteuert werden. Dadurch wird er voll in die Selbstverantwortung gegenüber seinem Erkrankungs- und Heilungsprozeß eingeführt und macht sich selbst zugleich weitgehend unabhängig von allen Medikamenten und deren Nebenwirkungen.

5. Die Initiierung des Selbstheilungsprozesses mit Hilfe eines erfahrenen Assistenten bietet auch bei solchen malignen Erkrankungen, bei denen der Therapeut wegen des fortgeschrittenen Zerstörungsprozesses unter Zeitdruck steht, eine verbesserte Chance.

6. Insgesamt kann nicht nur mit z.t. wesentlich verbesserten Heilungschancen, sondern ebenso mit einer beträchtlichen Verkürzung der Behandlungszeiten gerechnet werden.

Wie die Möglichkeiten aus der Sicht eines betroffenen Patienten aussehen, soll dessen Behandlungsbericht zeigen. Die Therapie ist noch nicht abgeschlossen, sie soll in größeren Abständen mit kürzer werdenden Behandlungszeiten fortgesetzt werden.

Lutz, 60 Jahre. Behandlungsbericht des Patienten nach einer sechswöchigen Intensivtherapie wegen fortgeschrittener Multipler Sklerose im Januar/Februar 1991:

»Zum Abschluß meiner Therapie habe ich die Psychoanalytische Regressions-Therapie (PRT) und die Kognitiv-Energetische Therapie (KET) an mir Revue passieren lassen. Ich war hierher gekommen, zwar nicht im Unglauben, aber mit vielen Bedenken. Was kann es mir schon bringen? Ich sollte bald eines Besseren belehrt werden.

Was mir mein Unbewußtes mitzuteilen hatte, waren Erlebnisse, die in meinem Leben entscheidende Bewegung verursacht hatten. Ich habe gelernt zu begreifen, daß scheinbar Belangloses, das längst ins Unbewußte entrückt war, wie etwa mein Aufenthalt im Waisenhaus, ganz erheblichen Einfluß auf mein Denken und Fühlen genommen hat.

Doch zuerst zu meinen vorgeburtlichen Wahrnehmungen:

Die Ursache meiner Multiplen Sklerose, so habe ich während der Therapiesitzungen erleben können, geht zum erheblichen Teil auf zwei Medikamente zurück, die meine Mutter während der Schwangerschaft fortlaufend genommen hat: ein Acetylsalicylsäure-Präparat (Schmerzmittel) und ein Barbitursäure-Präparat (Schlafmittel).

Meine Mutter hatte diese Präparate vom Arzt verordnet bekommen, um ihre Ängste um ihre eigene und um meine Gesundheit zu bekämpfen (sie hatte Kinderlähmung gehabt und litt während der Schwangerschaft an Schlafstörungen).

Durch die Einnahme dieser Medikamente während der Schwangerschaft sind mein Nervensystem und meine Durchblutung bis in kleinste Kapillaren hinein geschädigt worden. Ich habe in der Regression z.B. erlebt, daß die Säure des Schmerzmittels in den Nervenbahnen abgelagert wurde und mir große Übelkeit verursacht hat. Das zweite Medikament, das Schlafmittel, hat sich in den Blutbahnen abgesetzt. Mangelhafte Muskel- und Herzdurchblutung waren die Folge.

Nach intensiver Kognitiv-Energetischer Therapie waren meine Nervenbahnen gesäubert und sahen einwandfrei und funktionstüchtig aus. Anschließende Therapie mit körpereigenen Energiefeldern sorgte für Stabilisierung. So konnte ich mit

Hilfe meines Therapeuten das gesamte geschädigte Umfeld innerhalb der sechs Wochen auf einen befriedigenden Zustand bringen.

Der therapeutische Prozeß war manchmal mit heftigen Schmerzen und mit unangenehmer Hitzeentwicklung verbunden. Das Ziel, meine Gesundung, führt über die Reinigung und einwandfreie Durchblutung meines Körpers.

Die Lähmung des linken Beins und der linken Hand sind vermindert, die Bewegungsimpulse verstärkt, mein seelischer Zustand hat sich erheblich verbessert.

Vor der Therapie war mein Spaziergangs-Limit auf ca. 10 bis 15 Minuten beschränkt. Jetzt konnte ich es einmal schon auf 1 Stunden bringen. Ich fühle mich den Anforderungen des täglichen Lebens stärker gewachsen. Statt unnötiger spontaner Aufregungen habe ich jetzt mehr Gelassenheit. Ich fühle, daß ich mich verändere. Ich spüre eine positive Wende in mir, und dadurch in meinem Leben.

Woher es kommt, weiß ich nicht, aber ich kann jetzt an Kräfte außerhalb meiner bisherigen Begriffswelt glauben. Diese Kräfte haben Gutes mit mir vor. Das wird auch meiner intakten Ehe zugute kommen, da mein Fühlen großzügiger geworden ist. Früher habe ich mich oft kleinkariert benommen, meine Partnerin eingeschnürt, ihren Freiraum verkleinert. Eine gelöste Beziehung konnte sich daher schlecht entwickeln. Das Vertrauen ist nun viel stärker geworden. Damit meine ich nicht nur das Vertrauen in meine Partnerin, sondern das Urvertrauen schlechthin, also das Vertrauen in meine Umwelt und in meine Zukunft.

Den Folgen der Belastung meiner Kindheit, dem siebenjährigen Aufenthalt im Militärwaisenhaus während des 2. Weltkriegs, hat die Therapie den Kampf angesagt. Ich konnte mich mit den Erziehungsmethoden auseinandersetzen, die ich jetzt erst als verbrecherisch erkannte. Im Rückblick auf die Therapie lebe ich in der Gewißheit, mein Selbstwertgefühl enorm bereichert zu haben.

Ich verlasse den »Margeritenhof« mit vielen gelösten Problemen, mit erhobenem Kopf. Ich habe meinem Schöpfer gegenüber ein gutes Gewissen, weil ich die Verpflichtung erkannt habe, für meine Körper-Seele-Geist-Einheit zu sorgen.«

Aschau im Chiemgau, den 17. Februar 1991,
Lutz«

Auszug aus einem Brief der Ehefrau des Patienten vom 14. März 1991:

»... der Alltag hat uns also wieder - und das ist die Meßlatte für den Erfolg. Wir sind dem Schicksal und Dir sehr dankbar! Inzwischen hat Lutz nichts von dem, was er im Abschlußprotokoll formuliert hat, zurückgenommen. Viele Freunde und Bekannte haben ihn in der Zwischenzeit bestätigt. Er hat eine neue Ausstrahlung, er ist initiativer, läßt sich von mir nicht mehr bedienen; oft ist ihm gar nicht bewußt, was er besser kann als früher. Zum Beispiel eine Mahlzeit, die mit Messer und Gabel zerkleinert werden muß - jetzt schneidet er selbst und merkt es nicht mal sofort! ... Mit dem Laufen ... ist er flotter geworden, selbständiger, und vor allem

innerlich bereit zu gehen. ... Wir stecken voller Tatendrang und freuen uns des Lebens!«

Weitere Veröffentlichungen

Zur Tiefenpsychologischen Basis-Therapie (TBT) und ihren therapeutischen Techniken: Psychoanalytische Regressions-Therapie (PRT), Kognitiv-Energetische Diagnose und Therapie (KED und KET), zur pränatalen und perinatalen Psychologie und Medizin sowie allgemein zur Human-Biologischen Ganzheits-Medizin

Wolfgang H. Hollweg, Erfahrungsberichte zur Behandlung von Hörsturz, Tinnitus und Morbus Menière. Aschau/Chiemgau 1990. Zu beziehen beim Therapiezentrum für Psychotherapie, Psychosomatische Medizin und moderne Naturheilverfahren, 8213 Aschau im Chiemgau, Postfach 1280

Ders., Informationen zur Human-Biologischen Ganzheits-Medizin. Aschau im Chiemgau 1990. Zu beziehen beim Therapiezentrum

Ders., Informationen zur Tiefenpsychologischen Basis-Therapie (TBT). Aschau im Chiemgau 1990. Zu beziehen beim Therapiezentrum

Ders., Streik im Innenohr. Hörsturz, Morbus Menière und Tinnitus aus psychosomatischer Sicht. Unimed Verlag, Thomas Kirchgraber, Unterfeld-Zellerreith, 8091 Ramerberg, Telefon 08039-4373

Ders., Psychosomatische Symptome in der Muskulatur und im Skelett. Hörsturz, Morbus Menière und Tinnitus. Vorträge, gehalten am 17.06.1990 für die Internationale Studiengemeinschaft für pränatale und perinatale Psychologie und Medizin (ISPPM), Erste Heidelberger Arbeitstagung. Erschienen in: Das Seelenleben des Ungeborenen - eine Wurzel unseres Unbewußten. Herausgegeben von Ludwig Janus. Centaurus Verlagsgesellschaft, Pfaffenweiler 1990

Ders., ZILGREI - Aktiv gegen den Schmerz. Verlag Ganzheitliche Gesundheit, Norbert Messing, 7277 Wildberg 1989

Ders., Technik der threapeutischen Regression in der Tiefenpsychologischen Basistherapie (TBT). In: *Ludwig Janus* (Hrsg.), Erscheinungsweisen pränatalen nd perinatalen Erlebens in den psychotherapeutischen Settings. Referate der zweiten Heidelberger Areittagung der Internationalen Studiengemeinschaft für pränatale und perinatale Psychologie und Medizin (ISPPM), 14.-17. Juni 1990. Textstudio Groß, Peterstaler Straße 185, 6900 Heidelberg

Ders., Human-Biologische Ganzheits-Medizin - Dimensionen von Krankheit und Heilung. In Vorbereitung

Ludwig Janus (Hrsg.), Erscheinungsweisen pränatalen und perinatalen Erlebens in den psychotherapeutischen Settings. Referate der zweiten Heidelberger Arbeitstagung der Internationalen Studiengemeinschaft für pränatale und perinatale Psychologie und Medizin (ISPPM), 14.-17. Juni 1990. Textstudio Groß, Peterstaler Straße 185, 6900 Heidelberg

Ludwig Janus, Die Psychoanalyse der vorgeburtlichen Lebenszeit und der Geburt, Centaurus Verlagsgesellschaft, Pfaffenweiler 1989 (Das grundlegende historische Werk über die Entwicklung der pränatalen und perinatalen Psychologie!)

Rupert Sheldrake, Das Gedächtnis der Natur. Das Geheimnis der Entstehung der Formen in der Natur. Scherz Verlag München 1990

Thure von Uexküll und *Wolfgang Wesiack*, Theorie der Humanmedizin. Grundlagen ärztlichen Denkens und Handelns. Verlag Urban und Schwarzenberg, München 1988

Zum Autor:

WOLFGANG HANS HOLLWEG

Geb. 1930 in Altena/Westfalen, Studium der Theologie und der Psychologie in Erlangen, Bonn und München. Lehranalyse, theoretische und praktische Ausbildung in der Psychoanalyse nach Sigmund Freud.

1963 Eröffnung einer Praxis für tiefenpsychologische Beratung und psychoanalytische Therapie. Intensive Selbsterfahrung und praktisch-therapeutische Erfahrung nach Arthur Janov.

Ausgedehnte Vortragstätigkeit auf den Gebieten der Tiefenpsychologie und der Anthropologie. Wissenschaftliche Studien über traumatische Angstneurosen und über die Bedeutung pränataler, perinataler und postnataler Traumata für die Entstehung von Neurosen und Psychosen sowie von psychosomatischen und chronischen Erkrankungen. Weiterentwicklung der Psychoanalyse und der Primärtherapie zur Tiefenpsychologischen Basis-Therapie (TBT). Engagiert an der wissenschaftlichen Begründung und praktisch-therapeutischen Weiterentwicklung der Psychosomatischen Medizin und deren Integration in die Human-Biologische Ganzheits-Medizin.

Seit 1983 ZILGREI-Therapeut. Arbeiten über die Psychosomatik chronischer Erkrankungen der Wirbelsäule und des Bewegungsapparats.

Mitglied der Österreichischen Arbeitskreise für Psychoanalyse - Salzburger Arbeitskreis -, der Internationalen Studiengemeinschaft für pränatale und perinatale Psychologie und Medizin (ISPPM) sowie der Internationalen Gesellschaft für Tiefenpsychologie.